U0457222

BLUE BOOK

智 库 成 果 出 版 与 传 播 平 台

蒙古国蓝皮书
BLUE BOOK OF MONGOLIA

蒙古国发展报告（2021）

ANNUAL DEVELOPMENT REPORT OF MONGOLIA (2021)

主　　编 / 刘少坤
执行主编 / 范丽君

社会科学文献出版社
SOCIAL SCIENCES ACADEMIC PRESS (CHINA)

图书在版编目（CIP）数据

蒙古国发展报告. 2021 / 刘少坤主编. -- 北京：
社会科学文献出版社，2021.12
　（蒙古国蓝皮书）
　ISBN 978 - 7 - 5201 - 9029 - 9

　Ⅰ.①蒙…　Ⅱ.①刘…　Ⅲ.①经济发展 - 研究报告 -
蒙古 - 2021②社会发展 - 研究报告 - 蒙古 - 2021　Ⅳ.
①F131.14

中国版本图书馆 CIP 数据核字（2021）第 186159 号

蒙古国蓝皮书
蒙古国发展报告（2021）

主　　编 / 刘少坤
执行主编 / 范丽君

出 版 人 / 王利民
责任编辑 / 李明伟　叶　娟
责任印制 / 王京美

出　　版 / 社会科学文献出版社·国别区域分社（010）59367078
　　　　　地址：北京市北三环中路甲 29 号院华龙大厦　邮编：100029
　　　　　网址：www.ssap.com.cn
发　　行 / 社会科学文献出版社（010）59367028
印　　装 / 天津千鹤文化传播有限公司

规　　格 / 开　本：787mm × 1092mm　1/16
　　　　　印　张：17.25　字　数：256 千字
版　　次 / 2021 年 12 月第 1 版　2021 年 12 月第 1 次印刷
书　　号 / ISBN 978 - 7 - 5201 - 9029 - 9
定　　价 / 136.00 元

读者服务电话：4008918866

蒙古国蓝皮书编委会

主　　编　刘少坤

执行主编　范丽君

撰 稿 人　（以文序排列）

范丽君　刘少坤　杜世伟　〔蒙〕德·图门吉日嘎拉

〔蒙〕巴·桑杰米特布　韩成福　商那拉图

〔蒙〕阿·达瓦苏荣　哈斯巴特尔　黄佟拉嘎

〔蒙〕满都海　阿拉坦　〔蒙〕德·巴扎尔道尔吉

龙　梅　艾金吉雅　李　超　王启颖　刘巴特尔

主要编撰者简介

刘少坤　内蒙古自治区社会科学院党委书记，研究员。从事过外经、外贸、外事工作，经常赴蒙古国调研，对近年来蒙古国政治、经济、社会发展情况有深入研究，就中蒙、中俄、内蒙古对蒙古国和俄罗斯双边合作、地方合作撰写多篇研究报告。

范丽君　内蒙古自治区社会科学院内蒙古"一带一路"研究所所长，研究员、译审，从事蒙俄关系及中俄蒙外交关系研究。内蒙古俄罗斯民族研究会理事、内蒙古东北亚经济研究会副会长、内蒙古自治区发展研究中心学术委员会专家。

摘　要

2019 年是蒙古国"大事"较多之年。从年初弹劾议长（国家大呼拉尔主席）并更换为贡·赞丹沙塔尔，到年中彻查前总理腐败案，再到年底《宪法修正案》通过，看似毫无关联的事件背后反映出蒙古国政治生态环境的变化，以及由此给蒙古国经济、社会、外交带来的变化。

《蒙古国发展报告（2021）》紧紧围绕 2019 年至 2020 年上半年蒙古国政治、经济、社会文化和外交中的"大事"及其产生的影响，选择了 14 个议题进行研究分析。全书分为 6 个部分。总报告对蒙古国社会经济发展的总体情况进行分析。

在"新班子"的一系列经济措施支撑下，蒙古国经济发展表现出良好的势头，国内生产总值达到 136.4 亿美元，是近五年来新高。财政收支平衡对经济社会发展的拉动作用增强。2019 年农牧业实现"大丰收"，运输和旅游业成为经济增长的新动力，对外贸易呈现出贸易市场多元化、出口商品多元化和投资市场多元化的特点。经济形势在 2019 年出现好转，外汇储备创历史新高，达 42 亿美元。盈余的外汇储备为蒙古国 2020 年的疫情防控起了重要作用，也为执政的人民党能够顺利完成"修宪"，并赢得 2020 年国家大呼拉尔选举奠定了基础。

经济繁荣最直接的体现是社会稳定和文化繁荣。2019 年蒙古国失业率达到近五年来最低，仅有 37000 人失业，比 2018 年减少了 12.6%。蒙古国人口在最近几年出现新的迁移现象，涌入乌兰巴托的人口数量减少，进入杭盖地区和中部地区的人口数量增加。2019 年涌向首都的人数比 2017 年减少

4836人。蒙古国人口流动带来的另外一个问题是草原游牧人群数量减少，2019年牧民人口数量下降到28.5万人。人口减少，劳动力减少，直接影响传统产业——畜牧业的发展。为保障畜牧业高质量发展，蒙古国开始尝试在牧区恢复合作社发展模式。由于政府在政策保障方面侧重点不同，扶持力度有限，蒙古国合作社模式尚处在探索阶段。

伴随修宪，蒙古国同时启动了《选举法》《总统法》《政党法》《税务法》《投资法》等法律的修订工作，用以改变蒙古国的营商环境，吸引更多国内外投资商。其中修订税法，改善税收法律环境是政府的一项重要举措，一方面防止税收流失，增加了国家预算收入，另一方面通过扶持中小企业发展，对繁荣中、小、微商发挥积极作用。

2019年是中蒙建交70周年，两国在新的历史起点上继往开来，推动两国政治互信迈上新台阶，经贸往来进入高质量发展新阶段，人文交流化作涓涓细流滋润两国人民的心田。2020年新冠肺炎疫情期间的感人事件铭刻在两国人民心中。

2020年的新冠肺炎疫情考验人民党的执政能力。在国家大呼拉尔选举前，人民党高效有力的抗疫举措赢得了蒙古国选民的好评，高票获得大选胜利，议长和总理高票获得连任。蒙古国"新班子"再接再厉，为2021年的修宪后的总统大选做好全面的铺垫工作。

目 录

IV 社会文化篇

V 外交篇

VI 附录

皮书数据库阅读**使用指南**

总 报 告

General Report

B.1

"新班子"、新举措引领蒙古国新发展

范丽君 刘少坤*

摘　要：　2019年2月1日，蒙古国组成了以民主党出身的巴特图勒嘎为总统、人民党主席乌·呼日勒苏赫为政府总理、人民党议员贡·赞丹沙塔尔为大呼拉尔主席（议长）的"新班子"。一年来，蒙古国"三巨头"彼此借力，以反腐倡廉为切入点，整风肃纪，完成了一系列法律法规的修订，经济发展形势是2016年以来最好的，对外关系也是硕果累累。蒙古国在防控疫情的同时做好内政外交工作，任重道远。

关键词：　蒙古国　内政外交　经济多元化　经贸合作

2019年1月29日，蒙古国国家大呼拉尔解除了恩赫包勒德主席职

---

* 范丽君，内蒙古自治区社会科学院内蒙古"一带一路"研究所所长，研究方向为中蒙俄关系；刘少坤，内蒙古自治区社会科学院党委书记，研究方向为中蒙关系。

务。2月1日，新议长贡·赞丹沙塔尔走马上任。至此，蒙古国组成了
具有民主党背景的哈·巴特图勒嘎为总统、人民党主席乌·呼日勒苏赫
为政府总理、人民党议员贡·赞丹沙塔尔为大呼拉尔主席（议长）的
"新领导班子"（简称"新班子"）。一年来，蒙古国"三巨头"彼此借
力，以反腐倡廉为切入点，整风肃纪，净化政治生态环境；以俄罗斯归
还额尔登特铜矿49%股份为切入点，整顿矿产资源市场；以恢复传统蒙
古文为契机，弘扬民族传统产业文化。截至2019年底，蒙古国完成了一
系列法律法规的修订，经济发展形势是自2016年以来最好的，对外关系
也是硕果累累，尤其是与中国的关系更加紧密，揭开了中蒙关系发展的
新篇章。

一　整顿吏治，提高治理能力，净化政治生态环境

2019年构建起来的"新班子"属实不易。从2017年10月新总理乌·
呼日勒苏赫出任蒙古国第30任总理，到2019年2月1日，新议长贡·赞丹
沙塔尔上任，历时近一年半，终于形成"新班子"，体现了蒙古国复杂多变
的政治生态环境。幸运的是，执政的人民党历经2020年上半年的疫情考验，
给选民交出了一份比较满意的答卷，赢得了选民的信赖，获得连任，组成真
正的"新领导班子"继续引领蒙古国砥砺前行。

2019年1月组成的"新班子"成员志同道合，具有共同的发展理念和
治国之志，让2019年的蒙古国在政治、经济、文化、外交方面亮点纷呈。
其中整顿吏治、惩治腐败、净化政治生态环境，推动民生保障工程落地是其
工作亮点，取得了转型以来可喜的成效。

（一）反腐立法，高层"治吏"不手软

经过近三十年的民主化发展，蒙古国被美国称赞为"亚洲民主典范"，
但蒙古国的政治家也是在实践中不断探索，缺少民主化治理的经验。腐败仍
然成为影响蒙古国发展的一颗毒瘤，尤其是"权力腐败"，名目多、层级

高、金额大，"反腐败斗争必须从高层进行"①。2018 年，总理呼日勒苏赫和总统巴特图勒嘎联手反腐，以 2017 年"总理弹劾案"为切入点，对高层腐败问题展开调查。借助对 2018 年交通部的"酗酒、交通事件"、"议长弹劾案"、"中小企业发展贷款腐败案"、"600 亿图格里克腐败案"和"额尔登特矿业收购案"等一系列事件的彻查，提出了对各种法律的修订议案，一方面继续推进完善 2018 年提出的《宪法修正案》以及一系列法律修改工作，另一方面借助 2019 年 1 月成立的"公民监督中心"等平台，对各部委领导以及议会中相关议员的渎职、不作为，以及贪污、洗钱等腐败违法犯罪行为进行了追查，撤换了交通运输部、食品农牧业与轻工业部部长和主要负责人，弹劾了议长以及取消了部分议员的资质。这些举措都有力确保了人民党政府和议会立法机构内部的清正廉洁。

2019 年 12 月 20 日通过的《选举法修正案》中明确规定："取消被法院判决涉嫌受贿罪的公职人员的选举提名机会。"② 换言之，有"污点"的公职人员，无论其职务高低，均没有参加 2020 年国家大呼拉尔选举提名的资格，巴特图勒嘎总统兑现了 2017 年就职时"我绝不支持任何蔑视法律的高官，并与任何卖官现象斗争到底"的承诺。③ 为巩固推进反腐败斗争，总统签署特别法令，宣布 2018 年和 2019 年为"反腐败之年"。④ 经过两年的整顿，"新班子"反腐败成效明显。根据 2019 年的问卷调查结果，"民众支持蒙古国总理乌·呼日勒苏赫在反腐败方面采取的措施。41.8% 的被调研者期待目前政府能在此方面采取具体措施，并取得进步"⑤。由此可见，民众开始重视腐败问题，并指出治理腐败的障碍因素是"政治家不太愿意，乃至一点都不愿意反腐败"⑥，所以，蒙古国的反腐斗争是自上而下推进的，涉

---

① 《蒙古国总统哈·巴特图勒嘎从两个邻国开始其出访》，《蒙古消息报》2017 年 8 月 17 日，第 2 版。
② 《涉嫌受贿罪的公职人员不具备选举提名资格》，《蒙古消息报》2019 年 12 月 26 日，第 3 版。
③ 《蒙古国新任总统哈·巴特图勒嘎宣誓就职》，《蒙古消息报》2017 年 7 月 20 日，第 1 版。
④ 《蒙古国两名前总理涉嫌经济问题被拘留》，《蒙古消息报》2018 年 4 月 19 日，第 6 版。
⑤ 《蒙古国公民对腐败问题的看法改变较大》，《蒙古消息报》2019 年 12 月 12 日，第 7 版。
⑥ 《蒙古国公民对腐败问题的看法改变较大》，《蒙古消息报》2019 年 12 月 12 日，第 7 版。

案人员上至前总理、部长，下至管理人员。正如媒体所言，"腐败和滥用职权现象对国家安全造成严重危害"①。反腐斗争是"新班子"的共识，打击手段和力度达到蒙古国转型以来"之最"。

（二）完善法制，为招商引资营造更好的法律环境

"新班子"成员均在20世纪60年代出生，是经历过蒙古国政治转型和经济转轨重大事件的"过来人"，对两种政体、国体下的政治、经济以及外交政策有着深刻的体会和认识，尤其是对蒙古国社会经济发展的现状、存在的问题都达成共识：惩治腐败、杜绝腐败是其共识之一，完善法律法规是其共识之二。

2019年"新班子"的另一项重要工作是，继续进行审议国家大呼拉尔2018年秋季例会未完成审议的一些法律修订草案。2019年先后修订、完善了包括《宪法》在内的《选举法》、《矿产法》、《劳动法》、《税务法》、《投标法》、《蒙古国经营业务许可法》、《文化法》和《外国公民权益地位法》等十余部涉及招商引资和对外经贸合作的法律，其目的是营造更好的法制环境。借助2018年蒙古国矿产资源领域出现的腐败案，蒙古国继续深挖矿产资源机构内部腐败问题，整顿蒙古国矿业开发、勘探和营运市场，建立统一信息库，对不符合要求的矿产公司吊销其开采权或撤销其继续勘探许可证，并做出"今后一年内不再发放勘探许可证的规定"②。重新收回曾经利用国家预算资金进行勘探的矿产公司，变成国有，对一些有影响力的特大矿产公司进行"公私合营"改革并由国家控股，"将战略性矿产资源使用费转入国家资源资金③，旨在提高国家发展和加快经济增长、改善民生，同时也希望以此摆脱国家治理危机，提升政府公信力。

政府部门向议会提交的每一部法律的修订案，都立足于蒙古国国情，参考、采用了国际相关法律的原则，实现了与国际社会"法治化管理"的对

---

① 《蒙古国启动"反腐败之年"，两名前总理被拘留》，中新社，2018年4月12日电。
② 《以后一年内不发放勘探许可证》，《蒙古消息报》2019年12月26日，第2版。
③ 《蒙古国计划将战略性矿产的矿产资源使用费转入国家资源资金》，《蒙古消息报》2020年3月19日，第4版。

接，达到了"为国内外企业提供公平竞争的机会，切实改善蒙古国的营商环境"的目的，兑现了"我们将按照法律解决问题，履行所签署协议"的国家治理法治化承诺，以此"保护蒙古国中小企业利益，达到促进经济多元化发展，进一步实现出口和投资增加的目的"①。从财政、税收、融资等方面扶持中小企业，特别是传统农牧业、旅游业领域的中小企业是"新班子"在 2019 年的工作重点。

为了提高招商引资的工作效率，实现公开、透明和公开的办公环境，蒙古国政府于 2019 年 2 月 25 日创建名为"在蒙古国投资"（Invest in Mongolia）的一站式服务中心，将国家注册登记总局、税务总局、移民局、社会保险局等部门进行整合，集中办公，"为投资商提供快捷的政府服务，积极提高投资商的满意度，从而创造增加新兴和重复投资的机会"②。为对接国际标准，蒙古国政府于 2019 年 11 月开始提高了出入境随身携带现金的额度，由过去的 500 万图格里克提高到了 1500 万图格里克，或者等同于该额度的外币，努力促进旅游产业发展，提高外国人在蒙古国的消费水平。

总统虽然是民主党党员，但在国家治理方面与人民党存在很高的默契，与议长、总理形成合力，在完善政治体制、净化蒙古国政治生态环境以及推动民族产业发展和开展多元外交方面发挥了积极的作用。在此需要说明的是，根据蒙古国《总统法》第 17 条规定，蒙古国总统可以自主任命其办公厅主任和其他顾问。为解决专业性问题，提高精准度，总统几次调整其顾问团成员，由专业化程度很高的人才加入其智囊团队，与政府、议会密切配合，以上率下，发挥垂范作用。

（三）起用专业技术人才，高效服务国家决策

2019 年"新班子"整顿吏治的另一个重要特点是起用年轻有为的专业技术人才，提升国家现代化治理水平。从 2019 年年初至年底，先后调整有

---

① 《蒙古国政府始终支持依法运营的外国投资商》，《蒙古消息报》2019 年 3 月 21 日，第 4 版。
② 《蒙古国成立外国投资商服务站》，《蒙古消息报》2019 年 2 月 28 日，第 3 版。

"劣迹""污点"的部委领导、总统和总理的兼职顾问团队；调换、任命新的驻外使节以及驻国际和地区组织的代表。所选人员都是经过精心挑选的专业性人才，目的是让这些专业人才"在吸引投资，以及向国外市场推出国产产品等方面做出努力"①，以此增加蒙古国出口商品的种类、数量，带动蒙古国经济多样化发展。此外，政府也希望这些驻外人员寻找"培养人才、获得大学奖学金、对蒙侨提供免费医疗服务的途径"②。蒙古国政府起用专业型人才这一新举措，保障政治生态有充足的"新鲜血液"，提高政府执行力和活力，避免"老人政治、熟人政治"的利益集团化。

在2020年6月举行的国家大呼拉尔选举前，人民党对提名议员进行筛选，推选年轻有为的党员参选。大选后组阁的新政府，平均年龄为45岁，全部是政治资历较深的"少壮派"，且90%以上具有本国和海外留学的双重阅历，这些人见多识广，专业素质高，有助于加强政府内政外交的决策能力和专业影响力。

总之，"新班子"在2019年通过对一系列法律、法规的修订与完善，以及组建高效廉政的服务机构，提升了蒙古国政府、议会在民众中的形象和声望，为2020年的国家大呼拉尔选举的顺利举行奠定了政治基础。2020年6月国家大呼拉尔选举后，议长贡·赞丹沙塔尔和总理乌·呼日勒苏赫再次高票当选，这表明民众对"新班子"工作的高度认可。

二 升级"三支柱"发展政策，推动经济多元化发展

2018年1月，蒙古国政府通过了"三支柱产业政策"，5月正式公布该政策，并将其指定为政府未来三年投资规划的基础性文件。这是以乌·呼日勒苏赫为首的人民党政府立足"蒙古人、好政府和资源"的发展政策，即"以人为中心的社会政策"、"公正、有纪律、负责任、稳定的政府"和"多

---

① 《总理会见蒙古国驻各国外交代表处领导》，《蒙古消息报》2019年12月26日，第2版。
② 《总统向蒙古国新任驻瑞典、加拿大和英国大使递交国书》，《蒙古消息报》2018年9月13日，第2版。

支点经济政策"的简称。其中多支点经济政策中"特别提出加强发展农牧业、矿产业和重工业，加大基础设施建设和投资力度等目标"①。2019 年，"新班子"一方面通过国内自筹资金，另一方面借助国际货币基金组织、世界银行、亚洲开发银行、欧洲开发银行等国际金融机构以及中国、俄罗斯、韩国、日本、印度等国家的援助资金、优惠贷款等推动农牧业、矿产业和基础设施建设等方面的工作，取得的成绩可圈可点。

（一）提升传统农牧业产业化发展程度，实现产业链和价值链的双突破

畜牧业是蒙古国传统产业，但是，在转型以后特别是 21 世纪以来，随着国际大宗商品价格上升，蒙古国农牧业发展受到极大限制。自 2018 年开始，蒙古国政府从发展政策和投入资金方面双管齐下"复兴"农牧业，一方面恢复各区域传统农牧业产业，另一方面通过提供低息和长期贷款等多种措施，加大皮革、羊毛和羊绒的深加工，增加产品出口附加值，提高"增值性收入"。2018 年 2 月，蒙古国政府通过为期四年的《实施促进羊绒产业和出口的国家纲要》，力图改变原材料初加工出口量状况，增加成品、半成品出口量，以及提高出口创汇能力。

2019 年蒙古国总统、政府总理、议长多次赴国内各省的农牧业企业调研，实施"国私合作发展"计划，给予农牧业发展特别优惠政策，推动农牧业集约化发展，还将 2020 年定为"促进出口之年"，"充分满足国内消费者和加工业需求并将一部分牲畜出口到国外"②。在各项政策鼓励支持下，2019 年，蒙古国牲畜总量达 7100 万余头，其中马匹 420 万匹，牛 480 万头，骆驼 47.2 万头，绵羊 3230 万只，山羊 2930 万只，总数创 2015 年以来的新高。③ 在满足国内需求的情况下，不仅实现肉类出口创汇既定目标，同时深挖农牧业潜力，推进皮革制品、毛绒制品、奶制品、肉制品生产、加工、出口的产业链、集

---

① 《"蒙古国经济论坛 2018"召开》，《蒙古消息报》2018 年 5 月 24 日，第 6 版。
② 《1 月 15 日召开的政府工作会议内容》，《蒙古消息报》2020 年 1 月 23 日，第 2 版。
③ 《2019 年蒙古国社会经济会标》，蒙古国国家统计局网站，下载时间：2020 年 1 月 30 日。

约化发展，提升产品附加值，畅通国民经济循环，"计划每年将 2000 万 ~ 2500 万头牲畜用于经济循环"①。以"蒙古制造"的农牧产品的品牌效应带动品牌经济是 2019 年蒙古国推动农牧业发展的新模式，"通过合作销售产品来节省营销成本和支出，从而增加收益"②。这种新型"品牌集合店"模式既可以减少国内中小企业单独从事进出口业务的风险，又可以提升产品的品牌效益。

（二）构建"游牧文化 + 旅游"融合发展的新模式

蒙古国是世界上所存不多的保留游牧生产生活方式的国家之一，也是游牧文化保存较为完整的国家之一，"是一个历史和自然的活体博物馆，到现在仍然保留着这一特点。在旅游途中可观光考古古迹、石雕、壁画，甚至是各种野生动物"③。为更好地促进旅游产业发展，蒙古国自然环境与旅游部将 2018 年定为"旅游业之年"，将 2019 年和 2020 年定为不同主题的"国家旅游年"，以原生态的游牧文化为抓手，使蒙古国旅游产业向纵深和可持续发展。

首先，旅游部门与蒙通社、广播电视台等国内媒体合作，利用各种媒体宣传、介绍蒙古国的风土人情，包括各地名胜古迹、名人故居、名人名家名作，向世界推介其独具特色的游牧文化和旅游资源。借助蒙通社和发行的英、中、俄、日文报纸，以及与 35 个国家 44 个通讯社的合作关系，向国际社会宣传蒙古国，讲述蒙古国的故事，吸引世界各国旅游爱好者、向往草原风情的人到蒙古国旅游。例如，该社的《蒙古消息报》中文版每一期都有专版介绍蒙古国的旅游文化资源，吸引中国游客前往蒙古国旅游。

其次，政府搭建平台，鼓励旅游部门、行业协会、企业单位积极主动走出去，除了与各国旅游部门建立合作关系外，参与各国，尤其是在欧美一些发达国家举办的国际性旅游展览会、展销会、博览会、论坛等，借助国际舞

---

① 《蒙古国将进行第四次工业革命》，《蒙古消息报》2019 年 10 月 31 日，第 5 版。
② 《蒙古国首家品牌集合店开业》，《蒙古消息报》2019 年 12 月 5 日，第 5 版。
③ 《旅游成为蒙古国经济顶梁柱》，《蒙古消息报》2018 年 4 月 12 日，第 4 版。

台和市场，向世界宣传、推介蒙古国。① 这是蒙古国振兴旅游产业的新举措。

最后，通过在国内举办各种具有传统文化特色的"文化节"吸引国外游客。既有夏季的"那达慕"、冬季的"冰雪节"和"白月节"、春季的"猎鹰节"、秋季的"驯鹿节"等全国性的节日，也有将各具特色的地方性节日举办成"国际性"的节日，并邀请国外游客、嘉宾、爱好者参与其中的比赛、游戏等，这在宣传蒙古国、发展其旅游产业方面发挥了积极作用。2019 年，蒙古国成为 6 个国家的旅游目的地国家，旅游产值再创历史新高，并保持高于 GDP 增速的较快增长。

旅游产业是蒙古国最近几年兴起的新兴产业，在接待、服务等方面尚未达到世界旅游组织批准的国际标准。未来，如果做好专业培训，解决签证、交通、服务质量等方面的问题，提高专业人员能力和服务质量，其旅游业及其与旅游相关的产业会有很大的发展空间。

（三）对标"国际标准"，推动经济文化高质量融入国际社会

市场化改革以后，特别是 1997 年加入世贸组织以来，蒙古国非常重视与国际接轨。其中一个举措是向"国际标准"靠近，即获得国际质量管理体系认证，"蒙古国专家、学者积极进行符合世界标准和科学进步的研究，成功开发出新产品。对于蒙古国来说，将这些产品纳入经济循环至关重要"②。这既是质量的保证，也是打入国际市场的"敲门砖"，更是自主知识产权保护的体现。截至 2019 年底，蒙古国已有 6 家食品厂获得国际 ISO 22000：2005 食品安全管理体系认证。一款自主研发的"Biomon 牌"洗发水获得国际 ISO 9001：2015 质量管理体系认证，成为蒙古国首个获得该质量管理体系认证的国产品牌。获得国际质量管理体系认证的"蒙古制造"商品的技术标准提升，质量保障系数加大，向国际社会展示"蒙古制造"的魅力，提升产品出口多元化和国际竞争力。

---

① 《蒙古国以"嘉宾"身份参加 FYEXPO 展览》，《蒙古消息报》2019 年 2 月 28 日，第 4 版。
② 《在令和时代深化蒙日关系》，《蒙古消息报》2019 年 5 月 16 日，第 2 版。

另外，随着蒙古国体育事业的快速发展，蒙古国加大对公共体育设施的改造修建力度，从政府层面推动体育文化事业朝"国际标准化"方向发展。政府规定，新修建的冰球馆、网球馆等运动和训练场（馆），博物馆和展览馆等重要建筑物以及新型交通设施都要符合国际标准，一方面是硬件建设按照国际标准，更重要的是，在服务等软件设施方面对接国际标准，所有服务人员和接待标准都按照国际赛事标准进行培训考核，有力推动蒙古国体育事业的发展，以及奠定产业化、市场化发展的基础。

为提升文化软实力的国际影响力，蒙古国政府的新举措是，从 2019 年开始所有文艺机构的额外收入不再上缴国家预算，而是自主调配。这使蒙古国文艺机构拥有更大的自主性，调动其文艺人才的积极性，有力地激发了文化市场竞争活力。2019 年蒙古国的许多文艺人才走进好莱坞，登上国际舞台的领奖台，展示了蒙古国特有的文艺。体育文化事业是一个国家综合国力的体现，也是扩大国家影响力的路径平台，蒙古国文艺体育事业的兴起和蓬勃发展，在一定程度上增强了蒙古国文化软实力的国际影响力。

"复兴传统畜牧业"、"振兴以旅游为主的新型绿色产业"和"升级增加矿产附加值"是三个支柱产业的发展方针，实现"三个支柱产业并行发展"是乌·呼日勒苏赫政府的经济发展策略，目的是扭转以出口能源资源为振兴经济的"粗放型"发展模式，实现经济多元化发展，其内部产业结构、工业发展都取得良性发展，"自以乌·呼日勒苏赫为首的政府成立以来，共还清 8 万亿图债券，政府债务余额达到 2016 年以来最低"[1]。2018 年蒙古国外汇储备为 35 亿美元，2019 年外汇储备为 42 亿美元，顺差 15 亿美元，再创历史新高。[2] 不断增长的外汇储备在稳定蒙图汇率，稳定推进保持经济增长政策，解决蒙古国外债以及稳定保持信用等级等方面产生积极的作用。当然，这些外汇储备不仅是蒙古国 2020 年防控疫情的有力支撑，更是执政党人民党赢得 2020 年议会大选的好"彩头"。

---

[1] 《政府还清 1.5 亿图债务》，《蒙古消息报》2020 年 1 月 9 日，第 1 版。
[2] 《进入 2020 年以后大量外币流入蒙古国》，《蒙古消息报》2020 年 1 月 23 日，第 4 版。

三 废止"永久中立"政策，深化 "第三邻国"外交政策

2015 年 9 月 29 日，时任蒙古国总统的额勒贝格道尔吉在第 70 届联合国大会上首次向全世界宣告其"永久中立"政策，并呼吁国际社会支持该政策。10 月，时任蒙古国外长的普日布苏伦在记者会上发布，蒙古国已将"永久中立"政策写入政府工作纲要，并着手从《宪法》和法律方面予以肯定。不巧的是，2016 年 6 月，蒙古国进行国家大呼拉尔（议会）选举，人民党获得议会中的大多数（65/76）席位，成为独立组阁执政党，人民党议员提出对"永久中立"政策进行更为细致的评估后再做决定。因为，"永久中立国"地位不是提出国自己可以决定的，需要其他国家认可并予以一定保证。联合国成员国有多少国家支持这一政策有待蒙古国做进一步调查。

此外，如果蒙古国要成为瑞士模式的"永久中立国"，已经构建起来的一些外交机制，特别是与军事活动有关的机制难以继续，即蒙古国的外交空间有缩小的可能性。而蒙古国的科技、制造业、加工业、金融产业等无法与瑞士比肩，难以实现借助国际力量推动蒙古国经济快速转型发展，从而难以提升蒙古国在国际社会和地区的影响力。

2016 年上台执政的人民党和 2017 年通过竞选上来的巴特图勒嘎总统对"永久中立"政策持保留态度，转而积极推进与"第三邻国"关系，不断完善"多支点"外交内涵。首先，借助中蒙建交 70 周年 70 个活动项目，全面深化与中国的"全面战略伙伴关系"内涵；其次，借助蒙俄庆祝哈拉哈河战役胜利 80 周年之际，提升两国战略伙伴关系为"友好和全面战略伙伴关系"，并且是无限期的战略伙伴关系；最后，与"第三邻国"，特别是美、日、印的热络程度超出以往，成为 2019 年外交的一大特点。

2019 年 7 月，蒙古国总统访问美国，提升两国关系为"战略伙伴关系"，赋予其新的内涵。为体现新型关系，美国一些议员不留余力地推动议会通过《第三邻国贸易法案》的目的不是美国需要蒙古国的羊绒产品，更

不是提高蒙古国牧民的收入，而是希望通过《第三邻国贸易法案》实现与蒙古国的"实质性"关系，最终达到制衡中俄的目的。

印度从"精神邻国"升级为"经济邻国"，特别是在太空遥感、卫星通信等信息化高科技领域与蒙合作同样具有"观测"中俄的目的。日本是距离蒙古国较近的发达经济体，也是对蒙古国援助最多的国家。2019 年，日本外相在时隔九年之后，再次访问蒙古国，蒙总统在出席俄罗斯举办的第五届东方经济论坛时，先后三次会晤日本首相，蒙总理赴日本参加新天皇的即位大典体现双边对彼此关系重要性的共识和认知。

蒙古国与美国、日本和印度的紧密关系，不仅体现在蒙古国对上述国家的高度重视上，还体现在这些国家对蒙古国的高度关注上。美国部分议员向国会提交《第三邻国贸易法案》，如果美国国会通过这一法案，"蒙古国羊绒制品将会免税出口到美国市场"①，增加美国与蒙古国的贸易额，特别是纺织品贸易额，开辟美蒙经济合作新篇章，实现从共创价值到"利益共享"的战略伙伴关系。

经过三年的综合评估和外交实践，蒙古国政府认为"永久中立"政策并不符合蒙古国的国情，不仅缺少可操作性，同时也限制了蒙古国的外交空间。在 2019 年《宪法修正案》议会讨论中，蒙古国政府提议放弃"永久中立"政策。2020 年 5 月 6 日，即国家大呼拉尔选举前，蒙古国总理签署政府第 162 号文件，"放弃 2015 年 9 月 14 日政府签署的 375 号文件，不再继续蒙古国永久中立政策"②，这意味着蒙古国在未来人民党执政的四年外交重点是以"多支点"外交为基础，深化与"近我"的"第三邻国"关系，专注外交多元化，继续实施多支点战略，积极深化"第三邻国"外交战略。

尽管 2019 年的"新班子"是"半路组合"，但与以往不同的是，此任"新班子"成员在治国理政方面具有高度共识，采取的举措不是建立在"党团帮派利益"基础上，而是在总结历史、立足现实的基础上，认识到"历

---

① 《总统哈·巴特图勒嘎正访问美国》，《蒙古消息报》2019 年 8 月 8 日，第 1 版。
② 《蒙古国放弃永久中立政策构想》，*Mongoliabrand*，2020 年 7 月 3 日。

史告诉我们，国家政策和支持、连续性、人力资源、能力、问责制和组织结构比任何东西都重要"①。务实的"新班子"相互借力，发挥领头羊作用，实现蒙古国经济稳定发展，保障社会福利待遇稳步推进，以及国际和地区影响力稳步提升。2020年6月30日，反洗钱金融行动特别工作组（FATF）将蒙古国移出灰名单，进而提升了蒙古国的国际形象和声誉。

四 后疫情时代"新班子"仍需再接再厉

2020年的新冠肺炎疫情给世界经济、地区经济以及各国经济发展带来严重冲击。就防控疫情形势和效果来看，中国、蒙古国的疫情防控措施和效果是东北亚地区最为成功的，本国疫情均得到有效控制，进入以外防输入为主的时期。

（一）疫情发生后的蒙古国经济形势

自发生疫情后，蒙古国高度重视，关闭口岸，进行"封国""禁足"，并对所有输入病例进行"闭环管理"，杜绝感染者进入社会、造成蔓延态势。截至2020年7月29日，共确诊291例，且全部为输入型病例。尽管蒙古国没有受到疫情侵蚀，但抗疫压力依然巨大，处于可防可控阶段。就各国的公共债务、外债、借贷成本和国家储备基金数量以及人口和本国经济基础、经济发展模式而言，蒙古国是受疫情影响最严重的国家之一，目前仍然"处于本土人际传播的高度风险状态"②。其原因是，蒙古国经济高度依赖对外贸易。

由于世界一些国家采取"闭关锁国"和"禁足独居"政策，阻断了蒙古国经济发展供应链、产业链，严重冲击了中小微企业"复产复工复市复商"，特别是酒店、餐饮、旅游等服务性行业。虽然服务行业的产值不高，但就业面广，

---

① 《蒙古国将进行第四次工业革命》，《蒙古消息报》2019年10月31日，第5版。
② 《疫情防控高度戒备状态期限延长至8月31日》，《蒙古消息报》2020年7月30日，第1版。

在一定程度上能够缓解"手停脚停口中无食"的失业局面。

此外，蒙古国的支柱产业矿产业发展仍处于产业链的底端，产业链短，且高度依赖国际市场。受疫情影响，国际大宗商品价格的走低对蒙古国出口冲击较大。因疫情在全球蔓延，蒙古国的国际经济循环圈出现严重断裂，而又缺少自救能力，国内经济发展受挫。根据蒙古国国家统计局公布的数据，2020年1~4月，蒙古国除了电信领域同比增长209亿图格里克，餐饮外卖增长3亿图格里克外，其余行业收入均有不同程度下降，"社会保险基金收入下降20.2%，出口损失10亿美元，酒店业下降42%"[1]。而2019年积累的45亿美元外汇储备基金"能够满足9个月的需求，因而在短期内不会出现汇率波动和进口商品价格上涨现象"[2]。换言之，这些外汇储备只能帮助蒙古国维持到2020年底。其他国家以及国际组织的援助，只能起到暂时救急作用，但不能从根本上解决问题，关键还在于新一届议会、政府以及总统这"三驾马车"的齐心协力。

（二）连任后的"新班子"任重道远

由于执政的人民党政府果断有力的防控措施，蒙古国疫情防控成效良好，得到老百姓的高度赞赏，在2020年6月24日的国家大呼拉尔选举中，人民党再次获得压倒性胜利，继续执政。总理和议长高票连任，与总统继续组合，遵照《宪法修正案》要求，开始一脉相承的"新领导班子"。

"老人履新职"的优势之一就是可以保持各项工作的持续性、连贯性和稳定性。就目前而言的最大任务是继续做好疫情防控和复苏经济、改善民生的工作，且同步推进，可谓任重道远。

1. 着力解决防控常态化背景下的就业压力和民众生活方面问题

2020年3月和5月，蒙古国政府分别出台7项和4项救助政策措施，以应对疫情带来的不利影响，保证蒙古国经济社会稳定发展。其中的一部分资

---

① 蒙古国国家统计局网站，公布日期：2020年5月30日，下载日期：2020年6月19日。
② 《2020年蒙古国经济：新冠肺炎的影响及其他风险》，《蒙古消息报》2020年4月2日，第5版。

金是储备基金。面对日益减少的储备基金，政府必须采取新的财政、货币、金融政策，解决传统产业畜牧业、农牧业以及工业方面的问题，做好复工复产复市，促进经济内循环。此外，借助中国疫情缓解的良好环境和"绿色通道"平台，增加与中国的进出口贸易，复苏国际经济循环。

2. 地方议会选举不可忽视

按照国家大呼拉尔选举规定，2020 年 10 月底进行地方议会选举。如果人民党在地方议会选举中获得较多席位，则有助于提升政府、议会政策的执行力度，提高治理效能。

3. "撤侨"任务依旧严峻

人民党这次胜选的一个加分项目就是"撤侨"。为了保障海外蒙古人的利益，蒙古国政府明知疫情有从海外输入的重大风险，但还是做出了"从世界各地接回侨民"的重大决定。自 2020 年 1 月 28 日从中国撤侨开始，截至 7 月底，蒙古国"通过向海外派出专机和临时性开放陆路口岸等运输方式，从 40 多个国家和地区共接回 1.5 万名本国公民"[1]。目前还有 1 万多名公民提交了回国申请，蒙古国总统在 7 月 30 日会见相关部门负责人，指出增加直飞专机频次，继续加强撤侨工作。[2] 撤回蒙古国公民是疫情时期"新班子"继续要完成的一个"民心工程"。

（三）加强与中国合作，助力蒙古国经济复苏

蒙古国经济对中国的依赖有目共睹，特别是新冠肺炎疫情发生以来，随着各国的"封关禁足"，经济均受到严重冲击，尤其是严重依赖进出口的一些国家，其中包括蒙古国。因蒙古国处于中俄之间，与中国的经济关系高度"链接"，《中国经济增长缓慢将影响蒙古国经济增长》[3] 的醒目标题出现在 2020 年疫情期间的蒙古国报纸上。蒙古国经济对外高度依赖不仅影响经济增长，同时也影响蒙古国的财政预算，"如果中国经济持续放缓，就会直接

---

① 《疫情防控高度戒备状态期限延长至 8 月 31 日》，《蒙古消息报》2020 年 7 月 30 日，第 1 版。
② 《总统哈·巴特图勒嘎下达加强撤侨工作指示》，《蒙古消息报》2020 年 8 月 6 日，第 2 版。
③ 《中国经济增长缓慢将影响蒙古国经济增长》，《蒙古消息报》2020 年 1 月 9 日，第 4 版。

导致蒙古国进入需要修改 2020 年预算的地步"①。2020 年第一季度，蒙古国经济同比下降 10.7％，是 2017 年以来的首次下降。蒙古国经济振兴很大程度依赖对中国的出口，这是蒙古国议会大选后"新班子"的共识。为此，2020 年 7 月 8 日，中蒙两国正式发布了《中蒙边境口岸"绿色通道"实施办法》，对由中蒙边境口岸"绿色通道"的人员和货物往来等问题都做出明确和详细的规定。同时，双方将优化口岸工作流程，加快检查速度，提高货物通关效率。② 9 月 10 日，应蒙古国外长邀请，中国国务委员兼外长王毅访问蒙古国，就两国未来合作达成诸多共识，为两国的未来合作指明方向。

国际疫情的"拐点"就是世界经济复苏的开始，也是带动各国经济复苏的引擎。蒙古国人口少，市场小，对外经济活动主要集中在中国。目前，中国疫情已经基本得到有效控制，复工复产复市复商复学已经全面启动，在中国经济日趋复苏的拉动下，蒙古国外贸顺差在下半年会有所增加，创汇概率增加，有助于缓解蒙古国国内经济下滑的压力。所以，加强与中国经贸往来的关系是这任"新班子"在疫情之下的不二选择。

因为预防控制措施相对有效，蒙古国疫情暂时没有蔓延全国，处于可防可控阶段。2020 年 8 月底，经过多次协商，中蒙启动"绿色通道"，助力双边经贸快速复苏和蒙古国经济复苏。作为以出口经济为主的经济发展模式，在国际疫情发展尚不明朗的情况下，未来一年，蒙古国经济复苏一方面要看国际大宗产品的价格变化，另一方面要看中俄以及中亚、东北亚国家疫情防控情况。其中，中俄两个邻国的经济发展是关键。中国与蒙古国开通"绿色通道"，保障中蒙经贸合作不中断，可以有效缓解蒙古国财政赤字和通货膨胀等经济方面的巨大压力。

---

① 《中国经济增长缓慢将影响蒙古国经济增长》，《蒙古消息报》2020 年 1 月 9 日，第 4 版。
② 《中蒙边境口岸"绿色通道"近日启动运行　外交部回应来了》，央视网，http：//news. cctv. com/m/a/index. shtml？id = ARTII0lG6u1YUf8jWw4mWPtA200706，访问时间：2020 年 7 月 18 日。

政治篇
Political Topics

B.2

2019~2020年蒙古国重要政治
外交活动与法规修缮治理分析

杜世伟*

摘　要：　本报告通过对2019~2020年蒙古国总统、政府、国家大呼拉尔
　　　　　等一些重要政治活动的梳理概述，及其所涉及的相关法律法
　　　　　规、合约协议等文件的签订、修缮和实施状况进行阐述和分
　　　　　析，从而了解蒙古国政治制度中主要包含的常设大呼拉尔
　　　　　（议会）代表制度、总统选举制度、国家行政制度以及立法
　　　　　制度、司法制度，及其上述国家权力机构依据新修缮的国家
　　　　　《宪法》，在其各自权力范畴内实施裁决、任命、沟通的责
　　　　　任义务原则和建立的组织基础架构；在国家权力运作中互相
　　　　　进行监管的原则上，依法选举、进行机构运作以及管理国家
　　　　　事务的过程、结果和成效。

＊　杜世伟，博士，中国社会科学院蒙古学研究中心副主任。

关键词: 蒙古国 总统行政机关 国家大呼拉尔 政治活动 依法
　　　　建制

　　2019 年 1 月 12 日是蒙古国国家新《宪法》颁布 27 周年纪念日,蒙古
国总统、总理、议长、国家大呼拉尔议员和各界代表向成吉思汗塑像和苏赫
巴托纪念碑献花圈致敬。① 回顾历史,蒙古国一共有四次即 1924 年、1940
年、1960 年和 1992 年审议和通过《宪法》,1992 年通过的《宪法》规定了
建立民主国家的条件,明确指出民主、正义、自由、平等、民族团结和尊重
法律是国家的基本原则,根据历史传统和现代国际规范与惯例,成为规范国
家政权、政府制度、国家与社会关系等一系列根本问题的法律、体制、规则
和惯例的集合,即新的蒙古国政治制度的确立。蒙古国政治制度主要包括:
常设大呼拉尔(议会)代表制度,多党派与公民竞选制度,总统选举制度,
基层选举制度,国家行政制度、立法制度、司法制度。新《宪法》中,基
于平等原则分配蒙古国国家大呼拉尔、总统、政府、国家法院等权力机构的
裁决、任命、沟通原则和组织基础等,在互相进行监管的原则上依法选举、
建构以及管理国家事务。以下通过对 2019～2020 年总统、政府、国家大呼
拉尔等一些重要政治活动的概述,以及相关法律法规、合约协议等文件的签
订、修缮和对国家的治理状况进行梳理和分析。

一　2019~2020年蒙古国总统的重要行政活动

　　2019 年 1 月 19 日,蒙古国总统、武装部队总司令哈·巴特图勒嘎出席
在国防部举行的"蒙古国军事安全和军事艺术发展"的武装部队领导战略
会议,发表讲话阐明:"1990 年蒙古国转入到新社会制度以来对国防领域进
行了两次法律改革,2018 年 12 月通过的《蒙古国国家军事学说》文件里

---

① 《庆祝蒙古国民主宪法颁布 27 周年》,《蒙古消息报》2019 年 1 月 17 日,第 2 期,第 1 版。

明确了蒙古国实施保护本国的国家政策理念，反映了和平与战争时期使用武装部队的相关问题。蒙古国总统以武装部队总司令的身份通过《和平与战争时期的武装部队组织架构》的文件，内容包括了武装部队、边防部队、紧急情况局等机构的设定，要求今后国家军事单位领导对其部门结构和人员编制进行变更时必须提前与蒙古国总统兼武装部队总司令协商。该文件并要求国家特殊服务部门，包括国家军事机构人员的任命和职责分配应当依据《国家公共服务法》在保障公平正义的原则上进行；要求军事单位、军事人员、军队业务应当远离政治。"①

2019年10月16日正值中蒙建交70周年之际，蒙古国总统哈·巴特图勒嘎同中国国家主席习近平互致贺电中所说："当前蒙中全面战略伙伴关系在各领域都取得良好发展，完全符合两国人民的利益，为本地区和平与发展作出了重要贡献。中蒙是山水相连的友好邻邦，蒙古国是最早同新中国建交的国家之一。建交70年来，中蒙两国坚持友好合作大方向，共同推动睦邻友好合作关系深入发展，给两国和两国人民带来了实实在在的利益。"②

2019年4月24~25日，应中华人民共和国国家主席习近平的邀请，蒙古国总统哈·巴特图勒嘎对中国进行国事访问。中国国务院总理李克强会见蒙古国总统时强调了中国与蒙古国友好关系的重要性，表示中蒙建交70周年以及《中蒙友好合作关系条约》签订25周年是两国发展的新机遇。国务委员兼外交部部长王毅同蒙古国外长朝格特巴特尔签署了《中蒙建交70周年纪念活动计划》。③ 总统哈·巴特图勒嘎与中国国家主席习近平举行正式会谈并出席相关文件签约仪式时表示，此次国事访问特点在于，在蒙中建交70周年和《中蒙友好合作关系条约》签订25周年之际进行的。哈·巴特图勒嘎于26日至28日出席第二届"一带一路"国际合作高峰论坛。蒙古国是

---

① 《蒙古国总统出席武装部队领导集会》，《蒙古消息报》2019年1月24日，第3期，第2版。

② Монгол, Хятадын дипломат харилцаа тогтоосны 70 жилийн ойн хүндэтгэлийн ёслол болов, https://montsame.mn/mn/read/204620.

③ 《中蒙建交70周年纪念活动计划》，中华人民共和国外交部，https://www.fmprc.gov.cn/web/wjb_673085/zzjg_673183/yzs_673193/xwlb_673195/t1658868.shtml.

共建"一带一路"的天然伙伴,也是最早支持共建"一带一路"的国家之一。哈·巴特图勒嘎总统的河北之行,把蒙古国"发展之路"与"一带一路"的对接推向深入,有利于蒙古国路网规划与中国港口互联互通,使这个内陆国家的交通借助"一带一路"与"第三邻国"的往来更加便利。

2019年6月14日,上海合作组织(以下简称上合组织)成员国元首理事会第十九次会议在吉尔吉斯斯坦首都比什凯克举行。① 蒙古国总统哈·巴特图勒嘎出席会议发表了讲话并强调:"本人通报过详细研究提升蒙古国在上合组织中地位的可能性,并在政治和社会各界中举行相关研讨会。至于是否加入上合组织,蒙古国公众舆论意见不一。上合组织制定发展其观察员国家、对话伙伴国家和秘书长间合作的中期路线图草案,对上合组织观察员国规定进行修改,扩大上合组织成员国和观察员国之间的合作,本人对此表示赞扬。蒙古国高度重视发展与上合组织成员国和观察员国之间的合作,其中蒙古国与两个邻国——中国和俄罗斯在基础设施、投资、贸易、跨境运输等领域进行互利合作。无疑,发展三方合作,在铁路和公路运输、天然气管道、能源网络等具体问题上取得进展,不仅会对参与方有益,还会大力促进上合组织范围内的务实合作。"蒙古国铁路中央走廊到东部和西部的414.6公里铁路建设已经开工,计划将其延长到蒙古国西部乌里雅苏台边境口岸,连接与中国新疆老爷庙口岸。争取开通从距离乌兰巴托1400多公里的科布多省至哈萨克斯坦、乌兹别克斯坦的最短运输线路,最先运输清真肉类。利用这一通道未来可向中亚国家出口羊肉及其他产品。在上合组织范围内,蒙古国愿意在能源、基础设施、过境运输、采矿、重工业、农业、文化、教育、卫生、环境、预防自然灾害、减少灾害损害以及打击恐怖主义等方面同其他国家开展合作。同时,蒙古国不断凝聚各方力量将为地区和平、安全、各国繁荣发展、造福人民的上合组织事业作出自己的贡献。

2019年6月12日,蒙古国总统对吉尔吉斯斯坦共和国首先进行正式

---

① 《蒙古国总统哈·巴特图勒嘎出席上合组织峰会》,《蒙古消息报》2019年6月20日,第24期,第2版。

国事访问。吉尔吉斯斯坦总统热恩别科夫强调两国开展政治合作的潜力巨大。蒙古国总统哈·巴特图勒嘎表示与吉方发展互利合作的机会较多，其中双方在金融业、农牧业等方面完全可开展合作。热恩别科夫总统表示在吉尔吉斯斯坦－乌兹别克斯坦间实施的铁路项目中愿意引入蒙古国实行的铁路建设规范。双方表示当日在吉尔吉斯斯坦开设蒙古国大使馆，表明两国合作关系迈上新台阶。双方还提议设立联合工作组，以在短期内使会谈期间所达成的共识得到落实。会谈后，在两国总统的见证下，蒙吉双方所签署的文件有：《蒙古国政府和吉尔吉斯共和国政府间关于打击恐怖主义方面开展合作的协定》、《蒙古国政府和吉尔吉斯共和国政府间军事合作协定》、《蒙古国国家安全理事会和吉尔吉斯共和国安全理事会间合作协议》和《蒙古国教育文化科学体育部和吉尔吉斯共和国教育科学部间教育领域合作备忘录》。①

早在 2010 年蒙古国国家大呼拉尔（议会）通过了新国家安全构想，强调蒙古国在平衡与中俄两大邻国的同时，将强化"第三邻国"的外交政策。一方面包括其对美、日、德、韩、加、澳、印度等"第三邻国"的积极外交；另一方面也包括其重视发展与国际组织的关系，如联合国、欧盟、北约、上合组织、亚太经合组织等。在蒙古国的"第三邻国"中，美国是最重要的国家。冷战时期由于美苏对峙，作为苏联卫星国的蒙古国直到 1987 年才与美国建交。冷战结束后，蒙美关系迅速升温。1996 年，蒙古国和美国先后签署了《蒙美军事领域交流与互访协定》和《蒙美安全保障合作协定》，赋予双方派遣部队进入对方国家的权利。2000 年，美国国防部副部长斯洛科姆、太平洋司令部总司令布莱尔先后访蒙，开始建立双边安全磋商机制。2004 年 7 月，蒙古国总统巴嘎班迪访问美国，与美国确立建立全面伙伴关系。2005 年 9 月，蒙古国总统恩赫巴亚尔访问美国，表达了加强与美国进行军事合作的强烈愿望。11 月，美国总统布什对蒙古国

---

① 《蒙古国总统访问吉尔吉斯斯坦》，《蒙古消息报》2019 年 6 月 20 日，第 24 期，第 1、2 版。

进行访问，两国一致表示将深化全面伙伴关系。2007 年 10 月，恩赫巴亚尔再次访问美国。2008 年奥巴马当选美国总统后，虽然一直没有访问过蒙古国，但两国的关系一直向前发展。2011 年 6 月，蒙古国总统额勒贝格道尔吉访问美国，双方重申建立全面伙伴关系。

2019 年 7 月 1 日，对蒙古国进行访问的美国总统国家安全事务助理约翰·博尔顿拜会蒙古国总统哈·巴特图勒嘎。哈·巴特图勒嘎表示，"约翰·博尔顿阁下对蒙古国进行的此次访问体现着美国对蒙美合作关系予以高度重视"①。约翰·博尔顿认为，此次访问给双方提供了讨论深化两国经济、军事合作以及扩展其他领域合作问题的机会。近年来，蒙美军事合作取得显著发展，美国高度评价蒙古国武装力量对维和行动作出的贡献。此外，双方围绕发展两国合作交流以及地区安全、能源问题进行讨论。

2019 年 7 月 30 日，蒙古国总统哈·巴特图勒嘎到访美国战略与国际问题研究中心。该研究中心在 1962 年成立于华盛顿，是对美国国防、经济和区域一体化等广泛议题进行研究的世界领先的国际问题研究中心之一。它对全球发生的事件进行研究，并为美国国会和政府提供基于研究成果的科学性、政策性的建议。7 月 31 日，蒙古国总统哈·巴特图勒嘎同美国总统唐纳德·特朗普在白宫举行正式会谈。② 美国国会 40 多名议员向国会提交了《第三邻国贸易法案》，旨在使蒙古国羊绒制品免税出口到美国市场，哈·巴特图勒嘎表示，完全支持该法案，同时双方国家元首也要对此提供全力支持。美国副总统迈克·彭斯对美国成为蒙古国第三大伙伴以及蒙古国军队在阿富汗积极参与维和行动表示感谢。经双方决定，会谈结束后发表关于蒙美战略伙伴宣言。

2019 年 8 月 1 日，蒙古国总统哈·巴特图勒嘎在蒙古国驻美国大使馆

---

① 《蒙古国总统哈·巴特图勒嘎会见美国总统国家安全事务助理约翰·博尔顿》，《蒙古消息报》2019 年 7 月 18 日，第 28 期，第 1 版。

② Монгол Улсын Ерөнхийлөгч Х. Баттулга "Монгол - АНУ - ын харилцааны төлөв байдал" сэдвээр уулзалт, ярилцлага өрнүүлэв, Монгол Улсын Ерөнхийлөгчийн Тамгын газар, https：//president. mn/10277/.

会见在美国居住、工作、留学的蒙古国公民代表。据统计，目前有3万多名蒙古国公民在美国的200个城市居住。其中，约有6000人在华盛顿，8000人在芝加哥，2000人在洛杉矶、4000人在旧金山、1500人在西雅图。此外，由蒙古国公民倡议的58个联盟和非政府组织在美国运营。蒙美合作关系提升至战略伙伴关系水平，引起了众多投资商的兴趣。8月2日，美国众议院议员泰德·约霍拜会蒙古国总统哈·巴特图勒嘎。泰德·约霍是美国国会蒙美组组员，与40多名议员一同向美国国会提交了《第三邻国贸易法案》。他曾多次访问蒙古国，了解牧民生活。泰德·约霍表示，将全力争取使《第三邻国贸易法案》得到美国立法机构的支持。哈·巴特图勒嘎对泰德·约霍所做出的努力表示谢意，并且希望他告诉其他议员，上述法案的批准会提高蒙古国牧民的收入，对毛绒产业产生积极影响。哈·巴特图勒嘎还说，邀请美国立法者到蒙古国，深入了解农牧业情况，开展密切合作。

8月2日，蒙古国总统哈·巴特图勒嘎与美国参议院外交委员会议员们交谈。哈·巴特图勒嘎表示，蒙美建交30多年以来，两国合作取得迅速进展，达到战略伙伴关系水平。2018年蒙古国经济增长率为6.8%，这主要依赖于采矿业和服务业的收入增长，而蒙古国农牧业和旅游业收入未有实际增长。若《第三邻国贸易法案》得到实施，会新增3万~4万个就业岗位，短期内就会获得经济和社会利益。此外，双方还就朝鲜半岛、维和行动、蒙古国民主现况等问题展开广泛讨论。蒙古国总统哈·巴特图勒嘎在美国国会图书馆与美国参议院议员、行政代表会面。哈·巴特图勒嘎在会面时表示，蒙古国与世界上192个国家建立了外交关系。迄今，已经与其中的4个国家建立了战略伙伴关系。现在，很高兴美国成为蒙古国第5个战略伙伴国家。8月3日，蒙古国总统哈·巴特图勒嘎会见美国司法部部长威廉·巴尔，蒙古国总检察长巴·扎尔嘎拉、总统办公厅主任赞·恩赫包勒德与会。在会谈期间，双方讨论了提升两国检察机构间合作问题，并商定培养相关专业人才。美方表示，在联合国反腐败公约条款范围内，将会在美国使用离岸账户存款和"腐败款"购买的房地产转移至蒙方，在检出

资产位置方面为蒙古国提供帮助。①

两国自建交以来，蒙古国一直得到美国的援助和支持。这体现在蒙美军队在伊朗、阿富汗共同执行维和任务。在美国印度洋 - 太平洋司令部（USINDOPACOM）的全球和平行动倡议中，蒙古国与美方共同举办"可汗探索 - 2019"多国维和军演，美国军队也积极参与该军演。在经济合作方面，蒙美双方都承认两国经济合作不够深入。比如，2018 年蒙美贸易额仅占蒙古国贸易总额的 1.7%。蒙美两国间确立的"蒙美经济扩大伙伴关系路线图"、《关于保障国际贸易、投资问题透明协定》等方针协定为两国提供了经济合作的基础条件。

蒙古国总统哈·巴特图勒嘎于 2019 年 6 月 24 日会见对蒙古国进行正式访问的瑞士联邦共和国国民院议长玛丽娜·卡罗比欧。② 双方一致认为，提高蒙瑞目前 1600 万美元的贸易额对发展两国经济合作、稳定政治和法律环境十分重要，2018 ～ 2021 年的合作战略，旨在加强所有取得的成果。瑞士会持续关注减少乌兰巴托空气污染，克服城市化负面影响以及解决国内人口流动等问题。瑞士发展合作署同蒙古国在实施可持续牧场管理，提升牧民生计方面开展合作。从其研究和经验得出，蒙古国需要制定《关于牧场法》。6 月 24 日，蒙古国国家大呼拉尔主席贡·赞丹沙塔尔同瑞士联邦共和国国民院议长玛丽娜·卡罗比欧在国家宫举行正式会谈。近 10 年来，瑞士向蒙古国农牧业，其中尤其是为了游牧业发展、改善牧民生活水平提供了 1 亿瑞士法郎的无偿援助。瑞士是蒙古国"第三邻国"，自蒙古国转为民主制以来，瑞士不断地提供支持和帮助。双方一致强调，此次访问正值蒙瑞建交55 周年和瑞士发展合作署驻蒙古国代表处成立 15 周年，不仅会推动双边立法机构间合作，还会促进蒙瑞在政治、经济、文化、人文等各个领域的友好合作关系。

---

① Монгол Улсын Ерөнхийлөгч Х. Баттулга "Монгол - АНУ - ын харилцааны төлөв байдал" сэдвээр уулзалт, ярилцлага өрнүүлэв, Монгол Улсын Ерөнхийлөгчийн Тамгын газар, https：//president. mn/10277/.
② 《瑞士国民院议长访问蒙古国》，《蒙古消息报》2019 年 6 月 27 日，第 25 期，第 1、2 版。

土耳其大国民议会议长穆斯塔法·森托普访问蒙古国拜会蒙古国总统哈·巴特图勒嘎时表示，双方可互相借鉴在毛绒和皮革加工、棉制品产业和旅游业方面的经验，同时向欧洲市场共同推介产品。

为迎接蒙捷两国建交 70 周年，应蒙古国国家大呼拉尔主席贡·赞丹沙塔尔之邀，捷克议会参议院主席雅罗斯拉夫·库贝拉于 9 月 30 日至 10 月 2 日对蒙古国进行正式访问。双方表示，虽然两国已建交 70 周年，但在经济、民间交流、文化、人文等多个领域的合作关系还有待进一步加强。有机会通过结合蒙古国原料和捷克先进技术来扩展两国经贸合作领域。蒙古国矿产领域还需要借鉴捷克在地质勘探工作方面的丰富经验，并以此进行联合勘探研究。捷克作为欧盟成员国，两国还有机会在免税出口蒙古国 7200 种产品方面开展合作。蒙捷双方共同签署了 6 项合作文件。签署《实施捷克企业家经贸促进项目的合作协议》《蒙古国国家工商会和捷克经济商会间合作备忘录》《蒙古国国家建筑协会和捷克经济商会间合作备忘录》《蒙古国"SICA LLC"公司总裁巴·拉瓦格扎尔嘎拉与捷克 ALFACON 公司总裁托皮里共同签署公司间的合作备忘录》《蒙古国"BATA LLC"公司总裁巴·奥特根巴雅尔与捷克"Ospro MB"公司总裁斯·奇科共同签署公司间的合作备忘录》《蒙古国 MONFRESH COMPLEX 公司总裁萨·恩赫赛罕与捷克 Atelier Tsunami 公司总裁阿里西·克里迪奇卡共同签署公司间的合作备忘录》。①

蒙古国总统对参与国际间合作一直保持积极态度，6 年前，蒙古国提出了"乌兰巴托对话"倡议。目前，这一倡议已发展为共商地区安全、能源、基础设施、环境、人民安全等问题的重要平台。2019 年 6 月 5 日，第 6 届"乌兰巴托对话"国际会议在乌兰巴托召开。俄罗斯、中国、韩国、日本、加拿大、瑞典等 14 个国家和地区政府代表、专家以及联合国、欧盟、国际红十字会代表等约 200 人参会。② 重点讨论蒙古国总统哈·巴特图勒嘎提出

---

① 《捷克议会参议院主席对蒙古国进行正式访问》，《蒙古消息报》2019 年 10 月 3 日，第 39 期，第 1、2 版。

② 《东北亚发展能源互利合作的潜力巨大》，《蒙古消息报》2019 年 6 月 6 日，第 22 期，第 1 版。

的"东北亚能源超网"和"利用蒙古国太阳能和风能等问题"。蒙古国总统办公厅主任赞·恩赫包勒德在开幕式上宣读总统哈·巴特图勒嘎就上述问题发来的信件,一直以来,对东北亚和平安全作出贡献是蒙古国外交政策的优先方针之一。蒙古国始终坚持通过"对话"方式来使朝鲜半岛废除核武器并解决地区其他迫切问题的立场。2020年的会议,主要关注东北亚能源合作发展问题。在东北亚发展能源互利合作的潜力巨大。随着地区经济规模不断扩大,能源消耗也随之增长。技术进步、数字化转型的能源新网是满足该需求的最佳解决方案。蒙古国政府与亚洲开发银行联合完成了蒙古国与其邻国一同连接能源超网,向地区国家出口纯能源的可行性研究。研究结果显示,蒙古国具备生产与出口200千瓦风能、1.2太瓦太阳能的潜力。联合国亚洲及太平洋经济社会委员会以及亚洲开发银行表示,支持蒙古国总统提出的这一倡议。

二 2019~2020年蒙古国政府的重要行政工作内容

2019年是中蒙建交70周年,双方政府决定共同组织庆祝周年庆典活动。蒙方制定庆祝周年项目的政治、经贸部分时提出"促进两国间大型项目进展"建议,中方接受了蒙方的这一立场和建议。中蒙人文交流共同委员会第二次会议于1月25日在中国北京召开。① 会议期间,与会者讨论了2018年举行的第一次会议上所提出的目标落实情况以及2019年工作计划。两国公民流动超过220万人;蒙古国1万多名学生到中国求学,其中1/3的学生获得了中国政府奖学金。中蒙人文交流共同委员会各成员机构积极开展合作,以蒙古国对外关系部国务秘书为首的教育文化科学体育部、自然环境与旅游部、乌兰巴托市市长行政长官办公厅、文化局以及科布多、戈壁阿尔泰和扎布汗省省长行政长官办公厅、蒙古国记者协会、蒙古国家通讯社代

---

① 《中蒙举行第四次外交部门战略对话及人文交流共同委员会第二次会议》,中华人民共和国外交部,https://www.fmprc.gov.cn/web/wjbxw_673019/t1641119.shtml。

表，及以中国外交部副部长为首的教育部、文化和旅游部、国家卫生和计划生育委员会、国家新闻出版广电总局、国家体育总局、国务院新闻办公室、中国人民对外友好协会、中华全国青年联合会以及中国天津市、内蒙古自治区和新疆维吾尔自治区代表出席会议，围绕2018年实施的工作及2019年工作计划进行讨论。

在2019年5月29日召开的蒙古国政府例会上，将2019～2020年确定为儿童发展和保护之年。会议上审批了《重工业发展规划》，计划最先发展冶金、机械制造、石油和煤炭深加工厂和化工厂。① 蒙古国教育文化科学体育部与中国内蒙古自治区人民政府6月27日签署了一项《关于大学生留学协议》。中国内蒙古自治区人民政府将为蒙古国150名学生和青年提供奖学金，这彰显着两国在教育领域合作的扩大与发展。该协议从2020年得以实施。

蒙古国为了积极参与在本地区进行的政治、经济合作，将上合组织视为参与地区多边合作的一个重要渠道，并于2004年在该组织取得观察员国的地位。多年来蒙古国一直表示，主要参与能源、基础设施、跨境运输等经济领域合作的愿望，积极参加上合组织成员国家领导峰会，并按照组织给观察员国家授予的权限参与部长级会议和上合组织范围内举行的其他活动。蒙古国也将坚定继续加入地区一体化的努力，按照国家的权益促进积极参与地区多边谈判的各项活动。根据政府指示，与上合组织有关的问题已提交给国家大呼拉尔安全与外交政策常务委员会、国家安全委员会会议。

蒙古国获得上合组织观察员国后一直积极开展与中亚五国的深入合作。2019年10月10日应哈萨克斯坦共和国总理阿斯卡尔·乌扎克帕耶维奇·马明邀请，以总理乌·呼日勒苏赫为首的蒙古国约40名官员以及60多名商务代表对哈萨克斯坦进行正式访问。② 1994年时任蒙古国总理彭·扎斯

---

① 《审批〈重工业发展规划〉》，《蒙古消息报》2019年6月6日，第22期，第2版。

② Монгол Улс，Бүгд Найрамдах Казахстан Улсын Ерөнхий сайд нар хэлэлцээ хийв，МОНГОЛ УЛСЫН ЗАСГИЙН ГАЗАР，https：//zasag. mn/news/view/23645.

莱访问了哈萨克斯坦。此次是蒙古国总理时隔25年后对哈萨克斯坦进行的正式访问。蒙古国总理乌·呼日勒苏赫提出了"2020年共同举办蒙哈政府间委员会会议"的建议，指出目前两国贸易额已达3500万美元，未来有机会增加至1.3亿美元。两国总理正式会谈结束后，双方官员签署了7份合作文件，分别是《关于对蒙哈两国1993年10月22日签署的〈蒙古国政府和哈萨克斯坦政府间关于互助民事、刑事司法协议〉进行补充和修改的议定书》《蒙古国政府与哈萨克斯坦共和国政府间关于打击恐怖主义合作协议》《关于对蒙哈两国在2008年8月6日签署的〈蒙古国教育文化科学体育部与哈萨克斯坦共和国教育科学部间合作协议〉进行补充和修改的议定书》《蒙古国教育文化科学体育部与哈萨克斯坦共和国教育科学部间关于相互承认学历学位的协议》《关于蒙古国政府附属兽医总局与哈萨克斯坦共和国农牧业部间关于兽医、检疫领域相互谅解备忘录》《关于蒙古国首都乌兰巴托与哈萨克斯坦共和国首都努尔苏丹间建立兄弟城市关系的协定》和《蒙古国农业科学院植物保护研究所与哈萨克斯坦粮食生产研究中心间合作协议》。

蒙古国总理乌·呼日勒苏赫拜访哈萨克斯坦共和国首任总统、国家安全委员会主席纳扎尔巴耶夫。双方表示，蒙哈两国自1992年建交，1993年签署《友好合作关系条约》以来，两国合作关系不断取得新进展。蒙古国总理乌·呼日勒苏赫分别会见哈萨克斯坦总理马明以及哈萨克斯坦首任总统、国家安全委员会主席纳扎尔巴耶夫，就进一步扩展两国合作关系进行会谈。经商定，两国依靠良好的政治关系增加投资和经贸活动，同时更加深化双方在矿业、畜牧业、农业、城市规划、旅游等领域的合作关系。蒙哈商业论坛期间，两国签署了8项合作协议：《建立金银冶炼厂协议》《关于在蒙古国煤矿建立工厂生产硅铁的谅解备忘录》《蒙古国国家工商会和哈萨克斯坦商会间相互谅解备忘录》《关于培训航空技术服务及技术服务专家合作备忘录》《关于出口运作所需的检验检疫以及生物制剂的合作备忘录》《关于设立检疫专家培训中心的合作协议》《国际标准认证管理体系证书化合作协议》和《关于注册和开通在蒙古国境内销售药品及医疗产品的合作备忘录》。①

蒙俄关系的发展长久以来一直是蒙古国政治领域里的首选方向。应俄罗斯总理德·阿·梅德韦杰夫邀请,蒙古国总理乌·呼日勒苏赫于 2019 年 12 月 3 日至 6 日对俄罗斯进行正式访问,并共同发表联合声明。两国总理出席蒙俄两国 12 项合作文件签字仪式:《蒙古国政府和俄罗斯政府间电能领域合作协议》、《蒙古国对外关系部和俄罗斯外交部间 2020~2022 年合作计划》、《蒙古国交通运输部和俄罗斯交通部间关于使蒙古国公民攻读铁路专业项目协议》、《蒙古国劳动与社会保障部和俄罗斯联邦劳动与社会保障部间相互谅解备忘录》、《蒙古国司法与内务部和俄罗斯司法部间 2020~2021 年合作计划》、《蒙古国食品农牧业与轻工业部和俄罗斯工贸部合作备忘录》、《蒙古国额尔登特铜钼厂和俄罗斯联邦国外地质股份公司间合作协议》、《"乌兰巴托铁路"蒙俄合资协会和俄罗斯铁路股份公司间关于为宗巴彦至塔温陶勒盖铁路线建设提供技术咨询服务的合作协议》、《额尔登斯蒙古公司和俄罗斯乌拉尔重型机械厂间关于建立战略伙伴关系的合作备忘录》、《蒙古国农业交易所国有公司和俄罗斯皮革公司间皮革供应和贸易合作备忘录》、《蒙古国贸易开发银行和俄罗斯出口中心间合作备忘录》和《OCHIR GEGEEN SUNDER 股份公司和俄罗斯远东发展基金间相互谅解备忘录》。②

蒙古国总理乌·呼日勒苏赫于 2019 年 12 月 5 日在索契市拜会俄罗斯总统普京。这是两国领导人近三个月内的第二次会面。会晤期间,双方在中俄天然气管道项目过境蒙古国方面达成共识。乌·呼日勒苏赫指出,在经济走廊框架内实施的天然气管道项目将对蒙中俄经济社会发展作出重要贡献。俄罗斯总统普京认为实施该项目时不会存在任何政治障碍。天然气管道是否过境蒙古国的问题被讨论了多年,现在双方终于签署了合作备忘

---

① Монгол Улс, Бүгд Найрамдах Казахстан Улсын Ерөнхий сайд нар хэлэлцээ хийв, МОНГОЛ УЛСЫН ЗАСГИЙН ГАЗАР, https://zasag.mn/news/view/23645.
② 《蒙古国总理乌·呼日勒苏赫访问俄罗斯》,《蒙古消息报》2019 年 12 月 5 日,第 48 期,第 1 版。

录。蒙古国总理乌·呼日勒苏赫对俄罗斯进行访问期间，蒙俄两国企业签署的合作文件如下：《蒙古国政府和欧亚经济委员会2020～2021年合作计划》、《蒙古国国家工商会和俄罗斯联邦工商会间合作协议》、《蒙古国国家工商会和莫斯科工商会间合作备忘录》、《关于蒙俄执行理事会运行机制和原则议定书》、《蒙古国国家工商会和莫斯科工商会间关于使用商贸市场合作协议》、《MONGOL EM IMPEX有限公司和LASA LABORATORIOS公司间合作备忘录》、《蒙古国质量监督管理协会和俄罗斯质量问题研究院间合作备忘录》和《"乌兰巴托铁路"蒙俄合资协会和国际投资银行间相互谅解备忘录》。①

2019年10月29日，蒙古国和俄罗斯联合委员会第十七次会议在乌兰巴托召开，以实施《蒙古国和俄罗斯关于预防和消除生产安全事故以及自然灾害合作协定》。会议期间，双方签署了《蒙俄联合委员会第十七次会议议定定书》，还围绕2018年在俄罗斯举行的蒙俄联合委员会第十六次会议的实施工作完成率以及在《蒙古国和俄罗斯关于预防和消除生产安全事故以及自然灾害合作协定》中反映有关减少灾难风险和防治灾难的政府间新规定方面交换意见。此外，双方就俄罗斯紧急情况部附属危机管理中心与蒙古国紧急情况总局附属紧急事务管理中心的合作计划和联合实施"更新改造五个地区灾难管理中心及消防设备项目"方面交换意见。

2019年是蒙古国与德国建交45周年，德国一直是蒙古国在欧洲的主要贸易伙伴国，也是非常重要的"第三邻国"，自1992年以来共计实施了价值4亿多欧元的项目。5月21日第七届蒙德两国政府间会议在柏林市举行。与会者讨论了蒙古国和德国政府签署的关于《双方在矿产、工业和技术领域内合作协议》的实行及其监督情况。蒙古国政府重申以经济合作进一步丰富蒙德两国的全面战略伙伴关系，奉行互惠互利的原则是蒙方一贯坚持的政治主张。私营企业间合作对扩大经济往来以及增加投资具有十分重要的意

---

① 《蒙俄两国在有关天然气管道建设项目上达成共识》，《蒙古消息报》2019年12月12日，第49期，第1版。

义。6月27日，蒙古国和德国相关部门间签署了使用德国提供的800万欧元无偿援助实施"保护生物多样性与适应气候变化第三期"项目以及使用700万欧元优惠贷款实施"蒙德联合矿产科技大学"项目。① "保护生物多样性与适应气候变化第三期"项目旨在加强蒙古国特别保护区的缓冲区和生态走廊管理，保护生物多样性，改善缓冲区人民的生活水平。

2019年正值蒙古国与日本《关于建立文化交流协定》签订45周年，应蒙古国外长朝格特巴特尔的邀请日本外务大臣河野太郎6月15～16日对蒙古国进行正式访问。② 这是日本外务大臣对蒙古国进行的第四次正式访问。双方重申，在民主、人权、法治、市场经济等共同价值观的基础上深化蒙日战略伙伴关系的重要性，政治、安全、国防对话在各层级上得到巩固，战略及政策协商会晤保持频繁。双方赞扬《关于建立乌兰巴托新国际机场特许协议》的顺利开展，并达成原则性共识。蒙方重申，在农牧业增加日本技术合作、资助、投资，希望参与改善地区运输、物流、能源网络方面的倡议、投资项目。双方指出，正值蒙日《关于建立文化交流协定》签订45周年，迎接东京奥运会和残奥会，加强双边文艺、体育交流。日本政府高度评价蒙古国积极参与联合国维和行动，为提高蒙古国武装力量的战斗力继续提供支持。日本陆上自卫队首次最大规模即60人团队来参加此次"可汗探索－2019"多国维和军演。双方重申，在联合国以及其他组织框架内积极开展合作，未来也愿意推动这一合作，并进一步加强地区和国际舞台上的双边和多边合作。

蒙古国总理乌·呼日勒苏赫赴日本参加日本新天皇德仁的即位仪式，体现了蒙方高度重视蒙日两国战略伙伴关系。包括蒙古国总理在内，来自约190个国家和地区、国际组织的领导出席仪式。其间，乌·呼日勒苏赫总理会见日本首相安倍晋三，日本政府已经准备好向蒙古国提供国际货币基金组织"金融扩展计划"的第二期融资。

---

① 《德国提供800万欧元无偿援助》，《蒙古消息报》2019年7月5日，第26、27期，第3版。
② 《日本外相访问蒙古国》，《蒙古消息报》2019年6月20日，第24期，第1、2版。

2019 年是蒙古国和欧盟建交 30 周年，双方在乌兰巴托市举办了"欧盟日"周年庆典活动，在布鲁塞尔市开展宣传蒙古国的展览。6 月 27 日在蒙古国对外关系部办公楼举行的蒙古国和欧盟合作联合委员会第 19 次会议上双方在联合声明上签字。会议期间，代表欧盟参会的欧盟对外行动署亚太总司长贡纳尔·维冈（Gunnar Wiegand）表示，欧盟准备实施总额为 5000 万欧元的项目，为蒙古国提供大型财政支持。欧盟是蒙古国的经济伙伴，也是蒙古国的发展伙伴。近年来，蒙古国和欧盟双边经贸合作关系快速发展，但蒙古国未能充分利用欧盟为蒙古国提供的税务优惠条件。蒙古国和欧盟还在改善蒙古国营商环境、实现经济多元化、打击毒品、交换专业人才等问题上达成共识。

蒙古国虽然是当今世界上很少受到恐怖主义威胁与危害的国家之一，但蒙古国一直以来也积极开展打击恐怖主义的国际活动。由蒙古国倡议，蒙古国政府、欧安组织秘书处打击跨国威胁部和联合国反恐怖主义办公室共同举办的"打击暴力极端主义，防止激进化、提高社会防范"区域高峰会在蒙古国对外关系部办公楼召开。来自亚洲和欧洲的约 180 名政策制定者、民间组织和蒙古国相关机构代表参加上述会议。

2019 年 3 月 27~29 日，蒙古国国家大呼拉尔议员兼国防部部长恩赫包勒德参加了联合国维和国防部长会议。参与联合国维和行动的 131 个国家的国防部长、外交部长和联合国常驻代表、大使云集这一会议。蒙古国对联合国总秘书长提倡的《A4P》给予支持。加入《联合国维和行动共同承诺宣言》并表示今后一贯支持其一切活动。2002 年，蒙古国武装部队首次将两名军事观察员派遣至刚果民主共和国参加联合国维和行动。此后的 17 年间，蒙古国共派遣了大约 30 支军队，300 多名军事观察员，总共向联合国维和行动派遣了 10430 名官兵，他们对相关人士进行培训并出色完成了任务。目前，蒙古国武装部队的一个摩托车营以及军官等 886 名军人在联合国维和行动中执行任务。

在美国纽约召开的第 74 届联合国大会一般性辩论期间，联合国安全理事会举办了联合国与区域组织反恐合作公开会议。其 15 个理事国和蒙古国、印度、伊朗、巴基斯坦、哈萨克斯坦、白俄罗斯、阿塞拜疆、塔吉克斯坦、亚美尼亚、阿富汗等12个国家的外长出席此次会议，围绕联合国与区域组织开展有效合作打击恐怖主义问题表达了自己的立场。蒙古国现已加入《联合国打击跨国有组织犯罪公约》，并与俄罗斯和吉尔吉斯斯坦签订了有关打击恐怖主义的协议。

2020年是蒙韩建交30周年，2019年3月25日应蒙古国总理乌·呼日勒苏赫邀请，韩国国务总理李洛渊对蒙古国进行正式访问。这是自2015年12月韩国国务总理访问蒙古国时隔四年后，韩国总理级别高层对蒙古国进行的正式访问。两国会将双边关系提升至战略伙伴关系，研究和解决互免签证旅行问题，组织两国建交30周年文艺演出、体育活动和赛事。在蒙韩政府间委员会第四次会议上，双方详细协商会谈期间所达成的共识。

根据蒙古国《宪法》规定，蒙古国政府每年由蒙央行制定国家货币政策，并由国家大呼拉尔讨论批准。其目的是公开基于宏观经济基本因素而制定的国家货币政策，并听取和探讨舆论。讨论会期间，货币政策局局长贝·巴亚尔达瓦发表了"经济计划和货币政策"的主旨演讲，货币政策局货币政策与策划处处长恩·乌日格木勒苏布德介绍了《2020年国家货币政策方针》。

讨论《住房法修正案》，并将其提交至国家大呼拉尔。蒙古国目前的住房相关法律法规内容不明确，而且不符合民众生活实际，因此需要合并《住房法》、《房地产所有权法》和《公共住房建筑财产权法》。讨论《商标和地理标志法修正案》、《关于专利法》及相关法律修正案，并决定提交至国家大呼拉尔讨论。讨论版权保护及相关法律修正案，并决定提交至国家大呼拉尔。讨论《关于审批蒙古国和越南关于移管被判刑人的条约》，并决定提交至国家大呼拉尔。蒙古国已经与18个国家和地区签署了移管被判刑人的条约。决定将《蒙古国与中华人民共和国澳门特别行政区刑事司法协助协议》提交至国家大呼拉尔讨论。通过了《蒙古国和俄罗斯政府间关于打击恐怖主义合作协定》。此外，还通过了同哈萨克斯坦签订的合作协定；支持《关于通过蒙古国和法国政府间签订的金融协定》，并决定提交至国家大呼拉尔讨论；支持《蒙古国和越南政府间关于国防领域合作协定草案》。会

议支持审批《蒙俄间友好和全面战略伙伴关系条约》，并决定提交至国家大呼拉尔讨论，2019年9月3日，蒙俄两国元首在乌兰巴托签署了上述文件；会议审批《蒙古国政府和捷克政府间关于移交非法滞留公民协定》和《实施蒙古国政府和捷克政府间关于移交非法滞留公民协定的议定书》；会议审批《蒙古国和巴拉圭间关于互免持外交、公务、普通护照人员签证协定》，两国公民可在90天内互免签证旅行。

三 2019~2020年蒙古国国家大呼拉尔的法律修缮工作

2019年1月29日，蒙古国国家大呼拉尔召开全体会议，审议了由39名议员联名提交的关于解除现任国家大呼拉尔主席恩赫包勒德职务的议案，并进行投票。其中，66.2%的与会人员投了赞成票，恩赫包勒德被正式解除了国家大呼拉尔主席职务，成为蒙古国历史上第二个被提前解除国家大呼拉尔主席职务的人。

2019年3月26日召开的国家大呼拉尔全体会议上，议员们审议了总统提交的对《法官地位法》、《检察官法》和《反腐败法》进行补充修改的提案。在25日召开的会议上，国家安全理事会向总统介绍了对制定解除各级法院领导、总检察长、副检察长、反腐局局长及副局长的职务，提前免除职务相关法律进行补充和修改的法案，并即时提交给国家大呼拉尔讨论。总统哈·巴特图勒嘎在国家大呼拉尔例会上说："如果国家安全理事会发出建议，将解除反腐局局长、副局长，国家总检察长、副检察官的职务。"国家大呼拉尔中的民主党小组对此法案进行总结，总结中提出此法案侵犯了法官的独立性。最终经过投票，81.8%的参会议员支持审议上述法案，并将其转到首次审议阶段。

财政部部长其·呼日勒巴特尔就国家大呼拉尔全体会议通过的系列税法和《投标法》举行了发布会。蒙古国总统哈·巴特图勒嘎就国家大呼拉尔非例行会议期间讨论的《企业所得税修订案》向蒙古国国家大呼拉尔主席贡·赞丹沙塔尔递交意见公函。总统在公函中表示，这一法律草案，大幅降低了国外投资者、外国法人实体及与其关联的国内企业税率,这很可能对蒙古国的税收造成重大影响。此外,大幅降低了采矿业大公司税收,造成国内外企业税收不公平等诸多负面影响,已经背离了以税收政策法律改革支持中小型企业发展的核心概念。

2018 年 12 月 28 日,蒙古国政府提交了在中国上海设立蒙古国领事馆相关事宜的草案。2019 年 2 月 1 日,国家大呼拉尔大会审批了上述提议。随着蒙古国对外关系的发展,有必要扩大与邻国进行的贸易、经济、旅游等领域的合作发展,以及保护在该国工作、生活、学习的蒙古国公民合法权益。上海是中国贸易、经济、银行财政、股市和旅游的中心城市。在上海设立蒙古国领事馆有利于保护在该市乃至周边地区生活、工作和学习的蒙古国公民合法权益,为他们提供领事服务。此外,为访问蒙古国的中国以及其他国家的游客、投资商提供签证服务。该地区蒙古国领事馆有 3 名工作人员,已将有关运营费用纳入 2019 年国家预算。

2019 年 3 月 22 日召开的国家大呼拉尔经济常务委员会例会,议员们审议并支持蒙古国政府和亚洲开发银行间签订的《金融援助总规划》项目协商问题。政府与亚发行商定了 2017～2020 年的合作战略。此框架内,2019～2020 年,亚发行决定在经贸、农牧业、教育、卫生、就业、环保、社会发展方面向蒙古国提供 3.34 亿美元贷款。投票数据显示,83.3% 的与会者投支持票,并将向安全与外交政策常务委员会提交建议结论。在召开的国家大呼拉尔经济常务委员会例会上,议员们审议并支持了《关于蒙中政府间建立扎门乌德－二连浩特经济合作区协定草案》。又根据政府 2011 年第 187 号决议,审批扎门乌德经济自贸区总体规划。总理乌·呼日勒苏赫在 2018 年 4 月访问中国期间,与中方签订《关于加快签订蒙中边境地区经济合作区建设协定的协商进度谅解备忘录》。在经济常务委员会会议上,多数与会者支持该协定草案,将其建议和总结交至安全与外交政策常务委员会。

5 月 14 日,蒙古国总统哈·巴特图勒嘎否决了已被审批的《税务总法》、《企业所得税法》和《个人所得税法》等系列税法。总统哈·巴特图勒嘎向国家大呼拉尔主席贡·赞丹沙塔尔发送了关于否决法律的公文,总统

对 2019 年 5 月 8 日收到的 "蒙古国国家大呼拉尔 2019 年 3 月 22 日审批的
《税务总法》、《企业所得税法》和《个人所得税法》等系列税法" ——进
行了解。在国家大呼拉尔非例行会议上审议系列税法修订案时,总统办公厅
认为需要修改不符合国家利益的内容,就多个具有负面效果的问题提出具体
建议。但是,修改结果不尽如人意。此外,蒙古国国家工商厅强调,上述修
订案会导致企业业务运营受损,增加压力,加剧腐败局势,减少税收和预算
收入,对国家经济产生负面影响。因此,蒙古国国家工商厅向总统办公厅发
送了否决《税务总法》、《企业所得税法》和《个人所得税法》等系列税法
修订案的申请。经过深思熟虑后,总统办公厅意见与国家工商厅意见一致,
决定给予国家大呼拉尔议员们一次机会,让他们再次审查上述修订案。

在 6 月 6 日召开的国家大呼拉尔会议上,与会者审批了支持中小型企业
法的修订案。该修订案还明确了将属于中小型企业类型的企业所得税不分行
业定为 1%,每年将国家预算的 10% 用于中小型企业的条款。使用国家和地
方资产采购货物和服务的法律中指定,不低于国内采购量的 10% 由中小型
企业产品满足,并向它们授予特权。大部分与会者支持通过上述修订案。

在 6 月 6 日召开的国家大呼拉尔会议上,嘎·巴亚萨嘎楞当选为宪法法
院法官。上 任宪法法院法官巴·钢佐日格任职期限已于 4 月结束。由此,
国家大呼拉尔主席贡·赞丹沙塔尔将政府办公厅副主任嘎·巴亚萨嘎楞提名
为宪法法院法官。经过投票选举,嘎·巴亚萨嘎楞获得 78.3% 的选票,当
选为宪法法院法官。

7 月 5 日,国家大呼拉尔春季会议闭幕,非例行会议召开。国家大呼拉
尔非例行会议从 7 月 5 日举行,9 月 1 日结束,将审议以下 14 个问题。①对
蒙古国《宪法》进行补充修改的草案和相关法规草案;②对奥尤陶勒盖矿
投资合同落实情况进行审查并提出相关建议的国家大呼拉尔工作组工作报告
和国家大呼拉尔做出的相关决定草案;③宪法法院 2019 年 03 号结论;④有
关对决议附件进行补充和修改的国家大呼拉尔决议案;⑤关于批准蒙古国政
府和欧洲复兴开发银行签署的《金融总协定法案》;⑥关于批准蒙古国政府
和亚洲开发银行签署的《金融总协定法案》;⑦关于批准使用绿色气候基金

优惠贷款的《适应乌兰巴托市民购买能力的绿色住宅区和适应性城市改革项目法案》；⑧批准《蒙古国政府和白俄罗斯政府间关于出口总协定法案》；⑨蒙古国 2018 年预算执行情况、政府金融统一报告、"关于批准蒙古国 2018 年预算执行的国家大呼拉尔决议案"；⑩蒙古国政府和匈牙利政府签署的协定修订案。同时，与国家大呼拉尔相关委员会协商；⑪蒙古国政府同亚洲开发银行联合实施《改善弱势群体医疗服务覆盖投资规划》金融总协定草案。同时，与国家大呼拉尔相关委员会协商；⑫任命与罢免选举委员会成员问题；⑬关于广播节目法案和其他法案；⑭关于国家大呼拉尔 2019 年秋季例会审议问题的国家大呼拉尔决议案。①

蒙古国国家大呼拉尔议员、自然环境与旅游部部长纳·策仁巴特向国家大呼拉尔主席贡·赞丹沙塔尔递交了有关对《水务法》进行补充和修改的法案。与上述法案一同提交的还有，关于决议附加条款草案，有关对保护自然环境、动植物、森林、水务和其他法律进行补充和修改的一系列法案，关于批准成立亚洲合资组织协议和修正世界旅游组织《宪章》第 38 条规定的法律草案。

蒙古国国家大呼拉尔议员、财政部部长其·呼日勒巴特尔向国家大呼拉尔主席贡·赞丹沙塔尔递交了有关蒙古国 2020 年预算、社会保险基金预算、医疗保险基金预算法的草案。此外，还提交了蒙古国 2020 年总预算财政框架声明、关于补充和修改 2021～2022 年预算法、政府特殊基金法修订以及与上述法案相关的其他草案。截至 2019 年上半年，蒙古国经济增长 7.3%，除了铜以外的主要矿物价格保持稳定。随着采矿及其他经济部门的增长，企业单位的销售量得到提升。由于税收和海关改革、土地使用费法律环境得到有效改善，2020 年的预算收入超出计划金额。蒙央行行长巴亚尔特赛汗向国家大呼拉尔主席贡·赞丹沙塔尔提交了关于批准《2020 年国家货币政策指南》的决议草案。《2020 年国家货币政策指南》中提出，蒙央行计划在 2020 年将通货膨胀率保持在大约 8%，在中期内降低至 6%，并实施稳定的

---

① 《国家大呼拉尔非例行会议召开》，《蒙古消息报》2019 年 7 月 18 日，第 28 期，第 2 版。

货币政策。

蒙古国政府将在国家预算中集中 1800 亿图格里克，用于 2020 年为公务员加薪。人力资源和社会保障部部长萨·钦卓日格在 2019 年 9 月 26 日将《2020 年蒙古国预算提案》递交给了国家大呼拉尔。该提案中提到结合通货膨胀率提高公务员薪水。《公务员法》定于 2020 年 1 月 1 日生效。根据上述法律，将计算公务员工龄并上调工资。此外，提案中还明确了"向牧民和个体提供一次性补缴社保的机会"的条款。

国家大呼拉尔经济常务委员会召开的会议讨论了关于加入经济合作与发展组织《多边税收征管互助公约》的协议草案。《多边税收征管互助公约》共 6 章 32 条，规定的征管协作形式包括情报交换、税款追缴和文书送达。2013 年 7 月，二十国集团财长与央行行长会议支持经济合作与发展组织将《多边税收征管互助公约》框架内的税收情报自动交换作为全球税收情报交换的新标准。随着加入上述公约，蒙古国有机会同世界 130 个国家和地区交换税收情报。会议上，加入《多边税收征管互助公约》的问题得到大多数议员的支持，并决定提交至安全与外交政策常务委员会。经过该常委会讨论后，会继续提交至国家大呼拉尔进行审批。

国家大呼拉尔召开的会议审批了关于遵守蒙古国《宪法》的相关附加法。共有 5 个条款的这一附加法与蒙古国《宪法修正案》具有同等法律效力。① 根据该法律第一条规定，与《宪法修正案》相似，审批相关法律之前，须遵守之前履行的法律规定；第二条，根据蒙古国行政区划单位及相关法规，在 2020 年前半年内解决"政府决定将达尔汗和额尔登特市定为国家级城市"、根据蒙古国《宪法》第 57.2.3 条款规定，行政区划单位的更改由国家大呼拉尔审批决定；第三条，自 2028 年 1 月 1 日起实行蒙古国《宪法修正案》第 19 条第 2 款规定（由不低于 1% 有选举权的蒙古国公民联合组成政党）。召开的蒙古国国家大呼拉尔会议审批了蒙古国

---

① Сонгуулийн тухай хуульд өөрчлөлт оруулах тухай: "Төрийн мэдээлэл" эмхэтгэлийн 2019 оны 05 дугаар, 117 – 118 хуудас.

《宪法修正案》，并决定从 2020 年 5 月 25 日 12 时开始实行。6 月 6 日，62 名议员向国家大呼拉尔提交了蒙古国《宪法修正案》。蒙古国《宪法修正案》的协商工作组就相关具体问题进行过多次审议。此次修正案的特点是，听取和反映了研究界和民众的建议。提交蒙古国《宪法修正案》后，国家大呼拉尔会议和常委会会议花费了 4 个多月的时间进行审议，共讨论 36 次。国家大呼拉尔议员在 21 个省和首都 9 个区组织了《宪法修正案》讨论会，并从公民那里获取了 30.6 万条建议。连续几个月认真讨论了来自政府和非政府机构、政党、研究界的 600 多条建议。在广泛范围内通过多方协商，才能审批《宪法修正案》。新《宪法》的主要主张是：修改 2000 年对《宪法》进行补充修改的部分规定；为了保障政府稳定性和成效性，对解体政府的规定进行修改；限制兼职问题，总理组建政府内阁，混合选举制度，对加强蒙古国安全、民主、人权保护和可持续发展的基础带来重大变化，提高议会对政府进行的监督，提高立法程序，加强政党建设，确立符合公民投票需求的选举制度，确立司法机关的公正和独立性。

在 2019 年 10 月 30 日召开的蒙古国《宪法》会议上，与会者再次审核了有关《矿产法》第 47.1 条款、第 47.3.1 和 47.3.2 条款、第 47.4 条款以及第 47.5.11 条款、第 47.5.12 条款、第 47.5.13 条款内容是否存在违反《宪法》规定，并确定最终的相关法律条款。根据宪法法院 2019 年 6 月 28 日 03 号批文，《宪法》会议认定《矿产法》部分条款违反了《宪法》规定。由此会议最终决定，上述提到的《矿产法》部分条款均无效。与此相关，预算常委会和经济常委会再次制定了《矿产法修订案》。在该修订案中，详细阐述了关于如何征收矿产资源补偿费用的规定。随着通过该法案，矿产品开采者、购买并出口者、出售者以及没有开采证的选矿厂和加工厂可一次性支付矿产资源补偿费。此外，不会降低向蒙古国中央银行缴纳的黄金量和煤炭出口量，增加国家货币储备量，稳定保持图格里克行情，以将矿产资源补偿费集中在国家预算中。

2019 年 11 月 21 日，蒙古国国家大呼拉尔通过了关于改善奥尤陶勒盖

协议问题的决议案。① 力拓集团发表声明说，一致接受关于分别改善 2009 年奥尤陶勒盖投资协议、2011 年进行修改的股东协议和 2015 年迪拜协议问题的国家大呼拉尔决议案。该声明指出，随着国家大呼拉尔通过该决议，意味着不仅能够重申蒙古国政府与力拓集团、绿松石山资源公司签订的各投资协议的有效性，还能结束由国家大呼拉尔派遣的工作组 18 个月以来进行的监督工作。国家大呼拉尔决议案明确了重新研究奥尤陶勒盖的股份问题，并确定资源评价报告、技术经济可行性调研以及环保和水资源评估等。

国家大呼拉尔国家常设委员会提交了有关广播电视的法律草案以及和其一同提交的法律草案最终决策。上述法律草案中明确指出了对广播、数字电视地面传输、多频道转播、公共广播、电视服务等方面的具体要求以及对从事有关广告、归档、多频道转播服务的法律法规。在有关广播电视的法律草案第 7 章第 4 条中准备添加 7.4.6 条款，即"不允许外国投资者从事广播电视服务"这一内容。依据新通过的《广播电视法》，起草相关《刑法》和《侵权法》修正案，并在 2020 年 4 月 1 日之前向国家大呼拉尔递交草案。《广播电视法草案》由政府起草后在 2016 年 12 月递交给国家大呼拉尔时，相关工作组认为《侵权法》尚未通过，因而常设委员会无法讨论对《刑法》和《侵权法》进行补充和修改的法案。66.7% 的成员投票赞成通过上述法案。

国家大呼拉尔审批通过《2019~2024 年战略规划决议案》。此战略规划中阐明了国家大呼拉尔的远景、使命和价值观，由 6 个目的、11 个目标和 68 个事项组成。国家大呼拉尔战略规划草案中阐明的国家大呼拉尔远景指出，"崇敬宪法、民主、人权、价值观念、国家利益，建立支持可持续发展并保障人民执政权利的议会"。战略规划中还指出，国家大呼拉尔有效实施其立法和监管监督的基本职能，一直以来都是负责任的议会。国家大呼拉尔价值观定义为公开、透明、平等、负责任、道德、效率、有能力、保障公民参与和尊重共同决策。

---

① 《力拓集团发表声明称接受国家大呼拉尔决议》，《蒙古消息报》2019 年 12 月 19 日，第 50 期，第 4 版。

国家大呼拉尔在 2019 年 11 月 29 日召开会议讨论并通过了蒙古国总统哈·巴特图勒嘎和俄罗斯总统普京 9 月 3 日在乌兰巴托市共同签署的《蒙古国和俄罗斯友好和全面战略伙伴关系条约》。此条约是尊重蒙古国独立、主权、安全、领土完整、边界不可侵犯性、人权的国际条约，双方将在全面战略以及各方面的互利合作前提下开展合作。根据此条约第 20 条款，双方将无限期履行该条约，并可以对条约进行补充和修改。双方达成的 22 项共识，包括将符合《乌兰巴托宣言》、《莫斯科宣言》以及双方共同加入的国际条约内容纳入了规定，例如，信息技术、创新、议会间合作和绿色环保、刑法、经济犯罪、打击洗钱等方面内容。①

2019 年 12 月 5 日，蒙古国国家大呼拉尔审批了《2020 年国家货币政策指南》。经讨论决定，将在批文中附加"加强落实降低贷款利率，改善降低贷款利率的法律环境"和"制定并实施建立抵押贷款资金来源制度的国家计划"条款。据蒙央行称，上述政策指南主要针对加强 2020 年经济和银行金融体系的稳定性，同时支持金融市场的发展。

12 月 12 日召开的国家大呼拉尔例行会议通过了关于批准《亚太贸易协定》的法案。《亚太贸易协定》的前身为《曼谷协定》，是亚太区域中唯一由发展中国家组成的关税互惠组织，其宗旨是通过该协定成员国对进口商品相互给予关税和非关税优惠，不断扩大成员国之间的经济贸易合作与共同发展。2005 年 11 月，《曼谷协定》第一届部长级理事会在北京举行。会上，各成员代表共同宣布协定正式更名为《亚太贸易协定》。目前，其成员国有蒙古国、中国、孟加拉国、印度、老挝、韩国和斯里兰卡。蒙古国与《亚太贸易协定》成员国进行的贸易额占国家外贸总额的64.7%、出口产品的 90% 和进口产品的 30%。因此，蒙古国加入该协议不仅可为扩大外贸市场创造良好的条件，还能向中国和韩国市场出口产品时享受 40% 的税务优惠。蒙古国政府认为，享受税务优惠是蒙古国实现

---

① 《国家大呼拉尔通过〈关于蒙古国和俄罗斯友好和全面战略伙伴关系条约〉法案》，《蒙古消息报》2019 年 12 月 5 日，第 48 期，第 2 版。

同中国和韩国建立自由贸易协定的重要一步。

12 月 20 日，蒙古国国家大呼拉尔会议通过了《选举法修正案》。① 国家大呼拉尔部分议员提出了在《选举法修正案》中纳入"对法院判决的涉嫌受贿罪公职人员不给予选举提名的机会"这一内容的建议。12 月 20 日召开的国家大呼拉尔会议讨论了该建议，并得到大多数议员的支持。

蒙古国国家大呼拉尔会议通过，从 2020 年 1 月 1 日开始，蒙古国实施新的《企业所得税法》。根据《企业所得税法》第 13.1.4 条规定，从 2020 年开始，免税额将用增值税票据扣除。

四　2019~2020年蒙古国行政动态与分析

通过对 2019～2020 年蒙古国国家总统行政机关、蒙古国政府、蒙古国国家大呼拉尔等的一些重要行政活动的回顾，以及对相关法律法规、合约协议等的签订、修订和国家的治理状况梳理后可以比较明确地看到，蒙古国的政治治理理念、组织结构和运作程序、政策目标的把握和实施，在各个领域都开始逐渐走向成熟与稳健。从立法机构来看，2016 年蒙古国国家大呼拉尔通过可持续发展理念文件，利用国际上实现可持续发展目标的主要手段，保障每个人的健康和福祉。设立了可持续发展目标分委员会，以推动实现可持续发展的工作目标。分委员会还致力于在国内落实各国议会联盟发表的方法、手册和文件。对可持续发展目标内容而言，实施改善教育、文化、卫生、生活环境项目时，议会首先要正确评估国家局势，采取针对落后群体的具体措施。

蒙古国国家大呼拉尔 2018 年成立社会政策、教科文常委会附属可持续发展分委员会，以增加其在蒙古国可持续发展目标落实中发挥的作用及参与度。蒙古国社会经济发展趋于平稳，国际三大评级机构之一穆迪公司

---

① Сонгуулийн зардлын хэмжээг батлах тухай, МОНГОЛ УЛСЫН ИХ ХУРЛЫН ТОГТООЛ, Улсын Их Хурлын Тамгын газар, http：//parliament. mn/laws? letter = % D1 % 81&page = 6.

（Moody's）2019年公布的对蒙古国商业银行进行的评估报告显示，蒙古国国家银行、贸易开发银行、哈斯银行、郭勒穆特银行的信用评级为"B3"（稳定），这与上一期结果相比没有任何变化。穆迪公司还预测，蒙古国政府在需要的时候可能会对资产总额较高的银行予以支持。蒙古国政府的信用评级同样是"B3"级。此外，穆迪公司还将蒙古国商业银行资产质量评为"相对较好"。

世界银行公布的2019年10月期《东亚与太平洋地区经济半年报》，其中一篇《应对日益增大的风险》的报告强调，虽然有些国家希望从全球贸易格局重构中获益，但全球价值链缺乏灵活性限制了东亚地区各国的上行空间。预计该地区经济体2019年增速将从2018年的6.3%放缓至5.8%，预计2021年的增速为5.6%。而2018年蒙古国经济增长率为6.8%，2019年上半年已达到7.3%，经济保持了持续增长水平。煤炭行业的业绩和私人投资的增长在很大程度上受益于经济稳定增长的推动，蒙古国中短期经济增长仍处于上升趋势。但是，目前依然存在政治不确定性增加、原料价格波动以及大型项目的实施和银行业改革放缓等风险因素。该报告称，在货币和财政政策的支持下，该地区（中国除外）消费增长速度虽比去年同期略有放缓，但总体上仍保持稳定。该地区较小型经济体增长依然强劲。报告警告说，该地区增长前景面临的下行风险加剧。欧元区和美国经济增长减速超过预期，以及英国"脱欧"，都有可能进一步削弱对东亚地区出口商品的外部需求。一些国家的债务水平高企且不断上升，也限制了它们采用财政和货币政策缓解经济增长放缓影响的能力。此外，全球金融环境的改变有可能提升东亚地区的借贷成本，从而抑制信贷增长，进一步挤压私人投资，影响经济增长。东亚地区各经济体也可以从坚持贸易开放和深化区域贸易一体化中受益。东亚地区各国还需要采取有利于提高生产率和促增长的改革措施，包括进行监管改革以改善贸易和投资环境，从而吸引投资和促进货物、技术和专业知识的流动。

在蒙古国，有30多万人在贸易行业工作。目前尚未明确有关该领域人员权益和义务的法律法规以及全权负责贸易行业事务的政府机构。经济发展

较好的国家都已制定规范国内外贸易的法律法规。蒙古国有关贸易的法律法规有 57 部 100 多个条款，而且对外贸易事宜由对外关系部负责，国内贸易事宜由食品农牧业与轻工业部负责。蒙古国尚未形成良好的贸易行业法律环境体系。食品农牧业与轻工业部致力于在短期内向目前的政府、国家大呼拉尔递交规范和满足所有方面需求的对外贸易与国内贸易一体化结构及法律环境的法律草案。蒙古国可以与世界贸易组织 160 多个成员国进行产品、服务及知识产权的交易。2015 年，蒙古国与日本签订《自由贸易协定》，分阶段地降低约 9000 种商品的海关关税，并计划未来实现"零关税"。此外，根据欧盟普惠制，减免约 7000 种产品的关税。蒙古国将和中国协商两国签署《自由贸易协定》的事宜。蒙古国正在与日本国际协力机构（JICA）合作，以提高公平竞争与消费者服务局国家检查员的能力、改善蒙古国公平竞争的法律环境。这是蒙古国改善公平竞争环境项目的第一步。下一步将在《竞争法》框架内对议事规则草案进行修订。同时，还要向大众普及相关法律法规，并提高公务员技能。改善公平竞争环境首阶段的项目在 2015~2018 年实施，第二个项目将在 2020~2022 年完成。

伦敦经济与和平研究所公布《2019 年全球恐怖主义指数报告》。2019 年全球恐怖主义指数（GTI）显示，恐怖活动致死人数在 2014 年达到顶峰之后连续四年出现下降，自 2014 年以来，死亡人数从 33555 人降至 15952 人，降幅为 52%。该报告根据受恐怖主义影响程度对 163 个国家和地区进行了排名。分析指标包括恐怖袭击的数量、致死人数、受伤人数和财产损失数额。其中，蒙古国、朝鲜、新加坡、古巴、柬埔寨等 25 个国家被列为不受恐怖主义影响的国家。[1] 2018 年，全球有 71 个国家发生至少一起恐袭死亡个案，是 21 世纪以来的第二高水平。

蒙古国常驻联合国日内瓦代表处与反死刑国际委员会联合举办了关于交换废除死刑先进经验的会议。2019 年 9 月召开的联合国人权理事会第 42 届

---

[1] 《蒙古国是不受恐怖主义影响的国家之一》，《蒙古消息报》2019 年 12 月 5 日，第 48 期，第 7 版。

会议上，蒙古国、比利时、贝宁、哥斯达黎加、墨西哥、摩尔多瓦、法国、瑞士等国家共同通过了废除死刑相关决议。在此次会议期间，同蒙古国一样废除死刑的有吉尔吉斯斯坦、土库曼斯坦、乌兹别克斯坦等国家。

同时，蒙古国利用自身的地缘与政治优势，积极参与国际和地区政治事务。自2014年以来每年举办的"乌兰巴托对话"国际会议已成为讨论研究东北亚和平与安全问题的主要机制和渠道之一。2019年9月30日举办的"乌兰巴托对话"相关座谈会由蒙古国第一任总统彭·奥其尔巴特领导的"蓝国徽"非政府组织、世界和平基金会以及"朝韩统一"行动组织、"支持朝韩统一的蒙古国论坛"非政府组织联合举办。2019年是第六次成功举办上述活动。在确立区域和平的途径、使朝鲜半岛无核武器的途径以及朝韩两国未来的关系问题时，蒙古国对其起到的作用和参与成为热点话题。具体来说，蒙古国与本区域各国的政治、经济相互依赖度比较高，所以非常注重开展密切合作。东北亚地区保持稳定状态对蒙古国加快发展至关重要。蒙古国以巩固安全为目的在1990年宣布蒙古国为无核武器国家，并让美国、中国、英国和法国承认了这一地位。无核化的蒙古国在各层级水平上参与东北亚地区合作成为必要。"六方会谈"是由朝鲜、韩国、中国、美国、俄罗斯和日本六国共同参与，旨在解决朝鲜核武器问题的一系列谈判。其中，蒙古国与俄罗斯和中国建立了全面战略伙伴关系，与美国和日本建立了战略伙伴关系。蒙古国与各方之间的政治信任达到较高水平，无疑能够增进东北亚国家间的政治互信、促进朝鲜半岛无核武器过程。

近70年来蒙古国与朝鲜保持着传统友好合作关系，并且一直互相给予支持。自1990年蒙古国与韩国建立外交关系以来，双方在政治、经济、社会、文化等领域开展密切合作。由此可见，蒙古国是与朝鲜和韩国都保持着密切合作关系的少数国家之一，因而朝鲜半岛问题的参与方通常力争得到蒙古国的支持。2019年4月朝鲜最高领导人金正恩问候并祝贺贡·赞丹沙塔尔当选蒙古国国家大呼拉尔主席，转达了2018年庆祝朝鲜和蒙古国建交70周年以及朝鲜领导人金日成访问蒙古国30周年等对两国合作关系具有重要意义的事件，"进一步发展朝鲜与蒙古国的友好关系"是朝鲜的政策。

　　从蒙古国 2019～2020 年的政治制度建设和发展来看，其寻求经济发展和社会转型的理念措施和施政方法同样具有十分重要的借鉴意义。通过 2019～2020 年蒙古国政治领域的活动经验可以发现，蒙古国国家总统、政府、国家大呼拉尔三位一体的治国理政、依法建制过程中，有意识地提高参与者的多元化程度，既有助于提升社会管理治理质量，又能促进蒙古国经济的可持续增长，以及本地区与国际社会更广泛、更深入和更稳定的交往。

B.3
蒙古国选举法修改、实施中的问题

——以历届《国家大呼拉尔选举法》为例

〔蒙〕德·图门吉日嘎拉*

摘　要：　本报告对之前实施的关于选举的一系列法律和2019年12月20日颁发的关于国家大呼拉尔、总统及地方选举法律不做详细阐述，只对蒙古国《选举法》的部分修改内容、实施及后果，国家大呼拉尔选举的新旧法律法规的区别和使选举法律成熟的合理条件等方面进行阐述。为了区分之前的《选举法》和2019年的新《国家大呼拉尔选举法》的某些规定，有必要对与政党有关的法律法规中的某些部分进行比较，并归纳出差异。

关键词：　蒙古国　选举法　《国家大呼拉尔选举法》

　　《选举法》是全面涵盖选举规章制度和方法的法律依据。《选举法》被视为仅次于《宪法》的法律依据。蒙古国分别在 1992 年、1996 年、2000 年、2004 年、2008 年、2012 年、2016 年举行的 7 次国家大呼拉尔选举，其时代特点、经济状况、政党、政策决策、社会风气、选举制度等因素与《选举法》的调整有密切的关系。

　　选举立法范畴由《宪法》、2015 年系列《选举法》（16 章的《国家大呼

---

　　*〔蒙〕德·图门吉日嘎拉，博士，蒙古国国立大学科学学院社会学系政治研究中心讲师。

拉尔选举法》、17 章的《总统选举法》、18 章的《地方选举法》）、2006 年《选举中心机构法》、2011 年《选举自动化系统法》和《选举总委员会规定》① 等组成。并依照《选举法》对蒙古国选举委员会进行选举活动时必要的规章制度、相关指示和规定进行通过，这些被视为其他法律行为。选举活动应按照这些规章制度、指示和规定进行。

蒙古国 1992 年新颁发的《宪法》第 3 条中对民主选举规定："蒙古政府的所有权力在人民手中。蒙古国人民直接参政，并通过选出代表建立的机构传承这种权力。"第 16 条中规定："有权直接或通过代表机构参与国家政务。人民享有选举政府人员或者当选政府机构人员的权利。18 岁开始享有选举权。当选年龄由政府不同机构部门的具体要求决定。"②

蒙古国国家大呼拉尔选举、地方公民代表选举和总统选举分别举行过 7 次。

一　选举法的修改及后果

蒙古国在每个大选年的前一年 12 月或最迟在人选前 6 个月修改相关法律已成为蒙古国的特色和惯例。比如：《国家大呼拉尔选举法》在 1992 年 4 月 4 日、2005 年 12 月 29 日、2008 年 12 月 19 日、2011 年 12 月 25 日、2015 年 12 月 25 日被不断修订。同时在 1996 年 1 月、2006 年 6 月 16 日、2007 年 12 月 26 日、2012 年 11 月 1 日、2015 年 11 月 26 日、2016 年 5 月 5 日被分别进行了修改。③ 现今蒙古国对国家大呼拉尔、总统和地方领导的选举法进行修改，修改内容在征求人民的意见后已被批准通过。

从 1992 年通过并实施《国家大呼拉尔选举法》之后，每次选举前都

---

① 其他相关法律包括《政党法》、《示威程序法》、《刑法》、《反腐败法》、《国家审计法》、《两性平等法》以及其他管辖司法和媒体的法律。
② 《宪法》，1992。
③ 选举委员会，https：//www.gec.gov.mn/。

对该法进行修改，并依照修改后的《选举法》进行选举。从《选举法》的修订来看，《国家大呼拉尔选举法》的修订出现过很多错误。例如，1992年、1996年、2000年、2004年、2008年的国家大呼拉尔选举没改变多票当选的选区选举制度。这一时期的法律条款不完整，漏洞很大，因此政党、候选人不择手段进行竞争的情况比较严重。比如，政党和候选人买卖选票，党派制定适合参选年龄段人进行短期福利计划，运用黑科技，在竞选宣传中诬陷或侮辱他人，进行反面扩大化宣传，给选民发放金钱、物品等行为。还有些候选人对选民进行免费医疗服务，免费举办文艺、体育等活动，对选民投票进行干扰，严重违反民主选举基本原则的行为在之前的选举中比较常见。

然而在2011年12月重新通过的《国家大呼拉尔选举法》，增加了严惩上述违法行为的条款之后，运用黑科技的情况得到彻底的改变。同时运用自动选票统计器，选民使用智能身份证投票，让居住在国外的蒙古国公民参加选举等选举方式显得很新颖。

但把2012年国家大呼拉尔选举改成以混合制度进行选举时造成了严重后果。具体而言，依照该法的修订内容，运用混合制度选举的国家大呼拉尔76个成员中有48名成员是在扩大的26个选区里利用之前多票当选的选区选举制度，从每个选区里选1~3名成员，剩下的28个候选者按党派的名单从各党选出，选民不可能知道剩下的28名候选者，只知道他们的党派，不知道具体是谁。因此可以说2012年国家大呼拉尔选举不但严重违反了选举的真实性，而且有失普遍原则。

2008年《国家大呼拉尔选举法》第四章第20条第1款中指出"选民名单由县、区的行政长官来制定"[①]。到2008年的国家大呼拉尔选举都是依照该选举法进行的。该法的弊端在于县、区的行政长官是政治官员，同时政党对公民代表大会的参与度过高。

在2012年的国家大呼拉尔选举中对该内容进行修订。2011年12月15

---

① 《国家大呼拉尔选举法》，乌兰巴托，2008。

日，《国家大呼拉尔选举法》新草案的第四章第 20 条第 3 款指出："省、首都登记单位依照选举总委员会审批的表格，根据当地的村、社区人口的户籍，对县、区、社区负责国家统计机构工作人员出示的选民名单进行严格审查，再送往负责国家登记问题的政府部门。"① 从世界其他国家的经验来看，法国选民名单由当地代表和一个上级法院代表一起编制。但在英国，有一个专职官员负责编制选民名单。

2015 年 12 月 15 日，蒙古国颁布了关于选举的好几部法律，意味着这是朝着建立统一的选举法律框架迈出的一步。② 但 2016 年 5 月 5 日对这些法律的有些条款进行了修改，并将一些条款进行了删除。《选举法》主要变化之一是同时组织了国家大呼拉尔选举、首都公民代表大会选举和省公民代表大会选举。根据 2019 年的新法律，除了分别实施《国家大呼拉尔选举法》、《总统选举法》和《地方选举法》之外，还分别组织进行国家大呼拉尔选举、首都公民代表大会选举和省公民代表大会选举。

关于投票权规定，已被法院宣布取消政治权利的公民，无论犯了何种罪行，在监狱服刑的犯罪人员都没有投票权。除此之外，所有已满 18 岁并具有法律行为能力的公民都有投票权。一些学者认为，这项一般权利造成了不平等的现象，与国际标准相抵触。

2015 年 12 月通过的《选举法》第二章第 11 条第 2 款中指出："居住在国外的蒙古外交使团所在地的合格公民有权为党派和联盟参加国家大呼拉尔选举以及总统选举并进行投票。"③ 但 2016 年 5 月 5 日的《选举法》修改成："居住在国外的蒙古外交使团所在地的合格公民，有权按照本法规定的条款参加总统定期选举并进行投票"④，同时取消了居住在国外的 25 万多名蒙古国公民在国家大呼拉尔选举中的投票资格。之前在国外生活、工作和学习的蒙古国公民占选民的 18%。这也违反了民主选举的基

① 《国家大呼拉尔选举法》，乌兰巴托，2011。
② 新法律合并了关于总统，国家大呼拉尔，省、首都以及地方和县级选举的四部法律。
③ 《选举法》，乌兰巴托，2016。
④ 《选举法》，乌兰巴托，2017。

本原则。

2016 年《国家大呼拉尔选举法》支持残疾人参与选举，并依法保障残疾人的投票权。例如，2015 年 12 月通过的《选举法》第八十七章第 87 条第 4 款规定："每个投票站都应有一个特殊的盲人文件夹，用于保存视障选民的选票"，第 87 条第 6 款中规定："投票站应方便轮椅使用者出入"，这使残疾人参加投票更加便利。新的总统和地方选举法草案也明确了这一规定。

2009 年，蒙古国还加入了《残疾人权利公约》。2016 年《残疾人权利法》承认残疾人参与政治生活的权利，政治组织中的残疾人可以参加竞选活动。一些政党在其选举纲领中反映了与残疾人有关的问题，并在会议上着重谈及了这些问题。为了宣传残疾人参选还专门开通了相关媒体节目。曾有一名残疾人成为候选人参加了竞选。[①]

通过对 2015 年法律的修订，2016 年 5 月 5 日的《选举法》将候选人的女性配额比例从 30% 降低到 20%。这是调整妇女参政的一项法律规定。[②]根据《选举法》规定，每个选区的投票率达到该选区选民的 50% 被视为有效选举。如果投票人数不足，则只有该选区 50% 以下的选民，同时在第一轮投票中没有参加投票的合格选民才能进行投票。2019 年的《国家大呼拉尔选举法》新草案指出："由党派和联盟提名的候选人中，至少有 20% 是一种性别。"这里并没有改变配额，而是以性别划分，所以它不仅适用于女性候选人，也适用于男性候选人。

2015 年通过的新《选举法》中明确了关于净化法律环境问题的申请程序和残疾人选民权利的意见，但未能明确关键问题。《选举法》中存在限制公民选举权的问题，当选权和选举宣传权存在很多法律漏洞、自相矛盾的内容和模糊的规定。比如说，《选举法》通过后宪法法院就《国家大呼拉尔选

举法》的某些规定收到了十份请愿书①。特别是新选举法删除了之前《国家大呼拉尔选举法》中的"禁止在选举前的六个月内对《选举法》进行任何修订"的重要条款。由此产生了对选民略晚一些介绍《选举法》的主要修订内容和选举制度的情况。

2015年通过《选举法》时计划实行国家大呼拉尔选举运用选举比例相等和多票当选的选区选举的混合制度。但在2016年4月22日，宪法法院支持收到的两份请愿书的意见，将比例相等制度视为违反了《宪法》中关于选民选举的规定，将其作废②。根据《宪法》的规定，国家大呼拉尔有权不接受宪法法院的裁决结果。虽然没有法律规定的时限，但结果已被接受。在2016年5月5日，《选举法》修订并通过了完全支持用多票当选的选区选举制度进行选举。③

为了弥补单一选举制度中的缺陷，民主党在2019年11月的修正《宪法》之际，国家大呼拉尔在三次会议中都提出了选举以混合制度进行，不是以党派的名义，而是以候选者的名义提议，但未能得到多数人的支持，所以问题未得到解决。混合选举制度已被讨论过多次，但没有得到支持。运用多个选举制度后积累的经验有利于纠正旧有的错误，从而进一步完善选举制度，可现在的蒙古国执政党没有改变选举制度的意向。

2019年12月6日，国家大呼拉尔会议讨论了修改《选举法》中的选区问题。也就是国家大呼拉尔76个成员的50个成员将从小选区中产生，而26个成员将从一个大选区中产生。选民将能以直接选择候选人的方式进行投票。在研究其他国家的经验时，对75个国家进行了调研，其中37个国家

---

① 有一些请愿书涉及限制选举权和竞选自由的规定。申请被拒绝，理由是没有任何法律依据，只是选举制度的比例代表制违反了《宪法》的规定。宪法法院关于这些请愿的裁决未公开。

② 旧的2011年《选举法》采用了混合制度。议会的任期于2012年届满，是根据这一制度选出的。2016年1月27日提交的第一份请愿书于2012年被宪法法院驳回，理由是比例制没有违反《宪法》。2016年2月29日，宪法法院对上诉进行了审议。第二份请愿书于2016年4月13日提交，并与第一份申请合并。

③ 《选举法》，乌兰巴托，2017。

采用封闭式政党体系，38 个国家采用开放式政党体系。按字母排序并对 26 位候选人一一介绍。根据候选人获得的票数，获胜者是得票最多的人。多票当选的选区选举制度是一种容易丢失选民选票的制度。有些委员认为，《选举法》应包括混合制度，赋予人民直接投票权是正确的。划分选区和确定配额时应格外谨慎。应该杜绝有些省出了很多国家大呼拉尔议员，选举时预算给的也很多，而国家大呼拉尔成员少的地方，预算也少，配额也少的情况。每个国家大呼拉尔议员的平均选民为 2.8 万 ~ 3 万人。人数、区域范围以及选区设置的原则使得相邻的县、村和区成为一个选区。各选区人口数量不等，有 1.2 万 ~ 3.7 万选民的选区。2012 ~ 2020 年，大约有 230 名新的年轻选民参与选举，公民的选举意识有所提高。蒙古国正在与国际组织合作，认为必须保证选民的投票权，赋予选民自由直接选举权。将在候选人列表中按字母顺序选择，根据选民的投票选出 26 个人。对于女性，在上次选举中设定了 20% 的配额。这是 28 个政党互相进行了协商，并获得 420 条意见，从中提取 310 条意见进行商议而得出的结果。在过去的封闭名单上曾有隐去候选人姓名的问题。但是，没有候选人会隐藏在党的公开名单后面。26 人的选票总数达到 50%，其中会有 13 人在人民党占有席位。根据获得的票数进行排名，党没有排名。党员不能没有获得选票而跟随获得最高票数的人成为成员。资金供应量需要大大减少。有必要增加政党候选人的名额。混合制度在《宪法》中被否定，但在《选举法》中纳入了与混合制度一样的法律条款，这可能违反了《宪法》。2019 年 12 月 6 日，在国家大呼拉尔会议上的 40 名国家大呼拉尔成员中有 27 名成员赞成《选举法草案》、《选举法修正案》和《自动选举制度法修正案》，并转交给政府建设常务委员会进行初步讨论。

2019 年 11 月 14 日，蒙古国对《宪法》进行了一些修订。主要变化之一是，蒙古国国家机构第三章第 21 条第 4 款中依法确定了国家大呼拉尔选举的规定，"禁止在国家大呼拉尔定期举行之前的一年内通过或修订《国家大呼拉尔选举法》"[1]。这一规定于 2020 年 5 月 25 日 12 时生效并变得非常

---

[1] 《宪法》，乌兰巴托，1992。

重要。这是因为它成为每次选举前 6 个月，执政的政治力量便开始草率而仓促地修订《选举法》的情况得以控制的开端。

《国家大呼拉尔选举法》重申 2019 年起草通过的《国家大呼拉尔选举法》应遵循 2015 年通过并生效的《选举法》总则，应拟定反映国家大呼拉尔关系特点的、独立的《国家大呼拉尔选举法》。① 国家大呼拉尔主席第 195 号法令，将 2017 年 12 月 1 日工作组编写的国家大呼拉尔选举，总统选举以及省、首都、县和区公民代表大会选举的法律草案发布在选举委员会的网站上，以征求公民的意见。②

2015 年《选举法》规定，选民在投票日前 14 天后不得转移到另一个选区③。转移的选民人数不得超过登记选民总数的 1%。但是，转移到四个选区的选民人数达到了 20%④。2016 年 6 月 21 日，民主党和人民党向选举委员会投诉，向五个选区转移的人数过多。选举委员会回应说，此举符合《选举法》，没有违反法律。有些社区工作人员、警务人员不在居住辖区工作，因此失去了投票权。这些弊端应在将来的《选举法》修订中进一步修正。

蒙古国的选举法律调整存在以下弊端。例如，没有任何禁止在选举活动中滥用公共资源的规定。一直以来没有关于利用媒体的明确规定。允许滥用公共资源的情况与执政党是密切相关的。同时将公共资源用于非公务事情上所要承担的法律问责制度薄弱，没有执行机制。特别是关于选举、公职和媒体的立法存在漏洞，执法机制薄弱。媒体处于政府的监督之下，没有独立性。但法律对选举中使用国家媒体做了如下规定。例如，在 2015 年 12 月的《选举法》中指出"公共广播电视机构仅应该按照中央选举机构宣传播放部门的安排为参加选举的政党、联盟以及总统选举的每位候选人设定的时间顺

---

① 《国家大呼拉尔选举法草案》，选举委员会，https：//www.gec.gov.mn/。
② 《国家大呼拉尔选举法草案》，选举委员会，https：//www.gec.gov.mn/。
③ 在 2016 年议会选举中，共有 18309 名选民要求临时转移。选民不能在一处或在乌兰巴托改变其投票站。
④ 乌巴素省共有 2778 名选民申请转移，使注册选民人数增加了约 20%。选民申请移居到第 9 选区巴彦洪格尔，这使注册选民的总数增加了 11%。申请移居到库苏古尔的第 39 个和第 37 个选区的选民分别大约占选民总数的 7% 和 5%。

序进行免费播放宣传内容"①。直到 2012 年国家大呼拉尔选举之前，法律条款中未规定在竞选活动中免费使用公共广播和电视台。但是在 2019 年《国家大呼拉尔选举法》的新草案中指出"公共广播电视机构应仅按照通信管理委员会规定的时间表和时长免费播放广告"②。此次法律草案修订的特点是对监督机构进行了改革。

此外，《选举法》中有一些关于把政党和选举活动的资金向民众公开的规定，但没有实际成效。虽然 2015 年 12 月的《选举法》第 60 条第 3 款中指出"审计署应该审计支出报告，自接受报告之日起 90 天内将结果公布于众，将捐 100 万图格里克或 100 万图格里克以上的公民和捐 200 万图格里克或 200 万图格里克以上的企业法人公布于众"③。但因公众意识不足，该规定的执行力薄弱，成了空谈。但关于 2019 年国家大呼拉尔选举的新法律草案的第 65 条第 1 款中指出"国家最高审计署应在收到支出报告之日起 60 天内审阅支出报告，并将其公布给公众。将捐 100 万图格里克或 100 万图格里克以上的公民和捐 200 万图格里克或 200 万图格里克以上的企业法人公布于众"④。此规定将 90 天内公开，更改为 60 天内公开，时间方面缩短了 30 天。问题的关键不在于缩短了 30 天还是延长了 30 天，而是要及时向公众提供准确和可靠的信息，并确保选民的知情权和选举的公正性。应该有一个监督机制来问责违反这一规定的情况。

在 2016 年的国家大呼拉尔选举活动中，有许多违反《国家大呼拉尔选举法》、《反腐败法》、《公务员法》、《政党法》、《广告法》和《媒体自由法》的行为。这是监督与选举有关的立法执行情况以及解决与选举有关的违法行为和投诉的规定不够明确所导致的。此外也体现了选举委员会的独立性和归属性不够明确。

蒙古国《选举法》没有明确规定国家大呼拉尔、政府、国家大呼拉尔

---

① 《选举法》，乌兰巴托，2017。
② 《国家大呼拉尔选举法草案》，选举委员会，https：//www. gec. gov. mn/。
③ 《选举法》，乌兰巴托，2017。
④ 《国家大呼拉尔选举法草案》，选举委员会，https：//www. gec. gov. mn/。

成员和政府高级官员对自己所犯的错误进行负责。犯下错误的官员只会被解雇。法律中一直存在的弊端是对不当政策所导致的损失如何进行赔偿，如何处置和如何判决没有明确规定。因此从上述蒙古国选举有关的所有问题以及法律的执行和结果来看，将来必须要解决的问题还很多。

二 《选举法》和新的《国家大呼拉尔选举法》差异比较

蒙古国《宪法》于 2019 年 11 月 14 日修订。修订后的《宪法》第 19 条第 1 款指出 "①党应该依照《宪法》第 16 条第 1 款规定建立并奉行国家政策。②党应该至少由蒙古国合法选民的 1% 组成"①。该规定从 2020 年 5 月 25 日 12 时开始生效。同样在《宪法》第三部分中指出 "党的内部组织应当符合民主原则，收入来源和支出情况应对公众透明。党的组织和活动、经费、国家财政支持的条件应依法规定"②。

由于无法在本报告中详细讨论当前与选举有关的法律的每个条款，我们仅考虑新《国家大呼拉尔选举法》条款的一些示例。该法律的优势在于，新《国家大呼拉尔选举法》的提倡者明确规定了参加选举的党、联盟和候选人的选举费用的透明度和负责任的报告，接受报告的政府机构进行公开报告及明确表明了政府其他部门在审计过程中的任务。③

2019 年《国家大呼拉尔选举法》的主要特点如下。

• 2015 年的《选举法》通过一套法律来规范所有选举活动，而新法律分别对国家大呼拉尔、总统和地方选举活动进行规范。

• 就时间而言，先前的《选举法》是有争议的。但新的《国家大呼拉尔选举法》解决和澄清了时间上不一致和冲突问题。例如，先前的法律规定应至少在选举前几天，但新法律规定实施的期限为数月和数天。

① 《宪法》，乌兰巴托，1992。
② 《宪法》，乌兰巴托，1992。
③ 《国家大呼拉尔选举法草案》，选举委员会，https：//www.gec.gov.mn/。

- 将过去拿到候选人证件的 4 天后才可进行宣传改为拿到候选人证件后即可进行宣传。

- 公民和法人向政党的捐赠金额有了变化。以前的法律将个人捐款额上限设定为 300 万图格里克，对法人实体的捐款额上限定为 1500 万图格里克。但新法律将捐款额上限改为个人捐款 500 万图格里克和法人实体捐款 2000 万图格里克。

- 网络媒体可用于竞选活动。根据通信管理委员会的建议，该法律中澄清了先前法律中的一些模糊规定。如果候选人在国家大呼拉尔选举中，按《选举法》"第四十七章第 1 条第 1 款和第 1 条第 2 款规定，网站用于竞选宣传时，该网站应该在收到候选人证件之日起 3 日内在各自的省或首都选举委员会进行注册"①。

- 规定党可以组成联盟并参加选举，联盟在选举年有效。规定如果联盟中的大多数人解散，该联盟将被视为解散。

- 规定被法院判定犯有贪污罪的人不得参加国家大呼拉尔竞选。

- 规定将近十个机构可以在自己权力范围内自行解决与选举有关的纠纷。

- 新法律将竞选宣传期限从 18 天更改为 22 天。

- 规定"从一个公民行政单位向另一个公民行政单位的调动应在常规选举年的 2 月 1 日停止，并在投票日的次日恢复"②。

- 通信管理委员会负责协调与网络相关的问题。

- 规定竞选国家大呼拉尔的公务员和国有单位的员工于 1 月 1 日开始可以辞职。

- 该法律没有依法明确规定在国外学习和工作的蒙古国选民参加国家大呼拉尔选举的选举权和投票权，因此投票权受到了限制。

比较解释 2015 年 12 月 25 日通过实施的《选举法》的某些规定和 2019 年

---

① 《国家大呼拉尔选举法》，乌兰巴托，2019。
② 《选举法》，乌兰巴托，2019。

12月20日新通过的《国家大呼拉尔选举法》的某些规定，并表明不同之处（见表1）。

表1　2015年《选举法》和2019年《国家大呼拉尔选举法》不同之处

2015年12月25日通过实施的《选举法》	2019年12月20日新通过的《国家大呼拉尔选举法》
第16条　安排并宣布例行选举及其投票日 16.1　例行选举应安排在投票日前至少65天宣布。	第9条　宣布选举 9.1　国家大呼拉尔应在选举年的2月1日之前宣布例行选举，并设定投票日。
第22条　选区 22.4　为了进行国家大呼拉尔选举，对蒙古国的领土进行选区划分。 22.5　国家大呼拉尔选区应在投票日之前至少45天由国家大呼拉尔建立，要按照本法规定的选举制度，省、首都、县和区的人口及行政划分，确定选区的范围、编号、中心和配额数量。	第11条　选举区域，选区 11.1　选举区域为蒙古国领土内。 11.2　选举区域被划分为选区。 11.3　为了收集和统计选票，选区被分为多个部分。 第12条　设立选区 12.1　国家大呼拉尔应在例行选举年的2月1日之前建立选区。

按该条款规定在2月1日前宣布国家大呼拉尔选举，并指定投票日。投票日定为6月下旬的工作日。按之前国家大呼拉尔选举的投票日在6月下旬的惯例制定。该规定的特点是明确指定了投票的日期。

蒙古国国家大呼拉尔的第15号决议于2020年1月30日规定了2020年蒙古国国家大呼拉尔例行选举选区的建立、配额、编号、区域和中心。具体来讲，2020年1月30日举行的国家大呼拉尔全会为2020年国家大呼拉尔选举设定了29个选区，其中地方有20个选区，首都有9个选区。

建立的具体选区如下。

（1）中戈壁、戈壁孙布尔省的第6号选区。

（2）巴嘎杭盖、巴嘎淖尔、那莱赫区的第21号选区。

（3）巴颜珠日合区4、5、6、8、13、14、15、16、18、25、26号社区的第22号选区。

（4）巴颜珠日合区1、2、3、7、9、10、11、12、17、19、20、21、

22、23、24、27、28 号社区的第 23 号选区。

（5）松根海日罕区 1、2、3、4、5、6、20、22、24、26、32、33、34、35、36、37、41 号社区的第 27 号选区。

（6）松根海日罕区 7、8、9、10、11、12、13、14、15、16、17、18、19、21、23、25、27、28、29、30、31、38、39、40、42、43 号社区的第 28 号选区。

（7）将其他省和首都区设置为单独的选区。

2020 年国家大呼拉尔选举的选区分布（见表 2）。

表 2　2020 年国家大呼拉尔选举的选区分布

省、区名		当选名额	人口数量（人）
省名	巴彦乌列盖	3	103765
	戈壁阿尔泰	2	58280
	扎布汗	2	73088
	乌布苏	3	83617
	科布多	3	88447
	后杭盖	3	95994
	巴彦洪格尔	3	88359
	布尔干	2	61794
	奥尔汗	3	103217
	前杭盖	3	116645
	库苏古尔	3	134371
	戈壁孙布尔	2	17489
	中戈壁		46820
	达尔罕乌拉	3	104238
	东戈壁	2	69560
	南戈壁	2	69124
	色楞格	3	109255
	中央省	3	95045
	东方省	2	82295
	苏和巴托	2	62611
	肯特	3	77664
总　计		52	1741678

省、区名		当选名额	人口数量(人)
区名	巴嘎淖尔	2	29512
	巴嘎杭盖		4399
	那莱赫		37608
	巴颜珠日合	5	343619
	巴彦高乐	3	226869
	松根海日罕	5	321150
	苏赫巴托	3	145335
	罕乌拉	3	178919
	青格勒泰	3	157258
总　计		24	1444669

资料来源：https：//ikon. mn/n/1so2。

国家大呼拉尔选举配额的分配为首都 24 个席位，地方 52 个席位。由此看来从首都除去了 4 个席位，并将其添加到地方中去。选区和配额的分配考虑到了人口、土地面积、地理位置和行政划分。但选区划分不均衡，从首都减去选区和配额，增加地方配额可能会带来一些负面影响。例如，由于选区的数量增加，首都的投资会减少，首都的发展和建设步伐变缓。1992 年，占总人口 26.6% 的人居住在首都，配额占 26.3%。而目前人口占总数 45% 的首都大呼拉尔席位只占国家总席位的 31%，这违反了平等原则。从这个角度来看，一些律师认为将国家大呼拉尔 76 个席位的 24 个分配给首都本身违反了《宪法》第 2 章第 1 条 "蒙古国在政治结构方面是统一" 的规定，便向宪法法院提出上诉，声称这是违反法律的。

党和联盟参加选举方面（见表3）

表3　2015 年《选举法》和 2019 年《国家大呼拉尔选举法》
在党和联盟参加选举方面的区别

2015 年 12 月 25 日通过实施的 《选举法》	2019 年 12 月 20 日新通过的 《国家大呼拉尔选举法》
党参加选举的申请书中应附下列文件的部分中： 121.3.7　公民和法人在过去一年中向党捐款后国家审计机构审核认证的报告。	26.3.6　对于在例行选举年前一年的 1 月 1 日至例行选举年 3 月 1 日举行的特别选举和补选，在选举前公民和法人在年度中向党捐款后国家审计机构审核并认证的报告。

续表

2015 年 12 月 25 日通过实施的 《选举法》	2019 年 12 月 20 日新通过的 《国家大呼拉尔选举法》
121.4.6 公民和法人在过去一年中向联盟捐款后国家审计机构审核认证的报告。	26.4.6 对于在例行选举年前一年的 1 月 1 日至例行选举年 3 月 1 日举行的特别选举和补选，在选举前公民和法人在年度中向联盟捐款后国家审计机构审核并认证的报告。

参加选举的党和联盟的登记注册

由于 2016 年国家大呼拉尔选举前选举制度的变化，候选人登记的期限从 57 天改为 25 天，这给选举总委员会施加了压力。但候选人登记活动中有多方代表参与，并为选民提供了广泛的政治选择。

在 2016 年国家大呼拉尔选举之前，有 12 个党和 3 个联盟在选举总委员会登记，有两个政党不符合法律要求而被拒绝登记注册。选举总委员会拒绝登记造成某些政党的诉状在法院堆积的问题。这些问题表明了解决选举争端的程序不明确而且是错误的。此外，有 19 个与候选人登记有关的案件被拒绝或未能及时透明地解决，这限制了他们获得司法保护的权利。

2015 年《选举法》阐明了申诉和上诉的程序。尽管已经缩短了与选举有关的申诉和上诉的期限，但仍然太慢[①]。在处理与选举有关的投诉方面也缺乏正式性和透明度。不但延长了投诉时间，还降低了人们使用法律保护自己的可能。

然而在新的《国家大呼拉尔选举法》第 28 条第 5 款中加入了"按照本法选举委员会有权从有关人员处获得解决是否登记政党或联盟所需文件和指南"的条款。[②] 通过澄清注册登记一个党或联盟所需的文件，提前防止产生任何纠纷。

推荐候选人通则方面（见表 4）

---

① 行政上诉法院应在 40 天内解决与选举有关的案件，最高法院应在 21 天内解决申诉。宪法法院尚未设定解决案件的截止日期。
② 《国家大呼拉尔选举法草案》，选举委员会，https：//www.gec.gov.mn/。

表4 2015年《选举法》和2019年《国家大呼拉尔选举法》
在推荐候选人通则方面的区别

2015年12月25日通过实施的《选举法》	2019年12月20日新通过的《国家大呼拉尔选举法》
125.1 参加竞选的党派和联盟应在投票日前37天开始提名,并在5天内完成(将原先提前55天开始,并在5天内完成的法律条款在2016年5月5日被修订)。	29.1 注册参加选举的政党和联盟应在投票日前45天开始提名,并在7天内完成。
125.2 独立提名过程在投票日前37天开始,并在一周内结束(将原先提前55天开始,并在一周内完成的法律条款在2016年5月5日被修订)。	27.2 独立提名过程在投票日前45天开始,并在一周内结束。
第126条 党和联盟的提名 126.2 由党派或联盟提名的候选人中,至少20%是一种性别的候选人(此部分已通过2016年5月5日的法律进行了修订,以前的法律要求至少30%的候选人必须是同一性别的人)。	第30条 政党和联盟的提名 30.2 由党派或联盟提名的候选人总数中,至少有20%为同一性别的人。

女议员对此规定感到非常沮丧。妇女占蒙古国总人口的51.3%。从这方面来看也是限定了妇女投票权和被选举权的问题。从历史上看,2015年和2016年《选举法》中的女性配额至少为30名。但就在2016年国家大呼拉尔选举之前,把配额从至少30名改为20名。虽然该法律解释称这不是专指哪一性别的人,但在2016年的选举中蒙古国人民党以20%的配额提名了16名女性候选人,这表明该条款还是涉及女性。

选举行动纲领方面(见表5)

表5 2015年《选举法》和2019年《国家大呼拉尔选举法》
在选举行动纲领方面的区别

2015年12月25日通过实施的《选举法》	2019年12月20日新通过的《国家大呼拉尔选举法》
67.1 参加竞选的独立党派和联盟应有一个选举纲领。	38.1 党派、联盟和独立候选人应有一个实施4年的选举纲领。

续表

2015 年 12 月 25 日通过实施的《选举法》	2019 年 12 月 20 日新通过的《国家大呼拉尔选举法》
以前的法律没有此项规定	38.6 党派或联盟应在例行选举年的 3 月 25 日之前将其选举纲领提交给国家最高审计机关,独立候选人应在常规选举年的 4 月 25 日之前将其选举纲领提交给国家最高审计机关。
	36.7 如果认定某党派、联盟或独立候选人的选举纲领不符合本法规定的条件,则应进行修改后 5 天内将其重新提交评估。
	36.8 国家最高审计机关应至少在投票日前 60 天发布关于党派和联盟的纲领是否符合该法律规定要求的结论,并将其提交给选举委员会。
	36.9 国家最高审计机关应在投票日前 22 天在其网站上发布本法第 23.3.6 条规定的报告、选举纲领及其对选举纲领的结论。

之前的国家大呼拉尔选举纲领是没有时间设定的,而新的国家大呼拉尔选举的法律明确指出选举纲领的时间期限是 4 年。

竞选宣传方面（见表 6）

表 6　2015 年《选举法》和 2019 年《国家大呼拉尔选举法》
在竞选宣传方面的区别

2015 年 12 月 25 日通过实施的《选举法》	2019 年 12 月 20 日新通过的《国家大呼拉尔选举法》
第 68 条　竞选宣传 　　除非本法另有规定,否则竞选宣传应在投票日前 18 天开始,并在投票日前一天结束。	第 37 条　竞选宣传 　　37.1　竞选宣传应从候选人获得证件之日开始,至投票日前 24 小时或投票日前一天 24:00 结束(宣传期为 21 天)。

2015 年 12 月 25 日通过的《选举法》将正式竞选宣传的时间从 21 天缩短为 18 天,小党派、未被选民熟知的候选人和独立候选人没有足够的时间去进行自我宣传,而对被人们熟知的、连任的政客和主要政党是有利的,所以使得选举无法公平地进行。

2016 年国家大呼拉尔选举的前几天政府公布了选举制度修改的情况却遭

到了人们的反对，选民没时间去了解新修订的选举制度是此次选举活动的最大缺陷。同样2019年批准的新《国家大呼拉尔选举法》将竞选宣传期限从18天更改为21天，这是一项渐进规定，这种变化无法从根本上解决实质问题。

今后法律调整中需要解决的问题如下。

（1）对国家大呼拉尔选举的候选人设立非常严格的高门槛，例如对政治、法律、经济和其他领域的广泛了解，具有其他行业的相关知识，受过教育，以前没有涉嫌腐败或官员的不当行为，也没有利益纠纷，应纳入有关标准制定的立法中。应该仔细研究法律，制定哪些法规可以规避以捐赠的名义实际进行贪污腐败的问题。

（2）国家应以适当的比率为政党筹集资金，减少会员的捐款额，清楚地反映出金钱的数额，并在法律中纳入一个严格的制度来控制政党的经费，这将防止政府中出现商业团体。

（3）应规定赢得选举的政党做出财政支持的报告，对于那些重新做报告或未报告，公布个人和组织捐款的应追究其法律责任。

（4）应当建立对于滥用国家财政支持、不当运用财政支持或私用的情况，国家大呼拉尔成员对上述问题不但撤回资金，而且对其进行罚款、追责。

（5）法律中应当体现国家大呼拉尔成员失职时不但要对其撤职，让其弥补所造成的损失，临时或完全停止其担任的公职，而且应追究所属政党责任的内容。

（6）国家大呼拉尔成员每年报告其选举纲领的执行情况。如果大多数计划未得到执行，则法律应规定制裁措施，例如处罚和撤职。应要转变成每年报告完成了多少纲领计划，并由人民进行监督和评估的制度。

（7）法律中应该体现如果一个政党独自掌权的情况下如何确保政府的稳定性。如果政府不能持续运作，就需要建立严格的问责机制。

（8）法律中应详细体现防止歪曲蒙古国民主选举的基本原则的规定，并应纳入消除歪曲选举的基本原则的规定（法律应保障居住在国外的蒙古国公民的投票权）。

（9）依法规定选举总委员会应该独立于党派和利益集团。

（10）为了增加选民的投票率，有必要呼吁选民参与选举，加大宣传，提高选民对政治权利和责任的认识，广泛使用媒体并为选民提供某种形式的激励（例如给选民增加一日或半日薪水）。

（11）明确规定禁止媒体封闭协议，减少付费广告，独立于执政党和联盟并提供均衡的信息并追究违规责任。

（12）导致选举不公平的另一个问题是政党和候选人的非法行为，贿赂、受贿、勒索、诽谤、骚扰、影响选民和让选民重新投票等。应在法律中明确防止上述现象的规定。尽管法律规定了对进行不正当竞争，进行非法竞选活动或使用选举黑科技等违反《选举法》的政党、联盟和候选人的刑罚，但这在实践中尚未得到实施，所以需要实行问责制并严格执行。

（13）执政党在选举过程中使用公共资金的情况屡见不鲜。例如公务员、政府财产和国家媒体。一些法律禁止在选举中使用公共资源，但这项规定根本没有被执行。违反法律的问责情况尚不明朗。在少数情况下，只处以罚款，这方面需要依法明确规定。

（14）2015年的《选举法》和2019年的《国家大呼拉尔选举法》没有规定居住在国外的蒙古国公民的选举权和被选举权。选举总委员会主席称，国外的蒙古国选民在混合制度中协调过这个问题，但这次无法协调。尽管在总统大选期间对居住在国外的蒙古国公民的投票权进行了规定，但在国家大呼拉尔选举中却取消了居住在国外的蒙古国公民的投票权。新的《国家大呼拉尔选举法》第5条第1款中对蒙古国公民的选举权和当选权规定：有选举权的蒙古国公民不因种族、语言、性别、社会出身、地位、财富、职业、宗教、信念和教育的不同，一律平等地参与选举。

事实上却违反了第7条选举原则："第1款指明选举原则应基于确保蒙古国公民有投票和当选的权利。第2款指明选举应具有普遍性，每个选民都有参加的权利。第3款指明选民在没有任何代表的情况下，应以直接投票的方式参加选举，并应匿名投票。"① 同时也违反了蒙古国公民全体参加民主选

---

① 《选举法》，乌兰巴托，2019。

举的普遍性和平等性原则。因此,《国家大呼拉尔选举法》应保障居住在国外的蒙古国公民的投票权。

结　语

当今蒙古国需要建立法治政府、良好的机制,提高公民政治参与的积极性迫在眉睫。

组织民主选举的主要问题在于选举的法律环境不明确、不确定、漏洞太大,缺乏强有力的监督和问责制以及执行力薄弱。蒙古国各政党不断地在协商解决选举和其他法律问题。因此,最重要的问题是修改、更新和完善《政党法》、《选举法》和其他有关法律。2019年对《选举法》进行了修订,用一套法律来规范选举,国家大呼拉尔、总统和地方选举分别依照制定的法律进行。但新法律没有规定候选人的审查制度和标准、政党的结构、内部民主问题、政党筹资、选举进程的阶段、权力控制和问责制以及居住在国外候选人的数量。这不但侵犯了选民权利和扭曲了民主的基本原则,而且还与法律的某些规定相抵触。

今后为选举中的候选人设定配额时,在法律制定中不以性别来区分,那将是向着公平公正方向发展的进程。不可否认,因首都选民和地方选民的选择不同,执政多年的知名候选人可能比两个主要执政党更容易在地方选举中胜出。

根据国家大呼拉尔第15号决议,将蒙古国2020年国家大呼拉尔选举以扩大的多票当选的选区选举制度来举行选举,从而将蒙古国选区扩大到了29个,但这种变化并不是全新的。这是因为1992年第一次国家大呼拉尔选举是在扩大的多票当选的选区选举制度下进行的。后来在该制度下也进行了2008年国家大呼拉尔选举。蒙古国有两次用扩大的多票当选的选区选举制度来举行选举的尝试。

将选举宣传期限从18天变为21天很难被视为选举制度的重大变化。这是因为延长3天不会带来真正的改变。小政党和独立候选人很难在短时间内宣传自己，让大家熟知。对于已经执政多年的两个主要党和国家大呼拉尔知名成员而言，这一规定可以被视为一项优势。

公平选举存在很多障碍。例如，执政党获得了太多优势。独立的选举委员会应监督整个选举过程，从选民登记到选区设立、宣传、投票、统计票数、发布结果和报告等，在不属于任何机构的情况下进行。

根据新的《国家大呼拉尔选举法》第36条第1款中的规定："党派、联盟和独立候选人的选举纲领为期四年"这是值得称赞的。但该法律仍然缺少确保纲领的执行、评估执行的结果、对其进行监督并追究其责任的条款。

最重要的是严格限制政党花费的资金，并确保按选举委员会批准的时间表平等获得免费的媒体报道。新法律规定了在蒙古国家电视台上获得宣传的机会是平等的，并且是免费的。

还需要更详细地规范选举委员会的任命，这不仅是对公共行政和服务雇员的基本要求，还是对公职人员都有的特定标准，这将增加选民、政党对选举的信心。一方面值得称赞的是只有公务员才会被任命在投票站和选举委员会工作，但另一方面政府雇员很可能会为党派服务，因为他们当时是执政党或联盟的成员。因此，研究、运用和完善法律，使组织选举的投票站和选举委员会的工作人员能够独立于政党显得尤为重要。

目前在没有蒙古国选民必须参加选举的法律规定的前提下，在选民意识到参加选举不仅是自愿行为而且是关乎他们利益的重要问题之前，选民的投票率仍然不可能提高。有必要考虑阻碍参加选举活动的因素，并制定特殊规定以纠正错误。让蒙古国选民充分参与选举的重要问题之一是将所有满足投票年龄的选民完全纳入选民名单。有必要依法制定提高户籍信息登记单位的工作效率和追责的机制。还应在法律中包括改善蒙古国选民的政治教育、政治意识和提高文化水平的规定。

在所有蒙古国选举活动中传播真实和准确信息的媒体机构应独立于政府。每次选举年的情况表明，执政党更多地使用到媒体。因此，需要严格的法律法规，例如保持媒体与国家和政党的独立性，为信息传播创造平衡的环境以及在选举期间禁止有偿广告等。

目前，迫切需要从《宪法》开始，所有与选举有关的立法应该进行根本性改变。这项《宪法修正案》有些内容是一种完善，但在某些方面没有实质性的变化。例如，关于蒙古国运用混合选举制度的提案已列入国家大呼拉尔的第三次讨论，但由于缺乏多数成员的支持而未能通过。关于《宪法》的修正，迫切需要修改相关的法律。

15个政党和4个联盟已注册参加2020年国家大呼拉尔选举，另外有208位候选人独立参加竞选成了焦点，这种情况在历届的选举中从未发生过。

如此多的独立候选人参选的主要原因有两个。

（1）选民们倾向于避开两个主要的政党。

（2）国家的门槛太低，选举门槛和标准较低。

因此，笔者认为法律环境的重大根本性变化将有助于减少这些问题。另外还需要建立一个非常严格的机制，要求人们遵守法律，对违反法律者追究其责任，这样的蒙古国选举制度才是公平公正的。

B.4

《蒙古国宪法修正案》对政治、经济、社会的影响

〔蒙〕巴·桑杰米特布*

摘　要： 蒙古国自1990年变革原有的社会主义制度，引进民主原则，将计划经济过渡到市场经济。作为实施上述革新的法律基础，1992年颁布了新《宪法》。过去一个时期，蒙古国完成了符合《宪法》精神的国家、社会、经济、文化、人文、外交关系机构的改革，成立了新的国家机构，在《宪法》范围内逐步实施了法律修订工作，国家社会各个领域的原则性改革基本完成。蒙古国议会于2019年通过的《宪法修正案》，汲取了1992年《宪法》及2000年对其修正在全国范围内实施的较大改革过程中的成功经验，改正了与实际不符的相关条款。换句话说，修正《宪法》对完善议会制度、保障人民参政权有很大的积极作用。

关键词： 蒙古国　《宪法修正案》　人民参政权

蒙古国议会于2019年11月14日经全体会议表决，以100%的赞成票一致通过了《蒙古国宪法修正案》（下文简称《宪法修正案》）。此次修正涉及《宪法》第19条第36款，已占到《宪法》整体内容的28.5%。

《宪法修正案》于2020年5月25日12时在全国施行。

---

*〔蒙〕巴·桑杰米特布，博士，蒙古国国立大学教授。

一 修正《宪法》的理由及准备情况

任何国家的法律都要适应其社会需求，《宪法》是确立一国社会体制和国家与民众关系基本原则的法律基础。因此，国家及部门法律应符合《宪法》原则并调整各部门之间的关系。

由于《宪法》和其他相关法律共同规范国家机关与社会之间现实生活中的关系，反映社会的变化，建立新的法律环境关系，还应具有前瞻性及营造发展进步的宽松环境。从该意义上讲，完善《宪法》是为了与社会发展的步伐相适应，在一定时期内进行修正属于正常现象。根据世界各国经验，一般每隔 20～30 年进行一次修正。

综上所述，蒙古国修正《宪法》已具备社会需求和时间间隔两个条件。另外，《宪法》具有调整社会实际关系的作用，需要创造新的法律环境，对社会、经济、个人生活发生的变化及滞后于生活和亟待解决的问题进行调整。

（一）修正《宪法》的必要性

蒙古国自 1990 年变革原有的社会主义制度，引进民主原则，将计划经济过渡到市场经济。作为实施上述革新的法律基础，1992 年颁布了新的《宪法》。依据该《宪法》，蒙古国建立和发展人道、公民民主的社会体制，完全承认和保护人权与自由，建立起私有化并予以保障的机制。

过去一个时期，蒙古国完成了符合《宪法》精神的国家、社会、经济、文化、人文、外交关系的机构改革，成立了新的国家机构，在《宪法》范围内实施法律修订工作，国家社会各个领域的原则性改革业已完成。具体情况分述如下。

1. 政治领域改革

近 30 年来圆满完成了 7 次议会、7 次总统选举，通过选举以和平途径更换领导人成为常态，是《宪法》体制的重大成功。通过《宪法》确立议会体制，奠定了立法、行政、司法相互制衡的基础。

重新组建国家机关，使法规符合新《宪法》的过程中，国家机构与国家大呼拉尔工作实践中遇到某些亟待解决的问题，如议会到会人数、议员对审议和通过法律意见要求过高而无法举行全体大会、审议和通过法律遇到困难、政府过于依赖议会而不稳定等。为了协调上述事宜，于2000年对《宪法》进行了修正，但有些专家、学者及公众认为，部分修正内容反而对国家机构间权力制衡带来负面效应。

虽成立了多个政党，但各政党不够成熟，其政治观点并无差异，为了选举获胜向选民承诺、财务不透明等对社会具有负面影响。

政府不稳定，多次出现获胜政党掌权后大范围更换公务员的现象，影响了政策的稳定性及连续性。

2. 关于审判（司法）机制

自20世纪90年代开启的审判机制独立，但出现审判不公现象、与政客及领导人员有关的案件得不到法律追究而延迟多年，进而大部分不了了之的案件引发民众的不满。社会上广泛流传政客们利用"地下通道"打击"敌人"的传言。

3. 经济领域的改革

自20世纪90年代开始，世界上社会主义经济体制遭到分裂，东欧国家加入欧共体，苏联解体使其对蒙古国的贷款和援助停止，失去贸易优惠条件。在这种情况下，蒙古国政府未实施正确的政策，以最严格和苛刻的条件接受了当时西方某些国家、金融机构与发展中国家合作时强加实施的《华盛顿协议》，这不仅是错误的，也是阻碍蒙古国发展的事件。

蒙古国无条件接受和实施了外界强加的且不符合自身条件和国家利益的发展模式，后来遭受了严重损失。其中损失最大的就是几乎完全消耗了蒙古国在社会主义时期奠定的经济和工业基础，以致无法进行生产增值。但和蒙古国同样从计划经济转入市场经济的其他国家，则继承了旧体制下建设的工业、基础设施和有价值的东西，结合国家利益出台了发展战略。如苏联时期的联盟成员国相互间保持自由贸易与合作，苏联解体后继续保留了合作关

系，使得其经济未出现较大的危机。蒙古国贸易总额的90%是与苏联成员国之间进行的，后来政府直接做出完全独立的决定，导致工厂倒闭、蒙古国的产品在国外市场上失去竞争力、无法销售。

1991年，蒙古国与国际货币基金组织洽谈"站起来"纲要时，没有让对方充分了解蒙古国的情况，未能保护好国家利益，签署条件过于严苛，以"休克疗法"实施纲要，破坏了民族经济结构，使其失去了独立性。挪威著名经济学家艾里克·雷纳特专门研究了蒙古国20世纪90年代的发展情况，在华盛顿学院战略研讨会上，将蒙古国经济定性为毁灭工业转变成畜牧业国，整体上起到了"空化经济"的效应。

4. 私有化

1991年，蒙古国政府启动私有化时坚持"国家资产全民平等分配，创造市场经济的公平竞争机会"宗旨。将近4000家工厂企业进行私有化改革，使得价值近170亿美元的360个工厂倒闭，11万人失业，拆掉的设备运往邻国卖为废铁。工业产值在1989年国民生产总值中占32.7%，到1994年下降至4%。1989年人均GDP为3800美元，1994年下降至500美元。非洲开发银行研究报告认为，蒙古国私有化对经济和社会发展无益，是失败的。该报告对其原因解读为，失去了外贸伙伴，未建立新的伙伴关系，私有化未对经济产生积极影响，实施了私有化的单位不能够顺利开展工作。

5. 沉重的外债负担

蒙古国央行2019年底统计数据显示，蒙古国外债总额306.78亿美元（其中政府债务77.01亿美元），是2018年国民生产总值的267%。但国际货币基金组织、世界银行针对发展中国家的负债上限要求是不超过国民生产总值的30%～40%。

6. 社会领域出现的变革

20世纪90年代之前的社会主义时期，蒙古国民众的生活水平虽然不高，但较均衡，基本不存在贫困及失业现象。自引进民主制度后，把计划经济改为市场经济，蒙古国遭遇了重大的经济危机和社会危机，致使人民生活水平急剧下降，贫富差距明显扩大。随着国际市场上蒙古国出口原料价格的上涨，国民生产总值虽得到成倍增长，但未能惠及民众，只有少数接近政策、信息灵通的人富裕起来了。这与蒙古国的单一税制有很大关系。

蒙古国男性平均寿命为 66.1 岁，女性平均寿命为 75.8 岁。自 1992 年，蒙古国人均寿命虽提高了 7.7 岁，但男女平均寿命差距逐渐拉大。

世界银行研究报告显示，截至 2018 年底，蒙古国的贫困人口占总人口的 28.4%，且还有 15% 的人口刚刚越过贫困线。这说明国家经济社会状况出现困难，贫困率上升的风险很高。据蒙古国工商会研究报告，占总户数 72% 的人无银行储蓄，少数富人占据了总存款额的 98%。

从国家统计局 2019 年底的信息看，蒙古国登记的失业人数占活跃人群的 9.9%。

上述实例表明，1992 年颁布的《宪法》及其 2000 年的《宪法修正案》无法满足蒙古国的发展及人民对美好生活向往的需要，有很多方面需要修正和完善。修正《宪法》问题已历经三届议会，讨论了十多年。

（二）修正《宪法》的准备工作

在上述条件下，无论立法者、法律界人士、学者，还是政党、民间社会组织或民众，纷纷提出修改《宪法》的意见和建议。国家大呼拉尔于 2010 年颁布了《宪法修正程序法》，2011 年和 2012 年由部分议员，2013 年和 2015 年由议长任命的工作组分别起草并向议会提交了修正《宪法》的议案，但议会未能在任期内进行审议。

2016 年根据蒙古国总理提议成立的工作组负责对《宪法修正案草案》进行评议，得出有必要对《宪法》进行修正的结论并起草了 46 条意见。

2016 年当选的国家议员支持《宪法》修正，就此于 2017 年出台了协商征询意见法。由议会办公厅于当年 4 月就《宪法修正案》组织征求民众意见的工作，筛选出应该体现《宪法》的一系列问题。按议长命令组建了《宪法修正案》起草工作组，工作组依据征求意见获得支持的 5 类问题起草了 22 条意见草案。

2017 年 7～12 月，议会办公厅向公众介绍《宪法修正案草案》，在首都和

全部 21 个省征询意见，共组织 68 次讨论会，收集了 327375 个人的 5584832 条意见。

由《宪法修正案》草案工作组以"《宪法修正案》理论与实践"为题，再次向各政党、学者征求意见，组织了近 10 次的研讨会和征询意见的会议。

通过上述研究、讨论，总结出存在的主要问题。政府机关之间的职权范围不明、相互之间不能按《宪法》基本原则实施合作、政党的活动及财务情况透明度不够、自然资源利用及国家发展政策连续性欠佳、得不到长期执行、政府不能够稳定执行政策、公务机关工作受政党影响、失去专业化能力、审判权的中立性和责任性放松、公民对法院的信任度下降、地方管理体制未得到合理强化。

《宪法修正案》起草工作组将相关意见写进《宪法修正案草案》，这对在这些问题上达成社会共识有重要意义。

二 《宪法》修正内容及其影响

蒙古国议会于 2019 年通过的《宪法修正案》，因汲取了 1992 年《宪法》及 2000 年对其修正在全国范围内实施的较大改革过程中的成功经验，改正了与实际不符的相关条款而具有意义。换言之，修正《宪法》对完善议会制度、保障人民参政权有很大的作用。

结合《宪法修正案》，必然要相应修改相关法律，《宪法修正案》不可能自 2019 年 5 月 25 日起全面施行。根据议会通过的《宪法修正案》实施规则法，明确了结合《宪法》修改相关法律的工作期限，即议会和政府根据《宪法修正案》修改法律的工作，于 2020 年上半年完成。

随着《宪法修正案》开始实施，对国家的政治、经济、社会、文化生活带来的影响会逐渐凸显，按各领域分析如下。

（一）关系国家独立、自然资源、发展进步的条款

（1）加强国家独立。《宪法》第二十五章第 1 条第 16 款修正为"不允

许有任何形式否认蒙古国独立、领土完整的行为，且禁止就此目的组织全民公决"，进一步强化了国家独立。也就是说，蒙古国是统一的国家，这一条款规定不得利用民主危害国家领土完整和独立自主而具有重要意义。

（2）土地及其地腹、矿产、森林、水源、野生动物属国家集体（公共）所有。《宪法》第6条第2款修正为"除蒙古国公民所有，其他土地及其地腹、矿产、森林、水源、野生动物属于国家集体（公共）所有，且开发利用资源的政策将基于长远政策，开发具有战略意义矿藏的大部分收益归人民享有"。

该规定将大大改变蒙古国的土地使用政策。将自然资源规定为国家集体（公共）所有，在拥有和开采大型战略性矿藏方面兼顾了民众的意见。营造了不以攫取资源为目的，而是在长期政策框架内加以利用，且将其大部分收益分配给人民的法律环境。

《宪法》第6条第2款还增加了"利用自然资源的国家政策应以长期发展政策为基础，并确保每个公民在健康安全的环境中生活的权利。作为在健康安全环境中生活的权利的一部分，公民有权了解使用地下资源对环境影响"的规定。

该条款制止和改变了掌权者此前以国家名义擅自处置矿产和开发权，有时涉嫌"贿赂"的现象。签署协议更多考虑满足人民利益的条件，保障了公众获得有关对环境影响的信息的权利。

（3）发展政策和规划是可持续的。《宪法》第二十五章第1条第7款规定增加了"发展政策规划稳定不变"的内容，保障国家发展远景目标具有战略性，制定及执行发展政策和规划应在全国范围内统一进行。在执行《宪法》上述规定的工作框架内，由政府起草并提交议会讨论发展战略规划及其管理法新议案。新法案已经通过，将制定蒙古国长、中、短期发展战略规划文件，应相互联系统一的新机制，且应设立负责该事宜的主管发展战略规划的中央行政机关（基本职能部），规定由蒙古国副总理主管。作为蒙古国长期发展理念，议会已经开始对"2050远景目标"进行讨论。

上述文件经议会讨论通过后，蒙古国就有了长期发展的目标，不仅成

立了负责该事务的政府部门，还创造了政党应施行长期发展文件的法律环境。

（二）与政党及选举有关的问题

提高政党的代表性和责任感。蒙古国政党建设不完善，活动及财务不透明，对依据《宪法》成立的国家机关及其机制、主体能力的强化产生了负面影响。这也是公众对政党和国家信心弱化的因素之一。有必要通过《宪法》规定负责运行蒙古国政府职能具有重要职责的政党的组织管理、业务活动和融资原则，故政党问题也属2019年《宪法修正案》的关注点。

就此目标对《宪法》的修正内容如下。

《宪法》第191条第1款做出了"依据《宪法》第16条第10款成立政党，政党施行全国性政策"。《宪法》第191条第2款规定"不少于选民1%的蒙古国公民加入，方可成立政党"。《宪法》第191条第3款规定了"政党的内部组织结构符合民主原则，财务透明"等内容。

1992年《宪法》规定不低于801人结社，可以成立政党，为后来出现"公司党""个人党"创造了机会。在政治范围内改变了为维护政党创建者利益为主开展工作的局面，规定政党应在全国范围内实施政策，维护全体公民和选民的权益。

《宪法》第191条第3款规定政党活动除符合民主原则之外，财务应当透明，国家应给予资金支持。法律规定这样的条款，包含让蒙古国政治远离金钱的目的。由此消除此前政党虽有法律义务，但因财务不透明，出现不向有关部门提交财务报表及工作报告的违规现象。计划于2020年大选之后更新《政党法》。

《宪法》第21条第4款修正为"依法制定国家大呼拉尔选举规则。国家大呼拉尔换届选举前一年内，禁止修改或颁布新的《选举法》"，旨在纠正执政党换届选举前颁布有利于自己的《选举法》的错误行为。选举前一年修订《选举法》，具有为各政党创造均等机会和进行竞选准备时间的意义。

（三）有关明确政体职责分工的问题

1992 年《宪法》及 2000 年修正案，对于国家政体组成的议会、总统、政府之间因职权界限不清，解决问题显得较为困难。尤其《宪法》修正后议员可以兼任政府职务，造成了立法和行政不分家。其鲜明例子就是乌·呼日勒苏赫为总理的政府除总理外其他成员全都是议员。这种情况一方面为立法和行政不能独立工作创造了条件；另一方面议会也无法对行政实施监督和问责。而由总统决定审判机制、任免法官则使审判职能隶属于行政。

上面提到的主要弊端只是为了澄清和区分治理功能而需要解决的一些问题。下面分述此次对《宪法》相关条款进行的修正及其效果。

（四）立法职权

强化议会制度，使其更接近理想形式。2019 年通过的《宪法修正案》的基本目标之一，是改正 2000 年修正案过分简化蒙古国立法程序并模糊了立法与行政职权的界限。对此做出的主要修正内容如下。

（1）《宪法》第 27 条第 2 款修正为"议会例行会议每半年不得少于 75 天"，目的在于保障蒙古国最高权力机关正常性运作。虽然国家大呼拉尔为常设性议会，但此前每半年会议时间为 50 天，多次遇到无法按时完成工作计划的现象。

（2）《宪法》第 27 条第 6 款修正为"除《宪法》另有规定，须经全体议员多数同意方可最终通过法律"。该条款摒弃以前《宪法》规定的多数议员即 39 个议员到会就可召开全体会议，与会多数即 20 个议员赞成就能通过法律议案的消极实践，多数议员（39 个）赞成方可通过法律，是提高立法质量及责任的职能所在。

（3）《宪法》第 25 条第 1 款第 7 点修正为"国家大呼拉尔审议通过国家预算时，可变更收支结构，但不得增加政府提交的预算支出和赤字"。其目的在于不破坏实施发展战略的政府政策。由于每年秋季议会审议政府提交的国家预算方案时，议员们增加预算带有随意性的、依据不充分的，甚至有

时将未完成设计和可行性研究的项目纳入预算，使政府政策失去统一性，而且议会无法就预算执行情况对政府进行监督和追究责任。这样，出现国家审计机关缺乏独立性导致对国家财政预算监督不到位的现象。

（4）《宪法》第26条第1款修正为"总统、国家议员、政府享有法律提案权，且依法规定其权限"，目的在于限制超越职权范围提交议案。如税收问题不能由总统提出议案，而由政府按其实施的相关政策提交议案。有关国家大呼拉尔的法律、会议程序法议案，则只能由议员提交。

（5）《宪法》第39条第1款修正为"总理及不超过四个政府成员可兼任国家大呼拉尔议员"。一方面是为了分开立法与行政职能；另一方面是为了保障两者在政策及工作上的联系与结合。

（6）《宪法》第28条第2款增加了保障有关实施法律涉及的公共权益，可由国家大呼拉尔组建临时监督委员会，创建了公开听证的机制。该内容对在蒙古国审判权不公正的背景下，能够引起公众对具体问题的关注，在议会层面上帮助审判体制予以改进。临时监督委员会有义务通过听证会了解法律实施情况，让相关人员提供信息，查阅证据材料。经公开听证能够证明具体人和企业单位有过错，则可对其追究道义责任，若有其违法的证据，则有责任将其移送司法机关。

此前，议会除在实施监督权框架内听取政府工作报告、议员提问、短时间大致讨论政府的报告外，无其他有效方法行使监督权。

（7）《宪法》第39条第2款修正为"由总统于五日之内提议议会任命获得议会多数席位的政党、联盟的总理候选人，若无任何政党或联盟获得多数席位，则由获得席位最多的政党或联盟与其他政党及联盟协商组成多数席位提名候选人，其他条件下则由议会有席位的政党及联盟协商组成多数席位提名的候选人为总理"。该条款的增加使得原来总统向议会提名总理人选的程序不甚明确的现象有了统一的认识。

（8）《宪法》第22条第3款增加了"依据《宪法》第39条第2款，由总统首次向议会提交任命总理意见之日起45天内，或依据《宪法》第43条第1款罢免总理，及第44条第2款视为总理辞职之日起30天内议会未任命总理的，由总统做出解散国家大呼拉尔的决定"，第 22 条第 4 款增加了"依据本条第 2、3 款做出决定之日起 10 日内，由议会宣布选举日期并于 60 天内进行选举。直至新当选议员宣誓就职，原国家大呼拉尔的职权予以保留"。

（9）蒙古国《宪法》2000 年修正案具有加强议会责任的意义，但国家大呼拉尔有 45 天期限审议有关涉及议员犯罪停止其职务事宜，《宪法》第 29 条第 3 款修正为"国家议员行使职权时违背誓言、违反《宪法》的行为，成为弹劾该议员的依据。经法院判决议员有罪，则议会取消其议员资格"等内容。该条款创造了在具体条件下弹劾议员的法律环境，迎合了选民意愿。

（五）总统职权

关于总统职权，《宪法》第 30 条第 1 款规定为"蒙古国总统是国家元首，是蒙古国人民团结统一的象征"，第 33 条第 4 款规定"只有在本条规定的范围内，可依法授予总统具体权力"。

之前，议会通过衍生法律及部门法授予了总统很多职权，使其权限得到较大扩展，甚至有学者将蒙古国叙述为半总统制国家。此外，2019 年《宪法修正案》允许政治家有两次提名竞选和当选总统的机会，导致其将某些领域，如将审判权纳入自己的职权范围，进而引起民众的不满。2019 年的《宪法修正案》反映出该问题并列为改正目标。

为实现该目标，《宪法修正案》体现了以下内容。

（1）《宪法》第 30 条第 2 款增加了"年满 50 岁，竞选前居住于祖国的时间不低于 5 年的蒙古国本土公民可以当选总统一次，任期 6 年"的内容。按国际惯例不溯及既往，该条款未限制此前曾当选总统的人提名竞选下一任总统的机会。蒙古国以前的惯例也是这样的。

《宪法》这一条款改变了过去可以两次竞选总统，候选人依赖于提名的党，且为获得该党再次提名自然维护该政党的利益。2019 年《宪法修正案》规定蒙古国当选总统只任一届，任期 6 年，更加体现总统的中立地位。总统候选人年龄限制为年满 50 岁，对于蒙古人来说，视为进入成熟稳定的生活阶段，

达到能够全面妥善考虑问题的生理年龄。从实践经验看，此前由于当选总统过于年轻，卸任后继续活跃于政坛，容易造成蒙古国政坛的不稳定。

（2）《宪法修正案》废除了总统任免法官并对其问责的制度，而法院总委员会和法官道德委员会的决定得以正式化。

（六）行政机关的职权

蒙古国行政机关过分依赖于国家大呼拉尔，不仅政策连续性不强，而且不够稳定。自1992年颁布新《宪法》之后，政府更替了14次，只有两届政府执政到期满。一届议会更换四任政府的情形也曾发生过。

政府平均任期为1.8年，政府无法有效对蒙古国亟待解决的社会、经济问题施以政策，降低了民众对民主体制的信任度。

议会任意决定政府内阁成员的任免，是破坏政府集体工作原则的重要因素。2000年的《宪法修正案》为议员兼任政府内阁职务提供了机会，对立法权、行政权之间的监督－制衡关系产生了负面影响。以当时呼日勒苏赫为首的政府为例，除总理以外，其他内阁成员全部由议员兼任。

况且，每次大选之后受议员干扰，大批更换公务员影响了政策的连续性和政府机关的执行力。

2019年《宪法修正案》增强了行政权，为实施国家统一领导而更加明确立法与行政职权的界限。为政府独立稳定工作创造了法律环境。

（1）《宪法》第39条第4款增加了"总理向国家大呼拉尔和总统报送后，由总理任免政府成员，政府成员向议会宣誓"的内容。总理在与总统和议会协商的基础上，由总理自己任免政府内阁成员，政府以集体团队原则独立、稳定开展工作。这也是议会制国家取得成功的经验。

（2）《宪法》第44条第1款增加了"就预算和具体政策事宜，总理向国家大呼拉尔提交信任案并获得支持，政府继续工作"的新内容。该条款对政府稳定、灵活开展工作提供了更多机会。

此前有关总理向国家大呼拉尔提交信任案的协调机制不完善，从未向议会提交过此类议案。

（七）审判权

《宪法》第 7 条第 1 款规定"在蒙古国由法院行使审判权"，第 47 条第 2 款规定"任何条件下，禁止非法设立法院和其他机关行使审判权"，且现行法院第 5 条第 1 款规定"审判体制作为……组织应独立"。但审判权实际上从属于政府，社会纷纷谴责本应主持社会公平的审判变成了"不公正的走后门"。

蒙古国总统任免法官并对其问责的做法使法院及法官的独立性受到影响。《宪法》未明确法院总委员会的组织结构及其活动规则，而是通过议会的部门法予以调整，致使法律规定不稳定，无法摆脱横向干扰。

缺乏以道德和法律追究法官责任的有效机制，公众对此进行广泛批评。

根据 1992 年《宪法》建立了一个新机构，即宪法法院，以监督《宪法》的实施。因为对宪法法院法官的专业资格要求不明确和缺乏独立的保障机制，影响了对遵守《宪法》行使最高监督权，也需要进一步明确《宪法》的某些条款。修正案中对协调宪法法院的法律规定包括一个特别部分，但在讨论中未能获得多数国会议员的支持。①

2019 年《宪法修正案》对法院的独立性增加了新内容，保障法院总委员会的独立性，新建追究法官责任的法院责任委员会。

2019 年《宪法修正案》对审判权修正的内容如下。

《宪法》第 49 条第 5 款修改为"法院总委员会的 5 名委员从法官中选举产生，其余 5 名公开提名委任。委员以四年期只任职一次，且委员会主席从委员中选举产生"，第 49 条第 6 款增加了"设立法院纪律委员会，其职责为依据法律规定和规则，终止、解除法官职权及给予其纪律处分……"内容，具备了审判权不隶属于政治的条件。换句话说，改变了此前由总统依法任免法院总委员会领导及其成员，且就追究法官责任由总统决定的法律规定。

---

① Үндсэн хуулийн нэмэлт, өөрчлөлтийн төсөлд Үндсэн хуулийн цэцийн эрх зүйн зохицуулалт" – ын асуудлаар тусгай хэсэг оруулсан боловч хэлэлцүүлгийн явцад УИХ – ын гишүүдийн олонхийн дэмжлэгийг авч чадаагүй унасан. БС.

《宪法》第49条第5款修改为"有关保障法官独立的委员会工作报告呈报国家高等法院"确保了审判权政策的统一性。

（八）地方管理

《宪法》第62条第1款规定"地方自治机构自主决定本省和首都、苏木、小区经济和社会生活问题，并组织居民参与解决国家和上级行政区划内的问题，但缺乏执行该条款的法律环境，而对于加强地方自治而言至关重要的产权和经济自给自足却没有得到加强。强化地方自我管理最主要的资产所有权及扶持自我管理的经济能力未能得到强化。

除首都外，蒙古国再无其他国家级城市，具备国家级规模的额尔登特市、达尔汗市和各地方等级城市均没有自主土地和资产所有权，独立发展条件受到束缚。

地方自治权与中央集权间的权力界限不明确。亟待解决地方行政长官的任免与地方公民代表会议之间的权限关系。

2019年《宪法修正案》提高了地方自治的独立自主能力，注重扩大权力范围。有关内容如下。

1. 《宪法》第57条第2款规定"依法建立行政区划内国家级、地方级城市和乡村的自治组织结构的法律基础"，并为创建国家及地方级别城市创造法律环境。按照现行法律，蒙古国除首都之外还没有独立的城市设置，没有所属土地，严重阻碍地方独立自主解决自身问题，影响城市发展。

2. 《宪法》第57条第3款规定"行政区划的变更问题应由国家大呼拉尔根据当地公民的意见，并考虑经济结构和人口位置来决定"。这项规定意义重大，因为它规定了蒙古国政府必须获得该地区居民的同意才能变更行政区划的严苛条件，改变了过去通过会议做出硬性规定的做法。也就是说，现在政府可以根据当地居民的意见，同时考虑到某些目标人群的经济结构和人口位置向议会提交关于改变行政区划的问题。改变地方行政区划结构是促进发展的基本条件之一。多年来，政府拟定了很多项目，但均未能得到落实。

3.《宪法》第59条第2款规定"首都、省、县、区公民代表会议有权在法律规定的范围内管理资产和制定税率"。这为地方具有独立财政，解决地方发展问题创造了条件。该条款旨在扶持公民在本地创建幸福生活，并使公民与国家之间的关系更加紧密。

部分议员于2020年4月22日向议会提交了蒙古国行政区划单位及其管理法新编议案。该议案包括增加巴格（村）和小区的权力，政党不提名县、区公民代表候选人，公民代表会议工作失职可以解散，赋予地方相应的财政及税收权力等内容。如为避免出现公民代表会议无正当理由不履行职责、辜负民众的信任、拉帮结派、搞政治化等问题，由省长、首都行政长官提议，政府行政长官（总理）依据《宪法》有权做出解散和提名任免行政长官的决定。而对不履行会议决议的问题，应与当地公民代表开会协商解决。

三 结论与建议

蒙古国大呼拉尔于2019年11月14日通过了《宪法修正案》，蒙古国总统11月26日批准颁布之日正式生效，于2020年5月25日起施行。议会通过的《宪法修正案》对解决蒙古国国家体制和人民面临的政治、经济、社会等众多问题创造了法律环境。

《宪法修正案》首先保留了蒙古国国家体制是议会制的基本原则并更加贴近传统的议会制度。明确了立法与行政的职权界限，按照该原则将国家日常管理权交由政府行使并让其承担主要责任。

在审议《宪法修正案》过程中，国家大呼拉尔为了使政府具备更高效的工作机制，主动放弃了很多权力。如放弃了审议财政预算时按自己意愿随意增加支出、多数内阁成员由议员兼任和某些领域的法律提案权，而且创造了特定条件下撤销议员资格的法律环境。

对于行政权而言，更加贴近真正意义上的议会体制惯例。不仅创造了总理享有任免内阁成员，未经其同意不得改变财政预算案，议会不得随意增加预算

支出和赤字的法律环境，还创造了政府内阁原则和稳定、一致开展工作的条件。

1992 年《宪法》规定本国公民可以两次竞选和当选总统，这次《宪法修正案》规定只能当选一次，但任期延长至 6 年。关于审判体制，将原来由总统任免法官改为法院总委员会筛选法官上报总统，法官纪律问题由独立的法院纪律委员会处理。

对审判权而言，加强了法院总委员会的独立性，规定需要由外部的独立成员被选任，并负责审判体制中的筛选工作。法院纪律委员会负责对法官追究责任。总统按照自己的职责就上述决定进行了协调并已正式确认。因而，2019 年《宪法修正案》创造了解决实际政治生活重大问题的法律环境而具有重要意义。

2019 年《宪法修正案》尚有未解决的几个问题，相信下一届议会能够讨论解决。

虽然现行的《宪法修正程序法》（2010）第 3 条第 3 款规定"对《宪法》进行修正的，自该修正生效之日起八年内，禁止就相同问题再次修正"。但因该法属于一般性法律，下一届议会可通过对其修改后进行《宪法》修正。因此，可以认为《宪法》修正问题具有开放性。

未能通过《宪法修正案》予以解决的某些问题列举如下。

建立两院制议会。摆脱蒙古国业已形成的寡头集团对政坛的影响，克服国家政府机关危机最有效的办法就是建立两院制议会。若能建立两院制议会，则上院即国家大呼拉尔会议讨论决定与国家利益攸关的所有问题及任命事宜，下院即小呼拉尔只负责立法。这样体制危机问题能够得到解决，使财团寡头进入议会维护其商业利益、安插人员以及通过商业运作分配国家预算资金的现象逐渐消失。

2017 年，蒙古国通过了《征询意见法》，根据该法第 3 条第 1 款第 1 点于 2017 年组织了一次民意调查，其形式为"……对随机选出的公民准备特别的问题征询其意见……使公民参与公共事务"。根据民意调查结果，从《宪法修正案》草案中删除了建立两院制议会的意见。该条款原本是对《宪法》进行修正，却给当局维持现行的寡头制度提供了机会。

让宪法法院独立于政治。蒙古国宪法法院承担着维护该国《宪法》及宪法体制的责任。《宪法》第 65 条第 2 款规定"具有丰富的法学和政治造诣，年满 40 岁的蒙古国公民方可被任命为宪法法院的法官"，该条第 1 款规定"宪法法院由 9 名法官组成。分别由国家大呼拉尔提名 3 人、总统提名 3 人、国家高等法院提名 3 人，由国家大呼拉尔任命，任期 6 年"。但提名宪法法院法官的主体不论其被提名人是否达到要求，都要提名自己信赖的人，而这些被提名人则反过来为其提名主体权益服务的机制早已形成。最近的例子就是赋予宪法法院解决新的民主《宪法》颁布之后的争议权，宪法法院做出包括撤销 1991 年法律条款的裁决，而国家大呼拉尔于 2020 年 4 月 24 日全体会议讨论决定不接受该裁决。

提交议会审议的《宪法修正案》草案虽有改正该做法的内容，但在审议中因未得到多数议员的支持而被取消。

《宪法》应明确国家预算赤字、国家负债上限。这是两个重要而敏感的经济问题，且大幅度越过红线将对经济安全产生负面影响。虽建议将这两个问题反映于《宪法》，但未能得到支持。

上述问题通过法律予以调整时，当局会使其变得对自己有利，故有必要通过《宪法》做出规定。如国家大呼拉尔于 2010 年 6 月 24 日颁布了《预算稳定状态法》，该法第 6 条专门做了规定，但这项规定于 2015 年、2016 年被修改了。

建立多级税收制。在蒙古国贫富及社会层级差距较大，贫困增加，生活水平下降，但未执行真正的多级税收制。其基本原因是掌握社会资源，尤其掌握自然资源的少数富人和跨国集团缴纳很少的税，造成解决社会问题、投资基础设施、促进国家产业发展的资金匮乏。公众得不到自然资源的收益。如蒙古国进口关税税率只有 5%，无出口关税，所得税税率为 10%，自然资源补偿费税率为 5%，是世界上税收最低的国家之一。

经 济 篇
Economic Topics

B.5
2019年度蒙古国经济形势
分析与2020年展望

韩成福[*]

摘　要：　本报告主要通过国内生产总值趋势、就业形势、财政发展趋
势、金融发展趋势、物价走势、对外贸易发展走势、批发零
售业走势七个方面分析了蒙古国2019～2020年度宏观经济情
况，蒙古国宏观经济形势整体表现良好，同比增长6.3%。同
时从农业、畜牧业、工业、交通运输业四个方面分析了
2019～2020年蒙古国主要产业走势，蒙古粮食产量同比减
产、牲畜总头数突破历史记录超过7000万头，工业总产量和
交通运输业实现两位数增长。在此基础上，简要分析了2020
年第一季度经济数据，得出2020年经济实现正增长是未知数
的结论，因为受到新冠肺炎疫情的冲击，蒙古国经济发展存

* 韩成福，内蒙古自治区社会科学院内蒙古"一带一路"研究所研究员，研究方向为农牧业
经济。

在诸多不确定性因素。

关键词： 蒙古国　宏观经济　产业经济　新冠肺炎疫情

2019年，蒙古国经济发展表现良好，国内生产总值实现36.9万亿图格里克，然而截至2020年上半年，蒙古国国内生产总值达到7.4万亿图格里克，增长率为－10%。《2016～2020年政府行动计划》的完成率为78.7%。从政策方针方面看，克服经济困难的政策完成率为82.1%，保持可持续经济政策的完成率为68.9%，社会政策完成率为81.0%，自然环境、绿色发展政策完成率为78.4%，治理政策完成率为83.0%。面对国内外复杂的环境，蒙古国政府取得上述成就实属不易。

一　宏观经济走势分析

（一）国内生产总值趋势

按照生产方法计算2019年，蒙古GDP总量为368976亿图格里克，同比增长6.3%。按照美元计算，国内生产总值136.4亿美元，人均国内生产总值约4470美元，在193个国家中排名第113位。其中，农牧业增加值40627亿图格里克，占GDP的11.0%，同比上升0.2个百分点；采矿业增加值87792亿图格里克，占GDP的23.8%，同比持平；工业及建筑业增加值56409亿图格里克，占GDP的15.3%，同比上升0.1个百分点；服务业增加值144022亿图格里克，占GDP的39.0%，同比下降0.3个百分点；产品增加值征税总额40126亿图格里克，占GDP的10.9%，同比持平。① 可见，采矿业和工业及建筑业增加值占GDP的

---

① 蒙古国国家统计局，《国内生产总值2019，提前完成的说明》。

39.1%，是蒙古国第一大主导产业，其次服务业也是蒙古国经济发展的支柱产业之一。

图1　2016～2019年蒙古国GDP总量走势

资料来源：2016～2018年数据来自各年《蒙古国统计年鉴》；2019年数据来自蒙古国国家统计局：《国内生产总值2019，提前完成的说明》。

（二）就业形势

截至2019年12月底，蒙古国失业人数共计20761人，其中西部区域失业人数4037人、杭盖区域失业人数4584人、中央区域失业人数3213人、东部区域失业人数2215人、乌兰巴托市失业人数6712人。[①]　可见，乌兰巴托市失业人数较多。再根据《蒙古消息报》报道的数据，截至2019年12月底，对就业部门登记的求职者人数为37000名，失业者总人数比去年同期下降12.6%，比上月下降3.5%，在登记失业者当中，10900人是女性，345人是残疾人，57.4%是15～34岁的青年人。[②]　可见，青年人是蒙古失业人群的主流，这也说明，蒙古国虽然是青年为主的国家，可是也浪费着宝贵的劳动力资源，未把青年劳动力转化为经济优势。2020年上半年，蒙古国城镇登记失业人口为1.96万人，同比减少15.1%，就业形势出现好转。

---

① 蒙古国国家统计局，《国内生产总值2019，提前完成的说明》。
② 《2019年蒙古国社会经济指标》，《蒙古消息报》2020年1月30日，第4期，第4版。

（三）财政发展趋势

根据图2分析，截至2019年底，蒙古财政预算收入（含外来援助）总额10.80万亿图格里克，同比增加0.74万亿图格里克，同比增长7.4%，财政收入约合39.23亿美元；财政支出（含偿债金额）总额11.4万亿图格里克，同比增加2.18万亿图格里克，同比增长23.6%，约合41.41亿美元；财政赤字从2018年的盈利转为赤字，达0.6万亿图格里克。可见，这几年蒙古财政状况逐渐好转，财政赤字越来越减少，2018年实现盈利状况，2019年财政虽然相比2018年出现0.6万亿图格里克的赤字，赤字并不多。受新冠肺炎疫情影响，2020年上半年，蒙古国财政预算收入（含外来援助）为4.1万亿图格里克，同比下降了16.3%。

图2　2016～2019年蒙古国财政收支趋势

资料来源：2016～2018年数据来自各年《蒙古国统计年鉴》；蒙古国国家统计局，《国内生产总值2019，提前完成的说明》，下载时间：2020年1月29日。

（四）金融发展趋势

根据图3分析，蒙古国截至2019年底，蒙古国广义货币（M2）供应量余额为20.80万亿图格里克，约合75.56亿美元，同比增长6.8%，狭义货币供应量3.92万亿图格里克，同比下降2.7%。至2020年上半年，蒙古国广义货币供应量余额为21.19万亿图格里克,同比增长4.8%。可见,蒙古国广义货币供应量增长较快,并且广义货币供应量远远大于狭义货币(M1)供应量。这说明,蒙古国经济是投资为主的投资拉动型经济,同时通货膨胀压力较大,存在一定的风险,蒙古国央行应提高防范危机能力,稳定金融。

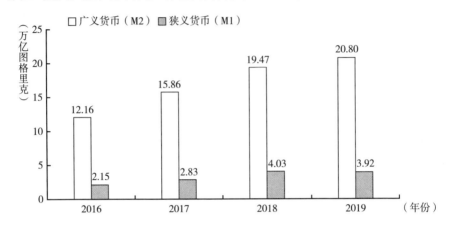

图3 2016~2019年蒙古国货币供应趋势

资料来源:2016~2018年数据来自各年《蒙古国统计年鉴》,蒙古国国家统计局,《国内生产总值2019,提前完成的说明》,下载时间:2020年1月29日。

截至2020年6月底,蒙古国国内银行商业贷款余额为17.37万亿图格里克,约合60.98亿美元,较上年同期减少4.6%。其中,逾期贷款达1万亿图格里克,约合3.5亿美元,较上年同期增加34.1%,逾期贷款占贷款金额的5.7%,不良贷款达1.91万亿图格里克,约合6.7亿美元,较上年同期增加0.3%。由此,严厉防控不良贷款的力度再上升,以降低金融风险。2020年上半年,蒙古国股票市场总交易量为235亿图格里克,约合824万美元,较上年同期减少4.6%,证券交易次数共1.65亿笔,同比减少2.3%;2020年上半年,蒙古银行(央行)与人民币、美元、欧元、卢布兑图格里克平均汇率分别为397.58、2816.26、3170.56、40.64。① 可见,虽

---

① 中华人民共和国驻蒙古国大使馆经济商务处,《2020年上半年蒙古国民经济运行整体情况》,http://mn.mofcom.gov.cn。

然蒙古国不良贷款率同比下降，市场主体还款能力提升，可是蒙古国资本市场的融资能力下降，不利于投资。

（五）物价走势

截至2019年12月底，蒙古国国内居民消费价格指数（CPI）较上月上涨0.6%，较2018年底上涨5.2%。其中，食品价格上涨8.3%（肉及其制品价格上涨16%、饮料价格上涨4.4%）；烟酒价格上涨3.3%；服装价格上涨7.1%；房屋、水、电、燃料价格上涨3.2%；家具和家电价格上涨4.9%；医疗保健用品价格上涨3.3%；运输价格下降1.4%；通信价格没有变化；文化娱乐用品价格上涨9.3%；教育价格上涨9.6%；酒店价格上涨9.8%；其他货物和劳务价格上涨5.8%。[①] 可见，蒙古国通货膨胀压力依然较大，不利于人民收入水平的提升。2020年6月，蒙古国国内居民消费指数同比下降2.8%，物价保持相对稳定。

（六）对外贸易发展走势

截至2019年12月底，蒙古国与世界152个国家和地区贸易总额为137亿美元，同比增长6.3%。其中，出口总额为76亿美元，同比增长8.4%；进口总额为61亿美元，同比增长3.8%；贸易顺差达15亿美元（见图4）。对蒙古国进出口贸易前五位的国家是中国、俄罗斯、日本、美国、英国，贸易额分别为89亿美元、18亿美元、6亿美元、4.17亿美元、3.2亿美元。外汇储备达到43亿美元，截至2019年3季度，蒙外债总额达到299.33亿美元。[②] 可见，蒙古国外债压力依然较大，2020年蒙古国偿还外债压力增大，部分外债按期无法偿还，估计延期偿还。

蒙古国与中国的贸易情况：2019年底，蒙对华贸易总额为89亿美元，

---

① 中华人民共和国驻蒙古国大使馆经济商务处，《2019年蒙古国民经济运行整体情况》，http：//mn. mofcom. gov. cn/article/ztdy/202002/20200202940436. shtml。

② 中华人民共和国驻蒙古国大使馆经济商务处，《2019年蒙古国民经济运行整体情况》，http：//mn. mofcom. gov. cn/article/ztdy/202002/20200202940436. shtml。

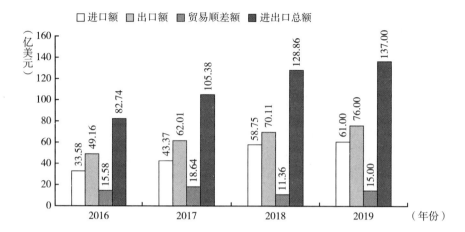

□ 进口额　■ 出口额　■ 贸易顺差额　■ 进出口总额

图4　2016～2019 年蒙古国对外贸易发展趋势

资料来源：2016～2018 年数据来自各年《蒙古国统计年鉴》；蒙古国国家统计局，《国内生产总值 2019，提前完成的说明》，下载时间：2020 年 1 月 29 日。

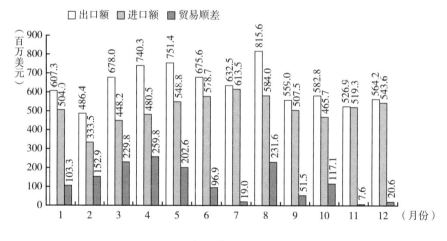

□ 出口额　■ 进口额　■ 贸易顺差

图5　2019 年度蒙古国对外贸易趋势

资料来源：2016～2018 年数据来自各年《蒙古国统计年鉴》；蒙古国国家统计局，《国内生产总值 2019，提前完成的说明》。

较上年同期增长 3.6%，占蒙古国同期外贸总额的 64.4%。其中，对华出口贸易总额为 67.98 亿美元，同比增长 3.8%；对华进口贸易总额为 20.6

亿美元，较上年同期增长 3.3%；蒙古国与中国贸易顺差为 47.38 亿美元。其中，矿产资源出口情况：2019 年，蒙古国煤炭出口 3660 万吨，较上年同期增长 0.9%，金额为 30.78 亿美元，较上年同期增长 9.9%；铜精粉出口 140.36 万吨，较上年同期减少 2.3%，金额为 17.95 亿美元，较上年同期减少 10.8%；铁矿石出口 844.8 万吨，较上年同期增加 13.4%，金额为 5.76 亿美元，较上年同期增加 6.9%；原油出口 654 万桶，较上年同期增长 5.7%，金额为 3.66 亿美元，较上年同期减少 6.5%；锌精矿粉出口 13.4 万吨，较上年同期增长 8.8%，金额为 1.89 亿美元，较上年同期减少 4%；黄金出口 9.1 吨，同比增长 167.6%，金额为 4.184 亿美元，同比增长 189.6%。① 可见，蒙古国对华的出口当中煤炭、铁矿石、原油、锌精矿粉同比显著增长，尤其黄金出口量最大，而铜精粉出口显著下降，需求量呈现下降趋势。受疫情影响，2020 年上半年，蒙对华贸易总额为 29.72 亿美元，较上年同期下降 33.9%。

（七）批发零售业走势

截至 2019 年底，批发零售业达到 23.9 万亿图格里克，比 2018 年增加 2.9 万亿图格里克，同比增长 13.8%。其中，批发业比 2018 年增加 1.6 万亿图格里克，同比增长 14.0%；零售业比 2018 年增加 1.3 万亿图格里克，同比增长 13.7%。在 2019 年的社会总消费中，食品支出占 26.1%、服饰类占 16.6%、交通运输类占 14.4%、居住水电费类占 9.3%、家具类占 4.9%、烟酒占 4.4%、通信器材邮电类占 4.4%、医疗类占 3.6%、文化消费类占 3.1%、宾馆饭店公寓费用占 3%、其他消费占 5.4%。② 可见，蒙古国批发零售业实现两位数增长，其中衣食支出占总消费的比重高达 42.7%，这也说明蒙古国人民的"恩格尔系数"较高。

---

① 中华人民共和国驻蒙古国大使馆经济商务处，《2019 年蒙古国民经济运行整体情况》，http：//mn. mofcom. gov. cn/article/ztdy/202002/20200202940436. shtml。

② 蒙古国国家统计局，《国内生产总值 2019，提前完成的说明》，下载时间：2020 年 1 月 29 日。

二 主要产业走势分析

(一)农业

截至 2019 年底,共有 14728 个农业种植户,1401 家农业企业进行生产加工。农作物总播种面积为 52.31 万公顷,谷物总种植面积为 36.94 万公顷,同比增长 0.7%,占农作物总播种面积的 70.6%;小麦播种面积为 34.35 万公顷,同比增长 0.3%;马铃薯播种面积为 1.49 万公顷,同比增长 15.6%;蔬菜播种面积为 0.8 万公顷,同比减少 4.8%;饲料播种面积为 4.38 万公顷,同比减少 5.4%;其他作物播种面积为 8.65 万公顷,同比增长 14.9%。谷物产量为 43.33 万吨,同比减产 20.5 万吨;红小麦产量为 411.4 万吨,同比减产 24.7 万吨;大麦产量为 0.25 万吨,同比增产 0.1 千吨;燕麦产量为 1.33 万吨,同比增产 0.33 万吨;马铃薯产量为 19.22 万吨,同比增产 2.33 万吨;蔬菜产量为 9.95 万吨,同比减产 0.12 万吨;饲料产量为 12.11 万吨,同比减产 0.27 万吨。[①] 可见,小麦占农作物播种面积的 65.7%、谷物播种面积的 93.0%,由此,蒙古国农作物播种主要以小麦为主,同时饲料和蔬菜播种面积较大幅度减少,其他作物播种面积大幅度增长。红小麦产量同比减少,而马铃薯产量同比大幅增加,保障了蒙古国马铃薯的市场供应。

(二)畜牧业

截至 2019 年底,牲畜存栏量共计约 7110 万头,同比增长 0.8%。其中,马 420 万匹,同比增长 7%,占牲畜总头数的 5.9%;牛 480 万头,同比增长 8.5%,占牲畜总头数的 6.8%;骆驼 50 万头,同比增长 8.8%,占牲畜总头数的 0.7%;绵羊 3230 万只,同比增长 5.6%,占牲畜总头数的

---

① 蒙古国国家统计局,《国内生产总值 2019,提前完成的说明》。

45.4%；山羊 2930 万只，同比增长 7.9%，占牲畜总头数的 41.2%。全国有牲畜的牧户数量为 233257 户，其中不足 50 头牲畜的牧户为 46517 户、51～200 头牲畜的牧户为 73870 户、201～500 头牲畜的牧户为 67545 户、501～999 头牲畜的牧户为 33043 户、1000～2000 头牲畜的牧户为 11546 户、2001 头牲畜以上的牧户达到 736 户。① 可见，蒙古国放牧的牧户总数有所增加，其中 200 头以上牲畜头数的牧户同比增加，这说明蒙古国牲畜的规模化程度越来越高。畜牧业是蒙古国的传统支柱优势产业，无论哪个党派执政，畜牧业在蒙古国国内的经济社会地位将不会改变，持续加大扶持力度，延长畜牧业产业链、价值链是各党派的基本共识。所以，畜牧业必定成为蒙古国经济加速发展的重要推动力，也是外汇重要来源的产业。

（三）工业

截至 2019 年底，工业总产量达 17.4 万亿图格里克，同比增长了 11.2%。对此主要影响的是，矿业和勘探业产值为 1.2 万亿图格里克，同比增长 11.1%；加工业产值为 3518 亿图格里克，同比增长 10.5%；电能产业和水供应领域产值为 1565 亿图格里克，同比增长 15%；工业领域销售额达 20.1 万亿图格里克，同比增长 9.8%。② 可见，工业产值和销售额显著增长，其矿业和勘探业、电能产业和水供应领域估计将来一段时期内依然是工业的主流，随着科技的发展和加工业的发展，将延长产业链和价值链，提高产品附加值，提升工业增加值，推动经济健康发展。

（四）交通运输业

截至 2019 年底，蒙古国交通运输业收入 2 万亿图格里克，约合 7.25 亿美元，同比增长 14.2%；运输货物 6900 万吨，同比增长 1.7%；运送旅客 1.73 亿人次旅客，同比减少 12.2%。其中，铁路运输收入 7086 亿图格里

---

① 蒙古国国家统计局，《国内生产总值 2019，提前完成的说明》。
② 《2019 年蒙古国社会经济指标》，《蒙古消息报》2020 年 1 月 30 日，第 4 期，第 4 版。

克，约合 2.5 亿美元，同比增长 15%，运输货物 2810 万吨，同比增加 9.2%，运送旅客 300 万人次，同比增加 14.8%；航空运输收入 4982 亿图格里克，约合 1.79 亿美元，同比增长 17.3%，运输货物 5700 吨，同比减少 0.3%，运送旅客 160 万人次，同比增加 14.1%。公路运输收入 7961 亿图格里克，约合 2.88 亿美元，同比增加 14.4%，运输货物 4010 万吨，同比减少 2.8%，运送旅客 1.68 亿人次，同比减少 12.7%。[①] 可见，随着"中蒙俄经济走廊"的进一步发展，蒙古国的人员流动和货物运输量将持续上升，会成为蒙古国经济的新增长点。

三　2019年经济形势亮点

（一）财政收支明显好转

2016～2019 年的经济形势对财政收支好转奠定了基础。2016～2019 年 GDP 增长率分别为 1.2%、5.3%、6.9%、6.3%，因而财政赤字逐年减少甚至 2018 年出现财政盈余情况，2016 年财政赤字为 3.65 万亿图格里克、2017 年财政赤字为 1.06 万亿图格里克、2018 年盈余为 0.84 万亿图格里克、2019 年财政赤字为 0.6 万亿图格里克。为此，随着蒙古经济发展形势的好转，经济和财政进入良性轨道，财政的偿债能力和支持社会经济发展的力度进一步加大。

（二）贸易亮点显著

2019 年度贸易亮点，是蒙古国向新加坡出口价值 1.546 亿美元的产品，从新加坡进口 2220 美元的产品，贸易顺差高达 1.324 亿美元。从而蒙古国贸易伙伴数量持续增加。从贸易结构看，2019 年蒙古国向新加坡出口价值 1.18 亿美元的黄金，约占总出口额的 76%。而蒙古国向新加坡主要进口香烟、石油产品、食品、电器、配件、化肥、汽车以及医疗设备等。尽管新加

---

① 蒙古国国家统计局，《国内生产总值2019，提前完成的说明》。

坡国土面积只有724.4平方公里，但新加坡是蒙古国的第三大投资国。新加坡总投资的75%涵盖地质勘探及采矿领域，19%涵盖贸易及公共餐饮业。[①]目前，新加坡投资的约30家企业在蒙古国开展自然资源开采、勘探及加工等业务。由此，蒙古国应多开放像新加坡这样的外贸市场，以提高外汇收入，降低债务风险。

（三）畜牧业大丰收

畜牧业是蒙古国的传统优势产业、竞争力很强和发展潜力最大的产业，是蒙古国国民经济的基础产业。2019年蒙古国畜牧业大丰收，牲畜头数突破7000万头，创下历史新高，为本年度经济社会稳定发展奠定了扎实稳定的基础。可是，存在过度放牧现象，草原生态的保护亟待加强。

（四）交通运输业快速发展推动着经济社会的加快运转

2019年，交通运输业收入和运送游客实现两位数增长。其中，航空运输收入同比增长17.3%、铁路运输收入同比增长15%、公路运输收入同比增长14.4%，运送游客同比增长14.1%，因而，三大运输业的发展极大地促进社会经济的发展，游客数量的大幅增长促进着蒙古国以旅游业为主的第三产业的快速发展。运输业和旅游业已成为经济新的增长极。

四 2020年上半年蒙古国国民经济形势分析及下半年展望

世界银行下调2020年蒙古国经济增速预测。新冠肺炎疫情发生前，世界银行预测2020年蒙古国经济增速约为5.6%。新冠肺炎疫情发生后，2020年蒙古国经济增速预计降至1%～2.4%。矿产品价格"波动"是影响

---

① 《2019年蒙古国社会经济指标》，《蒙古消息报》2020年1月30日，第4期，第4版。

蒙古国经济的主要因素，尤其是铜价的下降，世界市场上的铜价下降约20.0%。[1] 世界银行预测2020年蒙古国经济下降0.5%，并预测蒙古国2021年经济有望增长4.9%。[2]

（一）CPI上涨、PPI下降

2020年6月，蒙古国居民消费价格指数同比增长2.8%（其中乌兰巴托市为2.4%），环比增长0.3%（其中乌兰巴托市为0.4%）；工业品出厂价格指数（PPI）为149.2，同比下降5.2%。[3] 在居民消费价格指数中，6月食品价格上涨5.3%，烟酒价格上涨4.6%，服装价格上涨4.4%，房屋、水、电、燃料价格上涨3.3%，医疗保健用品价格上涨3%。[4] 可见，受到新冠肺炎疫情影响物价普遍上涨。

（二）财政赤字扩大

2020年6月，蒙古国上半年财政预算赤字达2.2万亿图格里克（约合54.32亿人民币），为近6年以来的半年期最高水平。预算收入及援助款总计4.4万亿图格里克（约合108.64亿人民币），其中一般收入和援助款为4.1万亿图格里克（约合101.23亿人民币），占总收入的94.1%。在预算总收入中，税收占85.8%、非税占8.2%、"未来财富"基金占5.7%、"稳定"基金占0.3%。税收总计3.7万亿图格里克（约合91.36亿人民币），较上年同期下降7033亿图格里克（约合17.37亿人民币）。其中，所得税、其他税收和费用、社会保险、增值税、特别税、海外收入等分别下降2229、

① 《世界银行下调2020年蒙古国经济增速预测》，《蒙古消息报》2020年4月9日，第14期，第5版。
② 《世界银行预测2020年蒙古经济下降0.5%》，中华人民共和国驻蒙古国大使馆经济商务处，http：//mn. mofcom. gov. cn/article/sqfb/202006/20200602973118. shtml；蒙古国《乌兰巴托邮报》（*UB POST*），2020年6月11日。
③ 中国银行乌兰巴托代表处，《时政经贸资讯》（半月刊总第七十六期），2020年7月31日。
④ 中华人民共和国商务部，中华人民共和国驻蒙古国大使馆经济商务处，《2020年上半年蒙古国民经济运行整体情况》，http：//mn. mofcom. gov. cn/article/ztdy/202008/20200802995186. shtml，发布时间：2020年8月17日。

1482、1384、969、619、271 亿图格里克；在预算总支出和贷款达 6.3 万亿图格里克（约合 155.56 亿人民币），较去年同期增加 1.6 万亿图格里克（约 39.51 亿人民币）。其中，流动开支、资本支出分别上涨 1.1 万亿图格里克和 5928 亿图格里克，成为预算总支出主要增长因素。①

（三）金融运行情况

2020 年 6 月，蒙古国货币供应量余额为 21.19 万亿图格里克（约合 74.39 亿美元），同比增长 4.8%；蒙古国商业贷款的国内银行贷款余额为 17.37 万亿图格里克（约合 60.98 亿美元），同比减少 4.6%。其中，逾期贷款达 1 万亿图格里克，约合 3.5 亿美元，较上年同期增加 34.1%；逾期贷款占贷款金额的 5.7%；不良贷款 1.91 万亿图格里克，约合 6.7 亿美元，较上年同期增长 0.3%。从资本市场运行看，蒙古股票市场总交易量为 235 亿图格里克（约合 824 万美元），较上年同期减少 4.6%；证券交易次数共 1.65 亿笔，同比减少 2.3%。② 可见，蒙古国不良贷款也在增长，资本市场运行不乐观，交易量和交易次数均下降。出现上述情况的主要原因是经济不景气。

（四）对外贸易呈现顺差

2020 年第二季度，蒙古国与全球 135 个国家或地区发生贸易往来，蒙古国对外货物贸易总额为 53 亿美元，同比减少 15 亿美元，降幅为 22.6%。其中，出口贸易总额为 28 亿美元，同比减少 11 亿美元，降幅为 28.2%；进口总额为 25 亿美元，同比减少 4.337 亿美元，降幅为 15%。在贸易方面，蒙古国于 2020 年第二季度对中国出口额 21.135 亿美元，占其对外出口

---

① 《蒙古上半年财政预算赤字达近 6 年以来半年期最高水平》，中华人民共和国驻蒙古国大使馆经济商务处，http：//mn. mofcom. gov. cn/article/jmxw/202007/20200702987954. shtml，发布时间：2020 年 7 月 30 日。

② 《2020 年上半年蒙古国国民经济运行整体情况》，中华人民共和国驻蒙古国大使馆经济商务处，http：//mn. mofcom. gov. cn/article/ztdy/202008/20200802995186. shtml，发布时间：2020 年 8 月 17 日。

总额的 74.7%。瑞士和新加坡分列第二和第三位，分别为 4.99 亿美元和 0.784 亿美元。同时蒙古国从中国进口商品共计 8.597 亿美元，占其进口总额的 34.9%，位列第一；从俄罗斯进口商品共计 6.75 亿美元，占其进口总额的 27.4%，排名第二位。①

（五）工业总产值下降

2020 年第二季度，蒙古国工业总产值为 6.6 万亿图格里克，较去年同期减少 1.90 万亿图格里克，降幅为 22.5%。主要是采矿及采选业较去年同期总产值减少了 1.6 万亿图格里克，降幅为 26.9%。制造工业较去年同期减少了 2796 亿图格里克，降幅为 15.7%。但是电、暖、能源、水生产产业增加了 140 亿图格里克，增幅为 2.3%。② 可见，2020 年上半年工业总产值下降幅度很大，进而影响全年经济发展。

（六）图格里克出现贬值

2020 年第二季度，蒙古国央行在公布的图格里克兑美元的月平均汇率为 2816.26 图格里克兑 1 美元，比上半年同期贬值 6.1%，比上月贬值 0.7%；图格里克兑人民币的月平均汇率为 397.58 图格里克兑 1 人民币，比上年同期贬值 3.4%，比上月贬值 1%。图格里克兑俄罗斯卢布的月平均汇率为 40.64 图格里克兑 1 卢布，比去年同期升值 1.9%，比上月贬值 5.9%。③ 可见，图格里克贬值幅度较大。

（七）受新冠肺炎疫情影响，蒙古国经济多项指标同比下降

2020 年上半年，新冠肺炎的全球蔓延持续对蒙古国经济发展产生不利影响，多项经济指标呈现持续低迷。例如，其一，GDP 增长率由正转负，第一季度蒙古国 GDP 增长率为 -10.7%，较同比下降 19.3 个百分点。其

---

① 中国银行乌兰巴托代表处，《蒙古经济与金融（第三十二期）》，2020 年 7 月 30 日。
② 中国银行乌兰巴托代表处，《蒙古经济与金融（第三十二期）》，2020 年 7 月 30 日。
③ 中国银行乌兰巴托代表处，《蒙古经济与金融（第三十二期）》，2020 年 7 月 30 日。

二，工作总产值较去年同期降幅幅度扩大。上半年，蒙古国工业总产值为6.6万亿图格里克，同比减少1.9万亿图格里克，降幅22.5%。其三，政府财政赤字进一步扩大。上半年财政赤字达到2.2万亿图格里克（约为7.79亿美元），比第一季度增加了1.92万亿图格里克（约为6.81亿美元），增加了6.97倍。其四，图格里克较美元持续贬值。第二季度末，蒙古国央行公布的图格里克兑美元汇率为2823.89，较第一季度末贬值幅度为1.66%，较去年同期贬值幅度为6.25%。①

（八）2020年下半年的经济展望

下半年蒙古国经济预计呈现逐步恢复的态势，原因如下。

1. 年初制定应对新冠肺炎疫情的政策将持续执行

2020年3月末，蒙古国政府为应对新冠肺炎疫情采取的以下措施，下半年将持续执行。蒙古国政府2020年3月27日宣布，蒙古国政府计划实施5万亿图格里克的九项措施，以应对新冠肺炎疫情给经济带来的不利影响，争取把疫情造成的损失降到最低。

一、蒙古国央行决定将政策利率下调1个百分点，达到10%，商业银行存款准备金率下调2个百分点，达到8.5%。

二、对房贷、车贷、工资贷款三类银行贷款给予三个月的宽限期。

三、自4月1日至10月1日，免除所有企业社保费支出。

四、自4月1日至10月1日，免征个人所得税。

五、自4月1日至10月1日，对于收入低于15亿图格里克的公司免征收入税。

六、由于疫情防护工作需要，对收入减少但依旧保留工作岗位的企业职工，会为每位员工发放20万图格里克，持续三个月。

七、为了支持牧民生活，对收购羊绒的企业提供3000亿图格里克的优惠贷款，且羊绒收购价格不得低于10万图格里克。

---

① 中国银行乌兰巴托代表处，《蒙古经济与金融（第三十二期）》，2020年7月30日。

八、对未满18岁的孩子，在之前发放2万图格里克的基础上再增加发放1万图格里克，持续三个月。

九、4月15日起，油价每公升降低300~400图格里克。

为此，蒙古国政府采取的上述措施将产生多大作用是有待实践的考证。但是，疫情何时结束仍存在较大的不确定性，后续蒙古国政府仍需根据疫情实际情况变化进一步出台针对性的调整措施，以将疫情对蒙古国经济的不利影响降到最低。

2. 中国经济由负转正，对蒙古国矿产品需求将持续增加，将有利于蒙古国经济的复苏

2020上半年，中国GDP为456614亿元，按不变价格计算，比上年同期下降1.6%。其中，第一产业增加值为26053亿元，增长0.9%；第二产业增加值为172759亿元，下降1.9%；第三产业增加值为257802亿元，下降1.6%。第二季度，中国GDP为250110亿元，按不变价格计算，比上年同期增长3.2%，第一季度下降6.8%，经济增速实现由负转正，经济整体呈现快速回升态势。其中，第一产业增加值为15867亿元，增长3.3%，第二产业增加值为99121亿元，增长4.7%，第三产业增加值为135122亿元，增长1.9%。从环比角度看，经调整季节因素后，第二季度GDP环比增长11.5%，第一季度下降为10.0%。[1] 可见，第二季度中国经济由负转正，说明中国已全面复工复产，生产销售消费已进入正常轨道，对蒙古国大众商品需求量将恢复增长，这有利于蒙古国经济的恢复增长。

3. 蒙古国议会换届顺利完成，对蒙古国经济恢复增长提供了政治稳定保障

政府成功地组织了此次议员选举工作，在选举过程中未出现影响选举的突发事件，未出现新冠肺炎疫情大规模流行的情况，议会换届顺利进行，新

---

[1] 赵同录：《经济增长由负转正　整体经济稳步复苏》，中华人民共和国统计局，http://www. stats. gov. cn/tjsj/zxfb/202007/t20200717_ 1776671. html，发布时间：2020年7月17日。

一届政府组阁成功。人民党以压倒性优势获得议会 76 个席位中的 62 席，延续了上届议会的绝对优势地位，保证了未来四年政策实施的连续性。与此同时，在反洗钱及反恐怖融资方面，反洗钱金融行动特别工作组（FATF）对蒙古国为退出"灰名单"采取的整改措施表示认可，并表示在全球疫情得到控制的前提下，FATF 将组织对蒙古国的现场实地调查，调查通过后，蒙古国有望退出"灰名单"。这将有利于外资在蒙古国投资建设，将推动经济加快恢复增长。

B.6
蒙古国税收环境的新变化及其
对经济的积极影响

商那拉图*

摘　要：　蒙古国是共建"一带一路"的重要节点国家，具有资源富足
的优势，提倡矿业兴国和发展旅游及跨境物流等。本报告浅
析蒙古国现代税收法律体系的建立、演变、完善过程，探索
税收在社会经济发展中的积极杠杆作用，展望其对蒙古国地
缘经济的推动作用和借鉴意义。

关键词：　蒙古国　税收体制　法律环境

自 20 世纪 90 年代，蒙古国选择民主道路，在民主化进程中不断进行探
索，并实行了市场经济体制，使其社会经济体制发生了根本性变化，但由于
受外部和内部的各种制约因素影响，蒙古国的社会经济尚未得到长足发展。
资源富足、提倡矿业兴国和发展旅游及跨境物流等，也并未给蒙古国带来理
想的发展效益。究其原因，除受地缘政治等外部环境因素影响外，国内不成
熟的民主政治氛围，以及因政治而影响经济建设的体制性矛盾因素尤为突
出。克服这种内在瓶颈制约的有效途径，则不外乎逐步完善法制环境，通过
修改原有法律及出台新的法律，使各方利益在法治的轨道上逐渐得到相互制
衡，以便实现社会经济的健康快速发展。

---

* 商那拉图，蒙古国中华总商会前秘书长。

蒙古国是共建"一带一路"的重要节点国家，无论从我国推行"亲、诚、惠、容"的周边外交理念，还是"睦邻、安邻、富邻"的周边外交政策上，关注并帮助邻国的社会经济发展，开展长期友好合作，优势互补，实现互利共赢，都将有利于人类命运共同体的构建。

鉴于此，探究蒙古国税收体制的新变化及其对国家预算收入及企业经营行为的积极影响，将有助于研究蒙古国社会经济的发展动力和前景，分析对比其完善法律、优化社会管理和资源配置制度的利弊两方面，进而能够对蒙古国社会做进一步的系统调查研究。

一　蒙古国现行税收体制的演变

苏联解体后，1990 年蒙古国随之改变政体，正式宣布向民主制度过渡，于 1992 年 2 月颁布第四部《宪法》，建立并推行民主体制，开始向民主化及市场化过渡。

（一）计划经济时期

在社会主义体制下，蒙古国的税收体制也和其他社会主义阵营国家一样，资产属于国家所有，畜牧业、农业、厂矿等都无一例外全部归国家所有。因此税收概念模糊，国家预算收入并不是来自于真正意义上的税收行政行为，也没有纳税人的说法，是基层组织和个人向上级单位或国家上缴集体厂矿的生产产品及财产孳息。与其说是国家税收征收，倒不如说是国家在征收利润，从而实现聚集国家财力的目标。

（二）向市场经济过渡时期

自 20 世纪 90 年代起，蒙古国推行民主体制，将羊群和耕地分归农牧民所有或经营，将住房分归城市市民所有后，公民拥有了个人资产，并以独立的主体资格参与经营活动。有了市场主体，市场逐渐形成，进而也产生了征税行为。起初为适应当时的社会需求，应运而生了"营业税"、"牲畜交易

税"、"销售税"、"关税"和"资源补偿费"等税费种类。之后逐渐增加和完善了各类税种。

（三）建立健全现代税收体制

到了 2006 年，蒙古国的市场雏形基本形成，税收已成为国民经济的主要杠杆调整体系，修改完善与国际接轨的税收法律环境的条件完全具备，急需出台新的税法来调整国家税收关系。故在原有基础上系统地出台了《所得税法》、《增值税法》、《特别税法》、《关税法》及《税务总法》等具有现代意义上的相关税收法律。

蒙古国是法治国家，其法律的制定和颁布完全遵循成文法体系，制定出台相关税法时，也完全模仿了当时的日本模式，由纳税人自愿报税，税务机关的税务监察员行使税收监督和对违法者施以处罚。国家税收机关的工作重点是在事后监督检查。

整套税收法律的施行，对蒙古国的社会经济建设和国家预算收入的集中，起到了积极有效的促进作用。经济建设得到蓬勃发展，经营性法人机构急剧增长。近十年，各类法人注册数量从不足 5 万家一跃增长到近 11 万家之多。但随着税收执法的推进和人们对税法的理解与掌握，也出现了税收违法事件大量增加、避税现象较为普遍等问题。以及由于《增值税法》相关条款内容不规范，大部分税款流失，一方面是国家税收无法全额收缴，另一方面则纳税人接受了各种税收处罚，税收的公正性、合理性遭到质疑。

根据蒙古国法律规定，国内外企业法人均可在蒙古国境内设立代表处，其职责是代表设立的公司法人参与项目谈判和跟踪及推进有关项目，但不具有经营资质。依据该规定，蒙古国税务总局以代表处直接参与了经营活动为由，对代表处处以罚款。认定其参与经营活动的依据是代表处负责人在公司与蒙古国合作文件上的签字行为。类似经营行为的认定等，因法律概念界定不太明确而受到处罚，或者因账务处理不规范而受到处罚的现象，在当时是较为普遍的。对各类法人机构定期进行税收检查是税务机关的常规业务，只要实施税收检查，就必然课以税收处罚，税收检查变成了类似税收处罚的代名词。

受到税收处罚后，被罚者往往采取诉诸法律的方式，通过司法途径申请撤销或变更处罚决定，或借助诉讼程序，以间接的方式获得时限上的拖延效果等，均属被罚企业不得已而采取的对策。实践中，通过诉讼最终能够撤销或变更关于税收处罚决定的，在被处罚者当中也占到一定比例。这也从另一方面说明当时的税收监督检查较为普遍，税收处罚实际上已成为税务机关的工作重点，课以税收处罚带有一定的倾向性。另外，作为纳税人的企业为了自身利益和生存，采取各种办法进行避税，如少报收入、隐匿资产、制作阴阳财务账目等。

在增值税方面，因为将纳税人定义为"在蒙古国境内经营进、出口商品及生产销售商品和提供服务、完成劳务的公民、法人"，未将最终消费者界定为纳税人。且企业经营收入达到 5000 万图格里克方可登记为增值税纳税人。故增值税在企业经营活动中成为只作抵扣或冲抵的税目，无法涉及最终的消费者，造成大量的增值税税款流失。故有些学者称这一段时期为受到税收处罚的纳税人多、隐匿不报的财产多、流失的增值税多的"三多"时期。

《支持经济透明法》的出台。不到十年的期限内，蒙古国整套税法的施行，为立法机构和政府职能部门积累了较为丰富的经验，缴税与收税之间存在难以逾越的障碍。某些企业法人的财务报表不规范，已遭受多次处罚。企业为了避税，在财务上采用阴阳账本的做法，在财务报表中隐藏部分资产，以及当作低收入项目等。当时将这种现象称为隐形经济带。税务机关若严格执行税法，对这些行为施以严厉的处罚，则该企业可能面临无法翻身的困境，真正变成杀鸡取卵的行为，不利于社会经济的健康发展。

面对这样的现状，为了公开藏匿于隐形经济带的资产，从而给企业创造良好的环境，蒙古国政府于 2015 年 8 月出台了类似"税务违法行为赦免"的《支持经济透明法》。该法的宗旨是个人、法人将隐匿或以他人名义登记的动产及不动产，予以公开并如实反映于财务、报税及社保报表上，且重新自愿披露报表和报关的，给予一次性免税及免除法律责任。该法同时还规定，

对按本法予以免除法律责任的个人和法人，禁止以该免除理由对其再刑事立案、追究行政责任；公开及报税有关信息及其新出具的财务、税收、社保报表和补充报关所反映的纳税收入、课税科目、社保有关劳动报酬及类似收入和其来源、数量及价格予以保密，禁止将其作为证据予以利用。这是一个完全不同的税收赦免措施。

二　蒙古国的税法体系

蒙古国税法体系由《宪法》、《税务总法》、《部门税法》及与此相应出台的其他法律、法规构成。只有国家议会才有权力制定和废除有关税收变更、减征、免征的法律法规。税率变化等某些权力可通过议会授予，政府根据实际情况在议会限定的范围内做出相关决定。

蒙古国税收体制由税、费、补偿费组成。对个人和法人的收入、财产、货物、经营服务行为，按一定期限和比例无偿征收为国家或地方预算的收入是税收。政府有关部门根据法律服务于个人、法人而收取费用，并上缴国家和地方预算的收入是费。利用国有森林、草原、水等资源，以及因污染大气、土壤、地表水和狩猎而向个人、法人收取费用，并上缴国家和地方预算专用账户的收入是补偿费。

蒙古国实行分税制，税收分为国家税收与地方税收，由税务机关征收后分别缴入中央和地方预算账户。

国家税收是在全国范围内普遍执行的税收，主要包括增值税、企业所得税、关税、特别税、汽油柴油燃料税、矿产资源利用补偿费、矿产资源勘探开采许可证费、空气污染补偿费、清偿已确定的欠税、损失、罚款时的印花税、水污染防治费等。

地方税收主要包括个人所得税、不动产税、除国家税收外的其他印花税、车船税、矿产资源以外的自然资源开采许可费、水和泉水利用补偿费、矿藏开采补偿、枪支税、首府城市税、养狗税、狩猎补偿费、狩猎许可证费、土地补偿费、采伐森林补偿费、遗产继承税、垃圾处理费、利用自然植物补偿费等。

蒙古国最高税收管理机构为蒙古国税务总局，隶属财政部。蒙古国税务管理机构由三级构成，分别为国家税务总局、省首都税务局、区苏木税务所。其中，税务总局、省首都税务局设有税务登记单位，总局、省首都下设有权处理纳税人与税务机关之间纠纷的税务纠纷协调委员会。蒙古国税务机构实行集中、统一领导，税务总局对省首都税务局、区苏木税务所实行业务领导，提供业务及技术指导和保障。

三　蒙古国税收法律环境的新变化

蒙古国税收法律环境的进一步完善及新的变化，可追溯到 2015 年蒙古国议会通过的《支持经济透明法》和重新修订的《增值税法》，而整体进行修订完善则完成于 2019 年 3 月，议会重新修订了《企业所得税法》、《个人所得税法》及《税务总法》，并对相关法律做了相应的修改完善。

《支持经济透明法》起到了清理旧账的效果。而《增值税法》的重新修订首先明确了纳税人的定义，所谓增值税纳税人是指没有任何销售行为的非经营性自用而购买或进口货物、工作、服务者为纳税人，即最终消费者。若抵扣义务人将所购商品用于自身需求，则成为纳税人。同时新法引入了税收返还机制及幸运抽奖内容。消费者有权索要增值税统一发票，并通过税务用户统一信息库进行统计后，每季度能得到所缴增值税款额的 20%，并可参加幸运抽奖活动。这一措施几乎杜绝了增值税款流失的现象，预算内增值税收入翻了两番还多。企业即增值税抵扣义务人无法逃避抵扣上报义务，这也是蒙古国新编《增值税法》的亮点所在。

之后，蒙古国业内人士对本国税收监管体系及所得税缴纳情况等进行了一次较为详细的调研。调研结果显示蒙古国 11 万多家企业法人，有近 55% 的企业每年零报税，而所缴企业所得税的 90% 税款来自于不到 10% 的纳税企业法人。另税务机关监管资源的 60% ~ 70% 耗费在小微企业身上，监管成本较高。故 2019 年蒙古国整套新税法的制定出台坚持了抓大放小、简化

报税程序、扶持中小企业、拓展边缘性税源、降低监管成本、取消零报税制度等原则。

（一）蒙古国新编《企业所得税法》的相关内容

1. 拓展税源有关新编蒙古国《企业所得税法》使用了"具有蒙古国来源所获收入"的新概念，即包含纳税人的下列收入

（1）不在蒙古国居住的纳税人直接或通过电子形式完成的工作、服务及在蒙古国境内销售的货物由在蒙古国居住的纳税人或代表处予以提供的收入。

（2）除通过代表机构在蒙古国开展经营活动，以其他形式在蒙古国举办的艺术、文化、体育及其他活动所获收入。

（3）由在蒙古国居住的纳税人向不在蒙古国居住的纳税人提供的分红收益。

（4）国家及地方政府机关、在蒙古国居住的纳税人、代表处提供或转账给不在蒙古国居住的纳税人的，无论是否抵押及对贷款人资产是否具有参与权，对所有债权、负债、往来账户、储蓄账户、担保、保证、借贷、债券、债权凭证及其奖励等，由贷款人提供的孳息收入，以及依据蒙古国法律视为利息收入的其他孳息收入。

（5）不在蒙古国居住的纳税人在蒙古国持有、使用、所有资产及其相关权益转让、销售、租赁所获收入。

（6）在蒙古国居住的纳税人向不在蒙古国居住的纳税人提供的权益使用费，动产和不动产、无形资产的租赁及使用费和权益使用费，融资租赁利息收入，技术、管理、咨询监理及其他服务费用。

（7）通过代表处在蒙古国开展经营活动而不在蒙古国居住的纳税人，由该代表处给其转入的收入。

（8）不在蒙古国居住的纳税人代表处所持有、使用、所有资产及其相关权益销售、转让的收入。

（9）不在蒙古国居住的纳税人代表处业务所使用动产、不动产、无形

资产的销售、租赁所获的收入。

（10）类似其他收入。

与上述新概念有关界定了相关名词含义。

"权利持有人"是指按法律规定的条件和要求，持有矿产资源、放射性矿产资源、石油的勘探及开采许可证和土地占有、使用权的人。

"文化、招待费用"是指在企业经营范围内，为建立新的商务联系或扩大合作目的而迎接客户代表的交通、招待、住宿、餐饮费用及翻译费用。

"国外所得收入"是指在蒙古国居住，按蒙古国法律创办的企业或领导机关在蒙古国的外国企业、代表处，除"具有蒙古国来源所获收入"和"在蒙古国所获收入"外的其他收入。

领导机关在蒙古国的外国企业：包括符合下列三个或三个以上条件的外国法人：①股东或通过自己的代表直接或间接实施持有50%以上股份权利义务的人在蒙古国居住；②该税务年度之前的连续四年内，50%以上股东会议在蒙古国召开；③会计核算和财务凭证在蒙古国存放；④董事会成员或通过自己的代表直接或间接行使不低于25%董事会权力的人在蒙古国居住；⑤销售收入总额不低于60%在蒙古国或源于蒙古国。

代表机关包括下列机构：①领导企业的机构；②分支机构、科室；③从事培训、论坛、展销的机构；④仓储、买卖、服务场所机构；⑤矿山、石油或天然气井、矿山或矿产开采机构；⑥工厂；⑦通过代表机构在蒙古国行使全部或部分经营活动的外国企业的其他机构、单位、场所。

代表机关不同于代表处，但包含代表处。连续12个月之内，共90天或90天以上期限在连续进行的建筑场地从事建筑设施组装或安装客体以及相关建筑、监理业务的单位属于代表机关。连续12个月之内，共183天或以上期限通过自己的员工或其他雇佣工，向居住在蒙古国的纳税人提供技术、咨询、管理、监理及其他服务活动的，属于代表机关。以不在蒙古国居住的纳税人，在蒙古国从事货物和产品的仓储、销售、供应，以及亲自签约或不改变不在蒙古国居住的纳税人的主要合同条件而组织该签约工作的，将其视为代表机关。

"管理服务收入"包括为了帮助企业经营（生产、工作、服务）活动正常和具有效益目的，企业以合同或协商一致将其技术人员派驻工作而获得的收入。

"监理咨询服务收入"包括为企业提供管理、市场、销售、投资环境及生产阶段有关技术、方法的协助，拟定文本等工作服务所获的收入。

"最终所有"指自己或通过一个或以上连续关联法人，以股份、参与、投票权或有权分红等形式持有矿产、石油、放射性矿产许可证及土地占有、使用权30%或以上的人。

2. 税率及其减免

现行蒙古国企业所得税税率包括：权益收入、分红收入、利息收入、环境恢复基金返还、石油环保基金返还的税率为10%；不动产销售转让收入税率为2%；赌博类收入税率为40%；税务年度内代表机关向自己的母公司转付的利润，不在蒙古国居住的纳税人在蒙古国所获及具有蒙古国来源收入的税率为20%；在蒙古国居住未持有矿产资源、放射性矿产资源、石油勘探开采许可证的纳税人，从国内外原发和二次公开出售的股市上购买债券工具和权益的，对其孳息收入的税率为5%；对蒙古国商业银行从国内外市场融资的借款、债券工具的利息收入的税率为5%。

蒙古国以减税的形式扶持了小微企业。

年收入在0~60亿图格里克则按10%课以所得税，年收入在60亿图格里克以上则超出部分收入课以25%的所得税；年收入在3亿图格里克以内，且不属于从事矿产、特种、石油行业的，税率为1%；年终报表额未超过15亿图格里克，且不属于从事矿产、特种、石油行业的，对蒙古国法人的纳税，予以90%的减税。

3. 报税程序的简化

上一年度课税收入为60亿图格里克或60亿图格里克以上的，纳税人将当年季度报表于下一季度第一个月20日前，将年终报表于翌年2月10日前，分别报送税务机关。

上一年度课税收入为60亿图格里克之内，未按所得税法向税务机关备案的纳税人，将该税务年度上半年报表于 7 月 20 日前，年终报表于翌年 2 月 10 日前分别报送税务机关，即每年两次报税。

按前一年税务年报表确定销售总额小于 5000 万图格里克的，由纳税人于当年第三季度提出申请经税务机关进行备案，自下一税务年开始可按纳税人的业务收入总额确定其纳税额，也就是以简易程序一年一次报税。

4. 投资性税收扶持

（1）企业在离首都乌兰巴托 500 公里以上的省、苏木从事长期经营活动，法人总部在当地有注册登记，归当地税务机构管辖，且创造就业岗位（以缴纳社保予以证实）的，给予 50% 的减税，若距离首都 1000 公里以上则给予 90% 的减税。

（2）员工总数 25 人以上企业的 2/3 及以上职员为残疾人的，对企业营收税种予以减税。

（3）销售有关资源节约型、排放垃圾和污染少、对环境无副作用机器设备的，对其销售收入予以减税。

（4）自注册登记之日起 3 年内，对创新法所指创新企业生产的创新产品、劳务、服务的销售收入予以减税。

（5）建造符合体育运动法规定的标准体育设施、体育馆、场地、基础设施的，自使用该体育设施、体育馆、场地之日起 5 年内，对企业利用其所获收入给予 50% 的减税。

（6）对招收失去劳动能力 50% 或以上职员的企业，按其残疾员工所占比例对其所得收入予以减税。

（7）对自由区的电力、供暖、管道、供水、排污、道路、铁路、机场、通信基础设施等投资 50 万美元及以上的企业，从自由区所获相当于投资额 50% 的收入给予减税。

（8）对自由区的仓库、装卸设施、宾馆、旅游设施、建造能够替代进口产品及出口产品工厂等投资 30 万美元及以上的企业，从自由区所获相当于投资额 50% 的收入给予减税。

（9）为增加特定区域水源储量、保障可靠供水目的，给改善自然水质、

恢复河流项目提供经费的，对个人、企业单位的该项收入予以减税。

（10）企业生产粮食、蔬菜、奶、水果、饲料等，对其从该产品所获收入予以 50% 的减税。

减税对象不包括从事下列业务的分支机构：①矿产资源、放射性矿产资源、石油勘探及开采，核能源有关业务；②酒精饮料的生产、销售、进口；③种植烟叶，生产、销售、进口香烟；④石油产品进口或转卖；⑤从事语音服务；⑥建造电厂、管网和发电、售电、输送电；⑦从事民航业务；⑧建造、修复公路和道路设施。

（二）蒙古国新编《税务总法》相关内容

蒙古国《税务总法》的宗旨在于制定税源、税收、纳税人登记、收税、缴税、报表、检查监督，以及减免、抵扣、退税的法律依据，明确蒙古国税务机关、纳税人及依法承担税务有关义务的其他人的权利义务和责任，调整其相互关系。

税收监督检查是《税务总法》的重中之重。以避免避税、逃税为主线，检查纳税义务人所有与课税有关财产、权益、收入是否真实反映于税收报表之中，相关流通间是否存在利害关联，有无隐匿、虚假成分，信息是否对称等。

基于风险因素或经纳税人申请，税务机关以总纲要或专门纲要及委派方式实施税收监督检查，并按照国际规范和法律规定，可采取全部或部分形式实施监督检查。实施税收监督检查时，不低于 10 个工作日提前通知纳税人。

以下内容可随时进行检查：①监督特别税法的实施；②检查监督是否联网税收统一信息库；③监督电子支付凭证的制作、打印、发放、储存活动。

为履行税收监督检查职责，税务机关有权采取下列措施：①有依据时传唤纳税人或其客户到场解释；②实施进入纳税人的房舍和仓库、搜集证据信息、搜查、清点、拍照等通用措施；③要求提供税务报表和财务报表、账本、其他财务凭证及税收统一信息库信息有关解释和说明，其中最主要的内容还是集中在财务报表上。

为了解纳税人的"税收方案",实现足额征税,采取以下方法确定财务报表内容的真实准确性。

（1）"业务流通利润分摊法"：按照经济规律,将受监控业务流通的利润分摊于参与该业务流通的关联方,并对照独立可比业务流通利润水平,确定该业务流通的条件（情形）和价格。

（2）"业务流通净利法"：将受监控业务流通净利水平指标,对比于独立可比业务流通（非关联人间实施的业务流通）净利水平指标,确定受监控业务流通的条件和价格。

（3）"实际价原则法"：相互关联人间实施的业务流通条件,有别于可比独立业务流通条件致课税基数变小,则以确定该业务流通的实际价格来调整课税额。

（4）"转移定价调整法"：按照确定实际价格原则确定关联人间交易的货物、劳务、服务条件和价格。

（5）"转销价方法"：就销售收入将受监控业务流通的总利润水平,对比于可比独立业务流通总水平,确定该受监控业务流通的条件和价格。

（6）"内部对比业务流通法"：将纳税人与关联人间进行的业务流通与其和独立人间进行的业务流通进行对比。

（7）"惯例价法"：基于从事与纳税人近似能力、条件和可比业务人的业务、收入、费用及其他实际核算,确定纳税人的课税,若无此纳税人则税务机关根据现有信息确定课税。

（8）"成本增加法"：将受监控业务流通的总利润水平,对比于费用机构上与其可比独立业务流通总水平,确定该受监控业务流通的条件和价格。

（9）"可比独立价法"：将受监控业务流通的价格及影响价格因素,对比于独立业务流通的价格及影响价格因素而确定流通条件和价格。

（10）"对比鉴定法"：将相互关联人间实施的业务流通条件,对比于无关联人间实施的业务流通条件,排除其区别因素而确定流通条件和价格。

（11）"税收基数"：以现金形式显示,用具体数额或比例确定课税收入、资产、货物、劳务和服务、权益、土地及其腹地的自然资源、矿藏、空

气和土壤及水污染的数额或实体单位。

通过上述方法检查纳税人税收报表，发现纳税人具有逃税、避税及其他税务违法情节的，将对其采取下列措施。

（1）偷税、漏税人应承担的责任——纳税人以不纳税或漏税及隐瞒课税为目的，未课税或漏税的，国家税务监察员让其补缴税款，并按下列数额予以罚款：①漏税额占应纳税总额的50%以内的，以补缴税款额的30%；②漏税额占应纳税总额的50%及以上的，以补缴税款额的40%。

（2）未履行抵扣税款义务人应承担的责任——①应抵扣而未抵扣或虽抵扣但未报税和缴的，该纳税人有义务补缴税款；②处以应补缴税款额40%的罚款；③此前经税务检查予以补征而又重复出现本条所指同样违法的，处以应补缴税款额50%的罚款。

（3）违反《增值税法》应承担的责任——下列漏税、未纳入上缴预算税收行为的，除补征应缴税款外并处以应缴税款额40%的罚款。①依据《增值税法》已满足抵扣人备案条件，却未获取税务证而生产或销售货物、完成劳务、提供服务；②已按增值税抵扣人备案的个人、法人，对其生产或销售的货物、完成的劳务、提供的服务未课以增值税；③增值税抵扣人对其生产或销售的货物、完成的劳务、提供的服务课以增值税，但未上缴预算；④未备案为增值税抵扣人的人，生产或销售货物、完成劳务、提供服务，并对其课以增值税却未上缴预算；⑤以降低上缴预算的增值税或增加退税额目的，出具有差错的增值税发票、支付凭证以及未出具凭证。

（4）滞纳金——对纳税人未按法定期限缴纳的税款及税务机关无依据多收缴的税款计算滞纳金，且由主管财政预算的政府成员于当年一月依据下列原则制定该税务年度执行的滞纳金标准：①纳税人未按时缴税的滞纳金比蒙古国央行宣布的商业银行年均贷款利息多20%；②税务机关无依据多收缴税款的滞纳金为蒙古国央行宣布的商业银行年均贷款利息相等。

此前经税务检查予以补征而又重复出现同样违法的，以该违法所属补缴税款额的50%予以罚款。

实施税收监督检查的延展措施如下。

（1）采取其他法律规定的权益限制或中止措施——税务机关采取本法规定的收缴欠税措施之前，基于欠税额以警告纳税人的形式和可采取限制其出行的措施。若下列情况同时产生的，税务机关有权申请有关部门限制欠税的外国人、无国籍人士出境直至清偿欠税：①欠税纳税人无清偿欠税的资产及债权；②欠税额达到2000万图格里克及以上。

（2）缴税期限的宽延——确定已出现下列任一情况致纳税人无法缴纳欠税的，根据纳税人提出的书面申请，由管辖区的税务机关可给予最长一年延期纳税的宽限：①遭受防治灾害法所指灾害及洪水、地震、火灾；②因不可抗力因素致纳税个人支出多于上一年课税收入的治疗费用；③纳税人停止了从事的业务活动；④纳税人的业务连续三年出现巨大亏损致使其支付能力不佳。

（3）提前收缴风险税收措施——出现下列任一情况，已确定纳税人不缴税款的，税务机关可提前收缴课税明晰的税款：①对纳税人资产启动了本法所指的强制执行措施；②纳税人已做出注销决定；③纳税人在蒙古国没有了居住地址；④纳税人实施非法行为逃避缴税或有此举动、实施退税或欲获得退税、带有欺诈性质的行为转移资产、故意破产等逃避税款收缴或有此行动的。对此送达预先追偿书，让其在3个工作日内缴纳税款。

（4）负有纳税义务的第二方——已确定收缴欠税人资产不足以清偿欠税，且形成欠税的法定期限之前一年内，欠税人以低价或无偿转让资产以及放弃债权给他人创造优势地位的，按受让资产及放弃债权额，该人成为负有纳税义务的第二方。

经税务监督检查，由税务机关税收监察员做出的税收行政决定类文书。行使征税、监督、税收检查职权时，由税务机关制作通知书、要求书、查封单、查封决定、补征单、增值税课征及缴税确认单、送达书、笔录、退税单、追偿单、预先追偿单、告知书、要求书、抵扣申请、分配结算单、传唤单、查封告知书、指导意见和其他文书。

补征单（决定）是向纳税人送达的，反映税务机关补征税款、处罚、滞纳金的文书。依据《税务总法》，国家税务监察员制作补征单或通知书，补征单由叙述、决定构成，通知书由叙述构成。以补征单增加或减少纳税人

的课税额，且减少课税额则将其差额纳入年终补征单余额进行核算。

增值税课征及缴税确认单（决定）是按《增值税法》由税务机关监督确认抵扣人课征及缴税的文书。

退税单（决定书）是对税务机关无依据多收现金予以退还，并计算损失时制作的文书。

税务机关风险管理是指提前预测和确定、评估参与税收关系当事人不履行法定义务的作为或不作为行为的原因和条件，进而选择准确的方法和途径来预防或减少风险因素的连续性整体措施。税务机关采取措施评估、管理和监督税收关系遇到的风险。

实施风险管理时坚持以最小的风险实现税务机关的目标，应当以统一和具有连续性为原则，作为机关单位计划和决策的一部分，以有效分配机关单位储备及节约为目标。有了税务机关的风险管理措施，则可对纳税人采取风险评估的方法确定是否对其实施税收检查。

税收监督检查的国际合作——主要涉及反避税、信息交流、相互协定、避免双重征税及逃税等内容。

四 蒙古国税收环境进一步趋于完善的积极影响

通过以上对蒙古国《增值税法》、《企业所得税法》及《税务总法》部分修改内容的介绍，笔者认为以下几个方面的积极影响值得借鉴。

一是《增值税法》通过完善有关概念性缺陷和引入税收返还机制，带动了纳税人的积极参与和给予监督，将抵扣义务人完全置于阳光下无处可藏，实现了增值税款的应收尽收。甚至几乎无须监督检查，纳税、缴税情况一目了然。

二是《企业所得税法》引入了"不在蒙古国的纳税人获得源于蒙古国收入"应纳税的概念，拓展了边缘性税源。对蒙古国境内矿产资源持有的境外间接转让赋予了纳税义务，不仅拓展了税源，还带有保护境内地下资源的目的。通过最终对所有者这一概念的界定，延伸了境内矿权的间接监管。具有蒙古国来源收入中还包括"管理服务收入""监理咨询服务收入"等其他项目。

《企业所得税法》修改完善的第一个特点就是抓大放小，扶持了中小企业发展。从法律内容上看，将收入档次分为四个阶梯。第一阶梯为年收入在3亿图格里克以内的，对其收入课以1%的所得税；第二阶梯为年收入在3亿图格里克以上，15亿图格里克以内的，对其收入课以10%的所得税并减税90%，即实际等于1%的税率；第三阶梯为年收入在15亿图格里克以上60亿图格里克以内的，以正常税率课以10%的所得税；第四阶梯为年收入超过60亿图格里克则对其超出部分课以25%的所得税。这样给予中小企业实实在在的税收扶持，不仅有助于企业发展壮大，更能培育税源。在法律议案的讨论当中，也是为了减轻中小企业负担，未采纳起初提交的取消"零报税"的议案内容。

《企业所得税法》修改完善的第二个特点就是简化了报税程序。根据新编《企业所得税法》的规定，企业年收入不足5000万图格里克可向管辖税务机关申请备案，以全年收入每年报税一次即可；年收入未达到60亿图格里克则每年报税两次即可；年收入达到或超过60亿图格里克则每季度报税一次。这样做不仅方便了纳税人，也降低了征税成本。

《企业所得税法》修改完善的第三个特点是对自由区、偏远区的投资性税收扶持。

此外，通过重新修订《税务总法》，强化了对纳税人监督的有效性和科学性。注重方法上与国际接轨，采用"业务流通利润分摊法"、"业务流通净利法"、"实际价原则法"、"转移定价调整法"、"转销价方法"、"内部对比业务流通法"、"惯例价法"、"成本增加法"、"可比独立价法"和"对比鉴定法"等具有可操作性和可自由选择的多种科学方法，保证了监督检查的公正性和时效性。并且引入了风险管理措施，重视了税收国际合作的重要性。

总而言之，蒙古国一系列税收体制的修改完善一方面降低了税收成本投入，另一方面拓展边缘性税源，并通过扶持中小企业发展，鼓励和帮助企业初级阶段的培育，起到放水养鱼的效果。同时强化监督措施，引入科学的方法和全民监督机制，防止了税收流失，保证了国家预算收入的集中收缴。

B.7
蒙古国对外经济合作政策及其影响

〔蒙〕阿·达瓦苏荣*

摘　要： 本报告通过分析总结蒙古国对外贸易现状，研究其对该国经济发展的影响，找出现实困难和遇到的挑战。通过评估进出口地理位置和产品结构，研究与中国和俄罗斯的贸易对蒙古国经济发展的影响，尤其对出口结构中份额较高的矿产品、纺织品等进行了评估和总结，提出了改善建议。本报告还分析了蒙古国外国投资情况，按照行业和国家明确了中国和俄罗斯在蒙古国外国投资中的地位，分析了中国投资公司占多数的原因，评估总结了外国投资倾向于矿产领域的情况，找出了外国投资资本流入蒙古国经济领域少的原因，并提出了解决问题的建议。

关键词： 蒙古国　俄罗斯　中国　对外贸易

一　蒙古国对外贸易现状

如今，对外经济合作在国家经济发展中起着重要的作用，工业发达国家的产品要出口到其他国家，而发展中国家大部分出口初级产品，进口工业品。

下列情况对加强全球经济合作起到了助推作用。第一，本国产品的产量

---

* 〔蒙〕阿·达瓦苏荣，博士，教授，蒙古国科学院国际关系研究所区域和国际机构研究室主任。

和对外贸易的扩大;第二,满足全球各个国家生产所需的基本要素(劳动力、自然资源、设备、技术、管理资源等)的程度不同,这就是世界各国的生产发展不均衡的主要原因;第三,业务拓展到全球的跨国公司为了增加利润,加剧了对廉价资源的争夺。它们渴望在全球范围内销售产品和商品的愿望超越了国家地区的范围,正在全力占据世界市场上最有利的位置。

在过去的 30 年里,大多数工业发达国家在寻求增加其工业产品、设备和新技术在全球的销售量时,发展中国家为农业产品寻找新市场的需求也变得更加紧迫。因此,国家之间的相互依存度增加,多边经济关系与合作扩大,每个发达国家或发展中国家都加入了全球化经济。各个国家的经济成为全球经济网中的组织细胞,从此可以观察到强烈依赖国外市场的趋势。国家依赖对外贸易和国外市场的程度加深,成为拉近各国经济的真实反映。①

这样,就没有一个国家、地区、公司或个人会独立于国际统一经济空间而存在。②

苏联解体,导致成员国之间形成的传统国外市场、生产和技术的链接基本消失,随后引发了重新构建该链接的需求。蒙古国面临在短时间内全部重新开始,与新的合作伙伴建交,适应新环境等需要解决的问题。因此,有必要从根本上改变对外经济关系与合作的地缘结构。当时,蒙古国国内出现了国有企业缺乏原材料和零配件,产量急剧下降,无法出口产品,国内市场商品短缺等问题。所以,蒙古国坚定地改变了对外贸易政策法规,希望有公司、单位和公民等新的商业伙伴加入。

在经济结构调整中,蒙古国政府首先奉行开放贸易的政策,并为此创造相应的法律环境,还完成了将税率调整至相应水平等工作。

蒙古国于 1997 年加入世贸组织,开始按协定开展与所有国家的商品贸易活动。在关税制度下施行禁止进口源自野生动物的原料、药品,宣传暴力和卖淫的书籍、电影和录像带等措施。与此同时,国家大呼拉尔颁布了

---

① 〔蒙〕Ts. 巴特尔:《全球化时代下的蒙古国对外经济关系》,乌兰巴托:本比基金会(Benbi fund),2007,第 38~39 页。
② 〔蒙〕E. 古热玛扎布、M. 阿木日图布新:《国际贸易》,乌兰巴托,2009,第 5 页。

《合作社法》《公司法》《银行法》《破产法》《外汇法》《质量与标准法》《专利法》《版权法》《促进公平竞争法》《税务法》《外国投资法》等法律。

加入世贸组织后，蒙古国政府表示实施关税和非关税壁垒时结合动植物检验检疫措施和技术禁令，宣告不采取数量限制、配额、许可证和特别许可证以外的非关税壁垒措施。这样，国家经济实现了开放。例如：蒙古国对进口商品和国内产品进行审验时，不再遵循标准化和技术法规，转而以保护人、动物、植物和周边环境为根本，实施开放、有效的许可证体系。

对外贸易的自由化成为经济结构调整的基本条件和要求的一部分。这使得个人积极性和主动性有了大幅度的提升，国内生产量的增加，市场商品供给状况得到改善，商品价格稳定。国内市场有序竞争，经济效益有了提升，被称为自由市场机制的"无形之手"以其应有的方式开始运作。对外贸易自由化以来发生了如下变化。

（1）由于政府取消了人为定价体系，实际价格体系开始发挥作用。

（2）建立了对所属行业具有垄断地位的大型国有企业的监管机制，创造了反垄断的法律环境。

（3）开启了大型企业私有化进程。

（4）国内生产者参与国外市场竞争，为国内生产者升级技术工艺和提高竞争力创造了条件。

（5）国外市场的高要求和高标准促使国内生产者改善管理和领导方法，在对外贸易、海关、保险、银行和金融等经济关键领域借鉴国际标准，并据此进行改革。

（6）国家统计、会计和资产评估及财务监管工作已改用国际标准。

（7）加强了国有企业经济和财务的独立性，特别是商业和服务行业的企业100%过渡到私有制，并减少了政府对经济的参与，尤其在小规模的商业活动中的参与。

（8）企业家开始在其业务中应用市场经济管理和营销策略。

（9）外国直接投资创造了使用新技术设备和改造旧技术设备的条件。

每个国家都在采取各种措施协调外贸活动，制定有利于支持出口，限制进口的政策。因此，尽管自由贸易对改善该国的经济和人民生活水平具有积极影响，但实际上，如果没有国家干预，蒙古国尚不具备按真正自由贸易模式发展的条件。

一直施行到 1991 年 6 月的多级关税制度未能为蒙古国对外经济活动创造有利的环境。而在世贸组织框架内，蒙古国在融入多边贸易体系和对外经济关系的自由化过程中，改善了原有的关税制度，将平均关税调整到 15%，实际上几乎所有商品的进口关税调整到 5%，而且没有数量限制。只有很少的出口商品有出口税。

根据国际货币基金组织的评估，蒙古国成为贸易限制水平最低的国家之一。在亚洲，蒙古国成为进口关税最少的国家之一。一些国际组织认为蒙古国是最有利于外国投资的国家之一。这些根本性的改革使得蒙古国出口逐渐恢复，产品进入了新市场，并在提升地位方面取得了重大突破。因而，增加对外贸易额和外国投资以及改善扩大对外经济合作的法律环境等对蒙古国的经济独立有重大意义。

根据 2019 年的初步估算，对外贸易总额达到 137.471 亿美元，比上年同期增长 6.7%，增加了 8.605 亿美元，贸易顺差达 14.923 亿美元。2019年，蒙古国与 154 个国家进行了贸易，其中向 78 个国家出口了商品，进口了 153 个原产地国的商品。出口总额为 76.197 亿美元，比上年同期增加6.08 亿美元，增长 8.7%。

表1 2000~2019 年蒙古国对外贸易情况

单位：十万美元

年份	对外贸易总额	出口额	进口额	贸易差额
2000	11503	5358	6145	−787
2001	11592	5215	6377	−1162
2002	12148	5240	6908	−1668

续表

年份	对外贸易总额	出口额	进口额	贸易差额
2003	14169	6159	8010	−1851
2005	22412	10639	11773	−1134
2006	29770	15420	14350	1070
2016	82744	49163	33581	15582
2017	105379	62006	43373	18633
2018	128866	70118	58748	11370
2019	137471	76197	61274	14923

说明：2007~2015 年数据缺失。

资料来源：蒙古国国家统计局统计年鉴，2000~2019 年。

表 1 显示，2000~2019 年，蒙古国外贸总额增长了近 12 倍，而出口增长了 14 倍，进口增长了近 10 倍。蒙古国对外贸易的特点之一是 2006 年以前一直为逆差，但此后保持了顺差。自 2004 年以来，全球大宗商品价格上涨，加上蒙古国开采、出口奥尤陶勒盖铜矿的矿产品，使国家对外贸易保持了顺差。2000 年以来，下列因素促成了对外贸易额的增长。

蒙古国主要出口商品（自然和矿产资源）的全球价格上涨；本国货币对外币的汇率浮动幅度变小，商品价格稳定；蒙古国政府与全球和区域的金融和经济组织（世界银行、国际货币基金组织、亚洲开发银行、世界贸易组织）的合作产生积极成效；外贸伙伴的范围不断扩大；贸易伙伴国的宏观经济状况得到改善等。

蒙古国与日本成功签订了经济伙伴关系协定。2011 年 7 月 6 日，政府决定启动加入《亚太贸易协定》的谈判工作，并完成蒙古国向协定成员国提供"国家减让清单"。

之后，蒙古国成功将欧盟委员会"好体制，稳定发展"的约定优惠，即 7200 种商品零关税出口至欧盟成员国的"GSP +"优惠期延长到了 2013 年 12 月 31 日。

蒙古国政府于 2010 年 6 月发布了《关于完善对外政策活动的综合协调机制》的第 162 号决议并开始实施。这项决议精准确定了与外贸伙伴开展合作的方向，并确保参与对外贸易组织机构间的协作，对发展互利共赢的合作关系产生了重大影响。

与日本签署的《自由贸易协定》和与美国签署的《全面战略伙伴关系协定》，以及与外国签署的双边贸易协定，海关监管、检验检疫、发展援助协定和协议，鼓励投资和相互保护，避免双重征税等协定对增加蒙古国的对外贸易额产生了积极影响。蒙古国已与 39 个国家签署了《鼓励投资和相互保护双边协定》，与 29 个国家签署了《避免双重征税协定》。其中，与日本的《自由贸易协定》与通常的自由贸易协定略有不同。该协定中约定了增加对蒙古国投资、引进新技术、支持提高劳动力的专业素养、增加蒙古国大学生数量等内容。因此，该协定框架重点在于加强双边联合委员会的工作，并加强蒙方组织机构在这项工作中的主动性。

进出口商品价格的波动对贸易差额会产生很大的影响，进口国由于没有太多的选择，从而会出现贸易逆差。矿业和采掘业机械设备进口需求量增加以及石油价格上涨等导致每年进口价格上涨。2000～2019 年蒙古国对外贸易地理位置结构见表 2。

表 2　2000～2019 年蒙古国对外贸易地理位置结构

单位：%

年份	俄罗斯	中国	韩国	日本	美国	欧盟
2000	22.7	37.0	5.3	7.5	11.2	7.7
2001	21.8	35.5	6.0	6.4	10.5	6.1
2002	23.5	31.9	8.9	4.0	15.5	7.2
2003	21.6	34.1	5.3	5.0	11.7	8.6
2004	19.1	35.4	3.4	5.7	10.7	13.4
2005	19.9	36.4	5.7	3.6	8.5	11.3
2006	19.9	47.5	3.5	3.5	5.5	7.7
2007	20.0	49.4	4.0	3.9	3.9	8.4
2008	23.0	43.9	3.9	4.6	3.4	12.6
2009	20.9	48.0	4.2	2.5	2.9	12.4

续表

年份	俄罗斯	中国	韩国	日本	美国	欧盟
2010	18.4	56.2	3.4	3.2	2.7	12.3
2011	15.0	56.6	3.4	4.3	4.7	7.2
2012	17.3	53.2	4.3	4.5	4.8	5.9
2013	15.3	52.0	6.3	5.5	6.2	5.8
2014	14.6	62.1	4.4	4.7	3.0	8.1
2015	12.9	62.6	3.9	3.6	1.6	4.7
2016	18.8	59.9	2.4	4.2	1.8	4.9
2017	12.2	63.9	2.0	3.6	2.1	4.4
2018	13.9	66.2	2.2	4.6	1.7	6.4
2019	13.0	64.0	2.1	4.3	2.3	6.9

资料来源：国家统计局统计年鉴 2000～2019 年，www. nso. mn；海关总署海关统计信息系统，2019 年，http：//www. customs. gov. mn/statistics/。

表2显示，2000年俄罗斯占蒙古国对外贸易的22.7%，但之后总体呈下降趋势，2019年降到13.0%。与此相反，中国从2000年的37.0%增加到2019年的64.0%。自1990年以来，韩国、日本、美国和欧盟成为蒙古国重要的对外贸易伙伴。2000～2019年，在蒙古国的对外贸易额中各国所占份额变化分别为，韩国从5.3%变为2.1%，日本从7.5%变为4.3%，美国从11.2%变为2.3%，欧盟从7.7%变为6.9%。显然，中国在蒙古国对外贸易额中所占的份额增加，而其他国家所占的份额减少了。

表3　2000～2019 年蒙古国出口地理位置结构

单位：%

年份	俄罗斯	中国	韩国	日本	美国	欧盟
2000	9.7	58.9	0.6	1.7	20.0	7.1
2001	10.3	55.1	0.8	3.2	22.0	6.1
2002	9.1	42.0	4.2	1.2	31.6	5.7
2003	6.6	46.5	1.2	1.3	23.2	7
2004	2.3	47.5	1.1	3.8	17.9	21.3
2005	2.6	48.2	6.1	0.5	14.3	12.4
2006	2.9	68.1	1.3	0.4	7.7	7.0
2007	3.0	72.5	2.1	0.7	5.1	6.1

年份	俄罗斯	中国	韩国	日本	美国	欧盟
2008	3.4	64.5	1.1	1.1	4.5	17.1
2009	3.6	73.9	0.8	0.2	0.7	13.2
2010	2.8	84.7	1.0	0.1	0.2	2.1
2011	1.9	92.1	0.7	0.2	0.1	1.8
2012	1.8	92.5	0.2	0.1	0.1	1.6
2013	1.4	86.8	0.3	0.2	0.1	2.4
2014	1.0	87.9	0.2	0.4	0.3	5.1
2015	1.6	83.7	1.4	0.4	0.4	7.3
2016	1.1	79.4	0.2	0.3	0.0	6.1
2017	1.1	85.6	0.2	0.2	0.1	6.1
2018	1.2	93.3	0.3	0.4	0.1	3.6
2019	0.9	88.9	0.36	0.2	0.3	4.7

资料来源：国家统计局统计年鉴2000～2019年，www.nso.mn；海关总署海关统计信息系统，2019年，http://www.customs.gov.mn/statistics/。

表3显示，在2000年，俄罗斯占蒙古国出口总额的9.7%，但到2019年大幅下降至0.9%，中国的份额从2000年的58.9%增长到了2019年的88.9%。换句话说，蒙古国几乎将所有的出口商品出口到了中国。

可以看到，蒙古国对俄罗斯的出口持续下降，对中国的出口稳步上升，两个国家的地位互换了。此外，蒙古国的出口结构中韩国从2000年的0.6%下降到2019年的0.36%，日本从1.7%下降到0.2%，美国从20%下降到0.3%，欧盟从7.1%下降到4.7%。表3数据也显示，蒙古国对俄罗斯的出口已基本停止。这一方面与高昂的运输成本、进口关税和非关税壁垒、肉类和肉类产品的卫生和检疫法规有关，另外与蒙古国出口商品竞争力量薄弱有关。具体包括如下。

（1）与世界其他国家相比，出口商品的质量水平低，价格高且产品数量和种类单一。

（2）出口的牲畜原材料以及肉和肉类产品不能完全达到俄罗斯的卫生许可标准。

（3）过去依靠蒙古国原材料加工产品的俄罗斯采矿和加工业由于未能

迅速适应新的市场条件，大多数企业已经破产，有些改变经营方向，转营商业、服务和仓储，所以，不再购买蒙古国的原材料了。

（4）俄罗斯肉类和肉类产品进口商是以先发货、后结算的方式购买产品，因此出现了很多出口商收不回货款的情况。

（5）随着中国经济快速增长和工业快速发展，对矿业、采掘业和畜牧业原材料的需求增加，采取了从蒙古国购买的原材料可以畅通入境的政策方针。

（6）蒙古国和中国在地理位置上相邻，因此中国可以非常低的价格购买到蒙古国的原材料。

与 2018 年相比，蒙古国的出口额在 2019 年达到 76.196 亿美元，增长 8.7%，其中矿产品出口增加了 3.072 亿美元，珍珠、贵重宝石和半宝石、贵重金属、珠宝首饰和硬币商品的出口额增加了 2.736 亿美元，纺织材料和纺织品出口增加了 0.249 亿美元（见表 4）。这些增加额对出口总额的增加发挥了主要作用。

表 4   2018 年和 2019 年蒙古国出口商品的结构

单位：千美元，%

序号	商品名称	出口		增长量	增长率
		2018 年	2019 年	千美元	%
1	活体牲畜，动物及其衍生物的产品	102121.2	97610.5	-4510.7	-4.4
2	植物产品	22010.5	12463.3	-9547.2	-43.4
3	动植物油脂	536.0	654.9	118.9	22.2
4	成品食品	91423.3	61856.4	-29566.9	-32.3
5	矿产品	6070339.2	6377586.4	307247.2	5.1
6	化工及相关工业产品	1247.7	2260.5	1012.8	81.2
7	塑料及其制品；橡胶及其制品	1591.3	1280.9	-310.4	-19.5
8	生皮、熟皮、畜毛及其制品	16960.3	14119.8	-2840.5	-16.7
9	木材和木制品	356.7	604.1	247.4	69.4
10	纸和纸板及其制成的物品	36.3	43.2	6.9	19
11	纺织材料和纺织品	409800.7	434672.3	24871.6	6.1
12	鞋子、帽子和其他物品	2317.4	2543.9	226.5	9.8
13	石材、石膏、石棉、云母和类似材料制成的产品	59.8	138.7	78.9	132

序号	商品名称	出口		增长量	增长率
		2018 年	2019 年	千美元	%
14	珍珠、贵重宝石和半宝石、贵重金属、珠宝饰品和硬币	145480.7	419075.8	273595.1	188.1
15	基本金属及其制成品	91754.7	77821.2	-13933.5	-15.2
16	机械、机械设备及配件、电器及其零件	24854.4	34643.8	9789.4	39.4
17	公路、航空和水上运输工具及其配件	24749.2	78586.3	53837.1	217.5
18	光学、照片、仪表、控件、医疗仪器、手表和乐器及其零配件	3952.7	1253.0	-2699.7	-68.3
19	各种工业产品	2037.8	2359.0	321.2	15.8
20	艺术品、收藏品、专用品和古董	128.0	57.7	-70.3	-54.9

资料来源：海关总署海关统计信息系统，2019 年，http：//www.customs.gov.mn/statistics/。

从 2019 年出口商品的结构上看，矿产品占总出口的 83.7%，纺织材料和纺织品占 5.7%，珍珠、贵重宝石和半宝石、贵重金属、珠宝饰品和硬币占 5.5%。

在 2019 年矿产品出口结构中，铁矿石、煤炭、铜精矿、锌矿及其精矿、萤石、钼矿及其精矿和原油占矿产品出口的 98.1%，占总出口的 82.1%。

表5　2018 年和 2019 年蒙古国部分矿产品出口额

出口产品名称	2018 年		2019 年	
	数量	每吨/桶平均价格（美元）	数量	每吨/桶平均价格（美元）
煤炭（万吨）	3575.81	77.9	3646.67	84.3
铜精矿（万吨）	143.67	1400.5	140.36	1279.5
铁矿石（万吨）	744.9	45.9	844.88	68.2
原油（万桶）	618.98	63.3	654.52	56
萤石（万吨）	55.52	341.9	70.01	293.6
锌矿及其精矿（万吨）	12.39	1596.3	13.47	1402.3
钼矿及其精矿（万吨）	0.59	8332.7	0.56	8614.5

资料来源：海关总署海关统计信息系统，2019 年，http：//www.customs.gov.mn/statistics/。

表 5 显示, 2019 年出口约 3647 万吨煤炭, 总价 30.74 亿美元, 相比上年增加 70.86 万吨。 2018 年, 每吨煤的口岸平均价为 77.9 美元, 但 2019 年已升至 84.3 美元。运往中国的煤炭占煤炭总出口量的 98.2%。

2019 年, 出口铜精矿 140.36 万吨, 比上年减少了 3.31 万吨。 2018 年, 铜精矿平均出口价为 1400.5 美元/吨, 但 2019 年跌至 1279.5 美元/吨。

2019 年铁矿石出口量达到 844.88 万吨。与 2018 年相比, 该产品出口量增加了 99.98 万吨。每吨铁矿石平均出口价格为 68.2 美元, 比上年同期上涨了 22.3 美元。

2019 年原油出口达到 654.52 万桶, 比上年同期增加了 35.54 万桶, 但总价减少了。其原因是原油平均价下跌。每桶平均口岸价从 63.3 美元跌到 56 美元。

2019 年出口萤石 70.01 万吨, 相比 2018 年, 出口量增加 14.49 万吨。每吨萤石平均出口价格为 293.6 美元, 比上年同期减少 48.4 美元。萤石出口到中国、俄罗斯和韩国, 其中俄罗斯占出口量的 23.7%, 中国占 76.1%。

2019 年出口 13.47 万吨锌矿及其精矿, 平均每吨 1402.3 美元。与上年同期相比, 口岸平均价格下降 194 美元。锌矿及其精矿出口额 1.889 亿美元, 比上年同期减少 890 万美元。

钼矿及其精矿出口额为 4820 万美元, 较上年同期减少 100 万美元。该产品平均口岸价格从 2018 年每吨 8332.7 美元增加到 2019 年 8614.5 美元, 增加了 281.8 美元。 2019 年出口 5689.5 吨, 比上年同期减少了 303.7 吨。 68.7% 的钼精矿出口到了中国, 14.9% 出口到了越南, 13.4% 出口到了韩国。

除矿产品出口外, 2019 年出口了 9069.5 公斤黄金, 比上年同期增加 5637.6 公斤。 2018 年同期黄金平均出口价格为 42104.7 美元/公斤, 今年每公斤增加了 4027.3 美元, 涨到 46132.0 美元/公斤。黄金出口额达到 4.184 亿美元, 比上年同期增加了 2.739 亿美元。

表6 2019 年蒙古国肉类（绵羊、山羊、牛、马肉）出口量

国家	总肉量(吨)	总价格的占比(%)
总出口量	57701.7	100
俄罗斯	369.1	0.64
中国	50451.6	87.44
日本	53.9	0.09
朝鲜	934.9	1.62
伊朗	5688.7	9.86
哈萨克斯坦	203.5	0.35

资料来源：海关总署海关统计信息系统，2019 年，http：//www.customs.gov.mn/statistics/。

表6 显示，2019 年蒙古国出口了约 5.77 万吨肉，实现利润约 1.34 亿美元。2019 年，肉类出口国中，中国约占 87.44%，伊朗约占 9.86%，朝鲜约占 1.62%，俄罗斯约占 0.64%，哈萨克斯坦约占 0.35%，日本约占 0.09%。

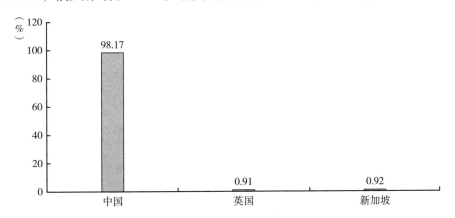

图 1 2019 年蒙古国煤炭出口结构

资料来源：海关总署海关统计信息系统，2019 年，http：//www.customs.gov.mn/statistics/。

图 1 显示，2019 年，蒙古国往中国出口的煤炭占煤炭出口总量的 98.17%，往英国出口的煤炭占煤炭出口总量的 0.91%，往新加坡出口的煤炭占煤炭出口总量的 0.92%。

从蒙古国的出口商品结构来看，矿产品，纺织材料和纺织品，贵重宝石和半宝石、贵重金属、珠宝首饰和硬币，生皮、熟皮、畜毛及其制品，动物及其衍生物的产品占全部出口产品的98.5%。所以，应该注意减少原材料在出口中所占份额并增加成品的份额，这样对增加国内生产总值、就业、预算收入、外汇收入和稳定汇率等方面会产生积极影响。

表7 2000～2019年蒙古国商品进口国地理位置结构

单位：百分比

年份	俄罗斯	中国	韩国	日本	美国	欧盟
2000	33.6	20.5	9.0	12.0	4.6	4.8
2001	36.4	21.9	9.7	9.5	2.5	5.1
2002	34.4	24.2	12.4	9.4	3.3	6.7
2003	33.1	24.5	8.4	1.0	2.9	7.5
2004	33.4	25.1	6.0	1.8	4.5	5.8
2005	35.5	25.8	5.4	6.4	3.2	10.2
2006	38.2	25.4	5.7	6.8	3.0	8.4
2007	36.1	27.6	5.8	6.8	2.7	10.6
2008	38.3	27.7	6.0	7.4	2.6	9.0
2009	36.1	25.0	7.3	4.6	4.9	4.9
2010	32.7	30.3	5.6	6.1	4.9	7.1
2011	24.6	30.6	5.4	7.4	8.1	9.3
2012	27.4	27.6	6.9	7.4	7.9	7.9
2013	24.5	28.6	8.0	7.0	8.1	7.0
2014	29.6	33.8	6.7	7.0	4.4	5.2
2015	26.8	36.6	6.8	7.2	6.1	4.6
2016	26.2	31.6	5.9	9.8	4.1	3.8
2017	28.1	32.9	4.6	8.4	0.2	3.0
2018	29.1	33.5	4.5	9.5	3.6	9.8
2019	28.2	33.2	4.3	9.5	4.7	9.5

资料来源：国家统计局统计年鉴2000～2019年，www.nso.mn；海关总署海关统计信息系统，2019年，http：//www.customs.gov.mn/statistics/。

表7显示，2000年蒙古国从俄罗斯的进口额占总进口额的33.6%，到2019年下降到28.2%，而2000年蒙古国从中国的进口额占总进口额的20.5%，到2019年增加到了33.2%。此外，2000年韩国从蒙古国进口额的

9%到 2019 年下降到 4.3%。2000～2019 年，日本进口额从 12% 减少到了 9.5%，美国从 4.6% 增加到 4.7% 的，欧盟从 4.8% 增加到 9.5%。

蒙古国与日本在经济伙伴关系协定框架内于 2015 年签署了第一份《自由贸易协定》。从此蒙古国从日本进口的产品数量开始增加，这对两国之间的贸易起到了积极推动作用。例如，实施《自由贸易协定》以来，从 2016 年 6 月 7 日至 2018 年 3 月 31 日，对日本进口的总价值为 2.101 亿美元的产品提供了 172 亿图格里克的关税优惠。根据 2018 年前三个月的情况来看，对价值 0.386 亿美元的商品提供了 38 亿图格里克的关税优惠。相比 2017 年的情况，2008 年上涨了两倍。①

为了满足国内需求，蒙古国 1/3 以上的进口产品来自中国，20% 多的进口产品来自俄罗斯，其余的约 40% 来自世界各地。

蒙古国从俄罗斯进口的产品数量和种类并不多，但大多数是包含了附加值的成品。蒙古国政府将俄罗斯供应的出口产品结构中的石油产品和食用小麦粉两种产品定性为战略性产品，尤其石油产品的进口量和价格的变化对蒙古国经济稳定性会产生一定的影响。相反，蒙古国几乎所有的国内消费品都从中国进口，同时将大部分的出口商品出口到了中国。

地理位置近、运输成本低以及中国商品价格低廉等原因，从 2000 年开始，蒙古国对外贸易中两个邻国的占比相对都比较高。

2019 年蒙古国进口总额达到 61.255 亿美元，相比 2018 年增加了 2.521 亿美元，约增长 4.3%。其中，矿产品的进口额增加 0.465 亿美元，公路、航空和水上运输工具及其配件的进口额增加 2.670 亿美元，塑料及其制品和橡胶及其制品的进口额增加 0.335 亿美元，石材、石膏、石棉、云母和类似材料制成的产品进口增加 0.284 亿美元，而植物产品的进口减少了 0.429 亿美元，各种工业产品的进口减少了 0.207 亿美元。

2019 年，矿产品进口总额达到 13.723 亿美元，比 2018 年增加了 4654.3 万美元，增长了 3.5%。此外，2019 年，进口了总价 11.658 亿美元

---

① 蒙古国海关总署信息网，http：//customs.gov.mn/。

的 184.45 万吨石油产品，比上年同期总价增加了 0.534 亿美元，进口量增加了 26.85 万吨。汽油和柴油的进口量占石油产品进口量的 87.9%，其中汽油占 33.4%，柴油占 66.6%。

表8 2018 年和 2019 年蒙古国商品进口额

单位：千美元，%

序号	进口商品名称	进口额		增长量	增长率
		2018 年	2019 年	千美元	%
1	活体牲畜及其衍生物的产品	69483.5	76806.8	7323.3	10.5
2	植物产品	133655.8	90725.2	−42930.6	−32.1
3	动植物油脂	33630	28679.7	−4950.3	−14.7
4	成品食品	436704.2	444313.6	7609.4	1.7
5	矿产品	1325754.9	1372298	46543.1	3.5
6	化工及相关工业产品	372173.1	365905.9	−6267.2	−1.7
7	塑料及其制品;橡胶及其制品	226795.5	260252.4	33456.9	14.8
8	生皮、熟皮、畜毛及其制品	8329.1	7088.2	−1240.9	−14.9
9	木材和木制品	33965.8	43504.8	9539	28.1
10	纸和纸板及其制成的物品	61613.3	56413.5	−5199.8	−8.4
11	纺织材料和纺织品	90259.6	84986.3	−5273.3	−5.8
12	鞋子、帽子和其他物品	19996.4	19859.1	−137.3	−0.7
13	石材、石膏、石棉、云母和类似材料制成的产品	114451.6	142861.1	28409.5	24.8
14	珍珠、贵重宝石和半宝石、贵重金属、珠宝饰品和硬币	2413.8	2092.2	−321.6	−13.3
15	基本金属及其制成品	540345.9	541949.9	1604	0.3
16	机械、机械设备及配件、电器及其零件	1285718.5	1240678.8	−45039.7	−3.5
17	公路、航空和水上运输工具及其配件	896762.7	1163727.2	266964.5	29.8
18	光学、照片、仪表、控件、医疗仪器、手表和乐器及其零配件	107182.1	89801.9	−17380.2	−16.2
19	各种工业产品	114135.5	93436.4	−20699.1	−18.1
20	艺术品、收藏品、专用品和古董	69	168.8	99.8	144.6
21	共 计	5873440.3	6125549.8	—	—

资料来源：海关总署海关统计信息系统，2019 年，http：//www.customs.gov.mn/statistics/。

2019 年进口了 54.15 万吨汽油，比 2018 年增加了 10.60 万吨。2018
年，每吨汽油的平均进口价格为 708.8 美元，但在 2019 年下降了 14.7%，
跌至 604.6 美元。

2019 年，柴油进口量为 108.04 万吨，比 2018 年增加了 23.16 万吨。2018
年，每吨柴油的平均进口价格为 679.5 美元，2019 年跌到 619.6 美元，下降了
59.9 美元，降幅 8.8%。与 2018 年相比，柴油进口额增加了 9260 万美元。

根据表 8，2019 年进口了总价 12.407 亿美元的机械、机械设备及配件、
电器及其零件。与 2018 年相比，这些商品的进口额减少了 4503.97 万美元，
降幅 3.5%。

与 2018 年相比，2019 年公路、航空和水上运输工具及其配件的进口额
增加到 11.637 亿美元。2019 年进口了 69472 辆载客汽车和 23050 辆载货汽
车。与 2018 年相比，2019 年载客汽车进口量增加了 5433 辆，载货汽车进
口量增加了 794 辆。

2019 年，主要食品中奶粉进口额增加了 218.04 万美元，苹果和梨进口
额增加了 338.61 万美元。而大米进口额减少了 243.19 万美元，砂糖进口额
减少了 817.38 万美元，植物油进口额减少了 391.32 万美元。

表 9 中所列的 14 种主要食品中的 11 种食品的进口量减少。例如，植物
油进口量减少了 2711.5 吨，洋葱和大蒜进口减少了 9707.3 吨，砂糖进口量
减少了 13993 吨。黄油的平均进口价格每吨增加了 814.3 美元，红茶的平均
进口价格增加了 1000.4 美元，植物油的平均进口价格下降了 59 美元，奶粉
的平均价格下降了 117.9 美元。

表 9　2019 年蒙古国主要食品进口量

序号	进口食品名称	2018 年		2019 年	
		数量（吨）	平均价格（美元）	数量（吨）	平均价格（美元）
1	奶粉	3445.1	3228.6	4276.6	3110.7
2	黄油	327.5	5067.5	225.9	5881.8
3	土豆	2892	196.4	385	206.6

续表

序号	进口食品名称	2018 年		2019 年	
		数量 （吨）	平均价格 （美元）	数量 （吨）	平均价格 （美元）
4	洋葱和大蒜	28113.6	168.7	18406.3	166.5
5	白菜	28346.2	191.6	29438.1	180
6	胡萝卜和甜菜	9637	174.6	8343.2	191
7	苹果和梨	9705.3	715.9	12667.5	815.8
8	压缩绿茶	1997.3	823.1	938.8	789.2
9	红茶	386.4	5999.2	272.6	6999.6
10	大米	44143	591.4	43703.7	541.7
11	小米	1923.4	451.3	1286.9	592.4
12	植物油	24224	975.1	21512.5	916.1
13	人造奶油	7524.1	967.4	6483.2	957.5
14	砂糖	66311.9	462.9	52318.9	426.4

资料来源：蒙古国海关总署海关统计信息系统，2019 年，http：//www.customs.gov.mn/statistics/。

2019 年，蒙古国进口商品的 77.7% 为矿产品，机械、机械设备及配件、电器及其零件，公路、航空和水上运输工具及其配件，成品食品和基本金属及其制成品。其中，矿产品占 22.4%，机械、机械设备及配件、电器及其零件占 20.2%，公路、航空和水上运输工具及其配件占 19%，成品食品占 7.3%，基本金属及其制品占 8.8%。

蒙古国的对外贸易情况直接反映了世界市场矿石价格的变化和本国加工业的发展。换句话说，蒙古国的经济结构以采矿业为主导，并且高度依赖国外市场。

蒙古国需要鼓励出口，全面扶持替代进口商品的国有加工厂，减少对外贸易赤字，建立国家政府采购国内产品的制度，增加产品品种数量和规模，并提高出口货物的质量和加工水平。

如今，在这个各国经济日益互补的全球化时代，蒙古国在对外经济关系领域签署的协议成为对外贸易法规的范本，填补了蒙古国这类法规的空白。在全球跨国集团、银行和金融机构以及非政府间组织发挥重要作用的环境下，蒙古国越来越需要将国际贸易和投资领域的公约、共同习俗和准则等作为参考。

但是，蒙古国想要遵循加入的国际协定和公约开展工作，依然不太现实。所以，在加入国际公约和缔结协定时，应更多地以研究分析报告为依据，不仅要提前参考政府间和非政府间组织的，还要参考商业协会和公众的意见。

为了遵循《蒙古国对外经济政策》和《蒙古国国家安全构想》中规定的原则、规范和方法，确保国民经济的可持续增长，保障经济安全并增加对外关系对提高人民生活水平的影响，需按照中长期来实施以下措施。

（1）为了降低对少数市场和少数种类产品的依赖，蒙古国需要改变与中俄的经贸政策，通过与中俄的有效合作来支持经济结构的调整，并改善国内产品的销售、过境和运输条件。

（2）通过加入亚太经济贸易一体化增加投资额，集中发展一些具有长期竞争性的行业，并通过增加出口机会和扩大市场加强经济关系。

（3）在蒙古国领土上建立自由经济贸易区时，应选择一个靠近市场和自然资源的，基础设施发展较好的和有利于工业发展的区域，并加强两个邻国的作用和参与度，在中蒙俄经济走廊建设的框架内，吸引国际银行、金融机构和第三国参与运输和物流基础设施的建设。

（4）考虑到蒙古国当前的发展需求，建议世贸组织的成员国遵守加入世界贸易组织时给予的承诺，并通过双边和多边协议完善对外贸易的协调机制。

（5）使商品和服务的销售、仓储、运输、监管、投资和市场准入条件等透明化，建立综合的统计和信息系统，在边境、海关运输和物流中引入无纸化技术。

（6）将"草原之路"倡议与在欧亚经济联盟内实施的运输、基础设施和能源项目有效结合，通过协商解决经过蒙古国领土的天然气管道和输电线路建设问题。

（7）蒙古国需要实施运输、物流、城市建设、跨境贸易和旅游基础设施建设项目。

这些战略方法的核心在于充分利用与中国和俄罗斯两个邻国的三方合作机制，在中蒙俄经济走廊建设框架内共同实施俄罗斯欧亚能源与运输项目，对接蒙古国"草原之路"倡议和共建"一带一路"。

二 俄罗斯和中国在蒙古国的投资情况

1990～2018 年，蒙古国经济吸引的外国投资总额为 236.697 亿美元。其中，11.209 亿美元是在 1990～2004 年投资的，225.488 亿美元是在 2005～2018 年投资的。

由于全球经济危机后世界市场上矿产品价格持续上升，2011 年中国在蒙古国，尤其对矿产和采矿业投入了 49.860 亿美元，占外国投资的 1/4，成为最大投资国。尽管自 2012 年以来外国投资一直在下降，但从 2017 年起有了增加的趋势。

1990～2018 年，中国在蒙古国的投资总额为 48.409 亿美元。2005～2018 年，中国投资了 43.992 亿美元，俄罗斯投资了 1.982 亿美元，1990～2004 年，中国投资了 4.417 亿美元，俄罗斯投资了 0.371 亿美元。这表明蒙古国 2018 年的外国投资总额比 2005 年增长了 7 倍多，其中中国的投资下降了 52.7%，俄罗斯的投资增长了 3.7 倍。尽管中国在蒙古国的外国投资中占主导地位，但受这些年的世界市场的状况和该国国内经济扩张以及工业发展的影响，投资额有增有减。

表10 2005～2018 年俄罗斯和中国在蒙古国的投资额

单位：百万美元，%

年份	外国对蒙投资总额	中国		俄罗斯	
	百万美元	百万美元	份额（%）	百万美元	份额（%）
1990～2004	1120.9	441.7	39.41	37.1	3.31
2005	316.8	227.9	71.94	7.4	2.34
2006	366.5	172.0	46.93	11.6	3.17

续表

年份	外国对蒙投资总额	中国		俄罗斯	
	百万美元	百万美元	份额（%）	百万美元	份额（%）
2007	499.9	339.6	67.93	39.7	7.94
2008	708.9	497.8	70.22	3.7	0.52
2009	801.1	613.0	76.52	6.1	0.76
2010	1025.9	176.0	17.16	2.2	0.21
2011	4986.0	1015.2	20.36	20.4	0.41
2012	3198.7	243.1	7.60	16.4	0.51
2013	1219.0	39.9	3.27	16.5	1.35
2014	1988.2	298.8	15.03	2.8	0.14
2015	1396.3	197.3	14.13	9.8	0.70
2016	1486.4	247.0	16.62	4.2	0.28
2017	2086.3	223.9	10.73	30.3	1.45
2018	2468.8	107.7	4.36	27.1	1.11

资料来源：蒙古国国家统计局统计年鉴，www.nso.mn。

表10显示，中国和俄罗斯在蒙古国的投资额受世界市场状况和市场对矿产原材料需求的影响，每年有所不同。中国在蒙古国外国投资中扮演着重要的角色。换句话说，这些年中国在蒙古国的投资平均占外国总投资额的20%，俄罗斯约占1%。

1990～2017年，共有14024家外商投资企业在蒙古国注册，其中1990～2004年有3696家外商投资企业成立，2005～2017年有10328家外商投资企业成立。

1990～2017年，在蒙古国注册的中国投资公司有6985家（占所有公司的49.8%），而俄罗斯的公司有878家（占所有公司的6.3%）。

仅在1990～2004年，在蒙古国注册的所有公司中，中国投资公司占41.5%，俄罗斯公司占11.7%。

表11 2005～2017年在蒙古国注册的中国和俄罗斯投资公司

单位：%

年份	总计	中国		俄罗斯	
	家	家	份额	家	份额
1990～2017	14024	6985	49.8	878	6.2
1990～2004	3696	1534	41.5	433	11.7
2005	971	532	54.8	54	5.6
2006	1506	827	54.9	105	7.0
2007	1611	876	54.4	72	4.5
2008	1551	859	55.4	51	3.3
2009	614	299	48.7	37	6.0
2010	791	386	48.8	20	2.5
2011	964	443	46.0	35	3.6
2012	796	346	43.5	22	2.8
2013	381	167	43.8	14	3.7
2014	336	192	57.1	10	3.0
2015	298	179	60.1	10	3.4
2016	282	182	64.5	10	3.5
2017	227	163	71.8	5	2.2
2005～2017	10328	5451	52.8	445	4.3

资料来源：蒙古国家统计局统计年鉴，www. nso. mn。

根据表11，2005～2017年，在蒙古国注册的所有公司中有52.8%是中国投资公司，4.3%是俄罗斯公司。这表明，中国和俄罗斯投资公司的数量占大多数。

综合表11数据来看，在蒙古国注册的投资公司中，中国和俄罗斯公司的数量比较稳定。尽管蒙古国的经济形势低迷，但可喜的是，两个邻国在蒙古国的投资比较稳定。

表12 1990～2014年中国在蒙古国的投资额（按行业分类）

单位：千美元，%

序号	经济领域	投资额	份额
1	地质、矿山勘探和采矿业	138607.0	60.57
2	贸易和餐饮	39571.7	17.29
3	其他	13957.5	6.10

续表

序号	经济领域	投资额	份额
4	轻工业	10893.6	4.76
5	旅游业	7832.6	3.42
6	银行、金融和保险业	6515.3	2.85
7	工程建筑设施和建筑材料的制造	4768.9	2.08
8	公路与运输业	4542.5	1.99
9	信息与通信技术	850.0	0.37
10	牲畜类原料加工业	652.3	0.29
11	公共服务	297.2	0.13
12	食品加工	244.9	0.10
13	家具和木制品	41.5	0.02
14	文化、教育、科学和出版业	35.0	0.02
15	农业、种植业、牧业	23.1	0.01
总　计		228833.1	

资料来源：蒙古国家统计局统计年鉴，www. nso. mn。

表12显示，按经济领域行业划分的话，1990～2014年，中国在蒙古国的总投资额中，地质、矿山勘探和采矿业占60.57%，贸易和餐饮占17.29%，轻工业占4.76%，旅游业中占3.42%，银行、金融和保险业占2.85%，工程建筑设施和建筑材料的制造占2.08%，公路与运输业占1.99%，信息与通信技术占0.37%，牲畜类原料加工业占0.29%，公共服务占0.13%。

表13　1990～2014年在蒙古国注册的中资企业数（按行业）

单位：家

序号	经济领域	总计
1	贸易和餐饮	111
2	其他	22
3	轻工业	17
4	地质、矿山勘探和采矿业	10
5	旅游业	5
6	银行、金融和保险业	3

续表

序号	经济领域	总计
7	公路与运输业	2
8	食品加工	2
9	牲畜类原料加工业	2
10	信息与通信技术	2
11	工程建筑设施和建筑材料的制造	1
12	文化、教育、科学和出版业	1
13	公共服务	1
14	家具和木制品	1
总　计		180

资料来源：蒙古国家统计局统计年鉴，www. nso. mn。

　　表 13 显示，按经济领域行业划分的话，1990～2014 年，在蒙古国注册
的中国投资公司数在所有注册的企业中，贸易和餐饮占 61.7%，轻工业占
9.4%，地质、矿山勘探和采矿业占 5.6%，旅游业占 2.8%，银行、金融和
保险业占 1.7%，公路与运输业、食品加工、牲畜类原料加工业、信息与通
信技术各占 1.1%，工程建筑设施和建筑材料的制造，文化、教育、科学和
出版业，公共服务，家具和木制品各占 0.6%。

表 14　1990～2014 年俄罗斯在蒙古国的投资额（按行业）

单位：千美元

序号	经济领域	投资额
1	公路与运输业	145397.0
2	地质、矿山勘探和采矿业	116643.0
3	贸易和餐饮	27732.1
4	其他	7002.7
5	银行、金融和保险业	6286.8
6	工程建筑设施和建筑材料的制造	6057.7
7	食品加工	5253.4
8	农业、种植业、牧业	1510.5
9	能源	1091.1
10	旅游业	996.9

续表

序号	经济领域	投资额
11	轻工业	873.8
12	家具和木制品	474.6
13	家用设备制造	264.4
14	文化、教育、科学和出版业	374.6
15	牲畜类原料加工	251.4
16	贵重物品和纪念品	195.4
17	健康和美容服务	129.1
18	电器制造	104.9
19	信息与通信技术	100.7
20	公共服务	26.8
总　计		320766.9

资料来源：蒙古国家统计局统计年鉴，www. nso. mn。

表14显示，按经济领域行业划分的话，1990～2014年俄罗斯在蒙古国的总投资额中公路与运输业占45.33%，地质、矿山勘探和采矿业占36.36%，贸易和餐饮占8.65%，银行、金融和保险业占1.96%，工程建筑设施和建筑材料的制造占1.89%，食品加工占1.64%，农业、种植业、牧业占0.47%，能源占0.34%，旅游业占0.31%，轻工业占0.27%。

表15　1990～2014年在蒙古国注册的俄罗斯投资公司数（按行业）

单位：%

序号	经济领域	数量（家）	份额
1	贸易和餐饮	472	53.88
2	其他	103	11.76
3	地质、矿山勘探和采矿业	60	6.85
4	工程建筑设施和建筑材料的制造	60	6.85
5	食品加工	38	4.34
6	公路与运输业	28	3.20
7	旅游业	19	2.17
8	农业、种植业、牧业	21	2.40
9	轻工业	15	1.71
10	能源	15	1.71
11	文化、教育、科学和出版业	10	1.14

序号	经济领域	数量（家）	份额
12	牲畜类原料加工业	8	0.91
13	电器制造	8	0.91
14	信息与通信技术	6	0.68
15	银行、金融和保险业	4	0.46
16	家具和木制品	4	0.46
17	公共服务	2	0.23
18	健康和美容服务	2	0.23
19	家用设备制造	1	0.11
	总　计	876	100

资料来源：蒙古国家统计局统计年鉴，www.nso.mn。

表15显示，按经济领域行业划分的话，1990～2014年，在蒙古国注册的俄罗斯投资公司数在所有注册公司中，贸易和餐饮占53.88%，地质、矿山勘探和采矿业占6.85%，工程建筑设施和建筑材料的制造占6.85%，食品加工占4.34%，公路与运输业占3.20%，旅游业占2.17%，农业、种植业、牧业占2.40%，轻工业占1.71%，能源占1.71%，文化、教育、科学和出版业占1.14%，牲畜类原料加工业和电器制造各占0.91%，信息与通信技术占0.68%，银行、金融和保险业与家具和木制品各占0.46%。

如果根据俄罗斯联邦中央银行官方的统计数据，计算出蒙古国在该国的投资额在外国投资总额中所占的份额的话，会得出一组毫无价值的数据。这是由于俄罗斯的经济能力、体量、生产力、人口和领土等都是蒙古国无法比拟的。

但是，俄罗斯和蒙古国的投资差额对蒙古国有利，除2015年，蒙古国在俄罗斯的投资可忽略不计。

笔者认为，俄罗斯和中国不投资蒙古国政府大型项目的原因如下。

（1）蒙古国不稳定的政治局势，政府政策和工作没有连续性以及治理措施差等对两国投资者的心理和决策产生了负面影响。

（2）蒙古国金融市场不发达，金融和投资机会有限，税收、预算、金融、信贷、货币和对外贸易的政策协调性较差，汇率不稳定。

（3）经济领域主要行业，如采矿业、畜牧业等高度依赖自然和天气条件，商业活动具有季节性。

（4）经济能力薄弱，体量小且脆弱，高度依赖国外市场，经济结构以采矿业和畜牧业为主导，具有消费性质，出口结构以矿产原材料为主，进口结构以成品和机械设备为主。

（5）国家工业不发达，技术工艺落后，离世界大型市场地理位置较远，基础设施发展欠缺，运输和物流成本高。

（6）蒙古国劳动力水平低，其所掌握的技术、工艺和管理技能不足，劳动生产率低，缺少专业技工人才。

（7）投资重点放在了能快速获利的矿产、贸易、餐饮、银行和金融业。

（8）蒙古国协调外国投资的法律和经济环境不能满足投资者的需求。

因此，为了增加俄罗斯和中国的投资，蒙古国需要解决上述问题，例如采取措施改善政治体制，保持国家政府和法律稳定等问题。

综合上述内容，在蒙古国注册的所有外资公司中，中国公司占大多数。这主要与两国地理位置毗邻，外资公司可以低于世界市场价格购买蒙古国矿产原材料，蒙古国缺乏统一的法律来规范对外贸易，蒙古国的工厂没有能力充分利用和加工自己的原材料等现实状况有关。外资公司比国内公司享有更多特权，这给它们制造了能够触犯法律、污染环境和逃税的机会。

不过，由于俄罗斯的经济形势恶化和工业持续低迷，不再从蒙古国进口原材料，俄罗斯已经像蒙古国一样从生产国转变成了消费国，成为出口原材料的国家。所以说，俄罗斯可能没有了再投资蒙古国任一行业的需求。

三 扩大对外经贸合作的前景

1. 为了扩大蒙古国对外经贸合作，确保国民经济的可持续增长，保障经济安全，提高人民生活水平，需要采取以下措施。

（1）为了降低对外贸易对少数市场和少数种类产品的依赖，需要改变与邻国的对外经济关系政策，通过与邻国开展有成效的合作来支持经济结构

的调整，实施改善国内产品的销售、过境和运输条件的政策。

（2）通过加入亚太经济贸易一体化，贸易便利化的方式增加投资额，集中发展一些具有长期竞争性的产业，并通过增加出口机会和扩大市场来加强经济关系。

（3）结合保障国家安全的目的，实施建立自由经济贸易区，新建基础设施等对经济发展产生重大影响的项目。

2. 为了发展和扩大与中国和俄罗斯的经济合作，并通过与中国和俄罗斯签署《自由贸易协定》加强对外经济关系，需要采取以下措施。

（1）以引进提升生产率所必需的科技和拉动经济高速增长为目的吸引外国投资。

（2）为了使在广袤土地上分散居住的人们和生产者能够进入国内外市场，发展综合的运输和物流网，完善过境运输协议，增加过境运输量。

（3）为了摆脱对少数国家和少数市场的依赖，需要降低高昂的运输成本，创造附加值。为此，需要与有能力投资大型工业项目的能够合作共赢的国家签署《自由贸易协定》。

（4）实施旨在简化贸易和投资的政策，协调相关的国家，引入透明化、简化、标准化的运作方式。

（5）以降低蒙古国运输成本为主要方式，发展连接邻国的道路运输网，改善通向邻国的过境运输条件。

（6）把自由经济区的发展问题提上日程，选择离市场和自然资源较近的，有充足人力资源的，已具备适合工业发展环境的地区发展自由经济区。

（7）签署支持投资、开放市场的《自由贸易协定》，满足大型项目的投资条件，与有兴趣和蒙古国长期合作的国家订立《自由贸易协定》。

3. 为了与欧亚经济联盟和东盟建立经济伙伴关系，需要采取以下措施。

（1）在中蒙俄经济走廊框架下，实施"发展之路"倡议，开始建设通过蒙古国土地的天然气管道。

（2）完善建设中蒙俄经济走廊的三方协议，实施蒙古国运输、物流、城建、跨境贸易、旅游的基础设施建设项目。

（3）中蒙俄经济走廊形成后，改善对外贸易，确保对外关系的平衡。

（4）通过积极参与亚太地区经济和贸易一体化和扩大经济合作的方式增加贸易额，加深与亚太经合组织等区域组织以及东南亚国家和地区的经贸合作。

B.8
蒙古国自由经济区政策及其实践：以"阿拉坦布拉格"和"扎门乌德"自由经济区为例

哈斯巴特尔　黄佟拉嘎　〔蒙〕满都海*

摘　要：　1992年，蒙古国政府提出了在边境口岸地区建立自由经济区的设想，提出了建设对俄的"阿拉坦布拉格"和对中的"扎门乌德"自由经济区。但到目前为止，其规模相对较小以及对国家经济的贡献不大。本报告介绍推进这两个自由经济区建设的相关国家政策及其发展现状，并对未来发展和建设提出相应的对策建议。

关键词：　中蒙俄　阿拉坦布拉格　扎门乌德　自由经济区

　　边境自由贸易区、跨境经济合作区和自由经济区等概念都是经济特区的范畴。多年来，为了适应世界经济发展需要，各国政府根据本国国情，不断创新推出了不同形式和风格的自由贸易区。边境自由贸易区在世界上已经存在很久了，但对中国与蒙古国而言，建立边境自由贸易区是个创举，一切从零开始。创办边境自由贸易区必须要遵循一些基本原则、基本规律和创造必要的环境条件。同时，建立边境自由贸易区对带动区域经济发展和促进国内

---

* 哈斯巴特尔，内蒙古财经大学商务学院副教授，主要从事国际关系研究；黄佟拉嘎，辽宁大学国际关系学院在校研究生，主要从事国际关系研究；〔蒙〕满都海，蒙古国科学院国际关系研究所研究员，主要从事国际关系研究。

经济发展起着不可忽视的作用。

蒙古国是内陆国家，总边境线长度约为 8160 公里，与北邻俄罗斯接壤的边境线长度为 3485 公里，西、南、东与中国接壤，边境线长度约为 4675 公里。① 蒙古国自 20 世纪 90 年代初期转型以来，虽然有丰富的矿产资源，但是其产业转型与经济发展速度缓慢，人民生活水平较低。长期以来蒙古国一直想扩大与中国和俄罗斯两大经济体的合作，发展本国经济的同时也发展边境地区。从 1992 年开始，蒙古国政府已经提出了在边境口岸地区建立自由经济区的设想，建设对俄的"阿拉坦布拉格"和对中的"扎门乌德"自由经济区。为实现这一设想，蒙古国不断制定和修改了相关的法律与政策。因此，在新的历史时期，要使中蒙俄边境贸易迈入更高的发展阶段，必须加快实施构建边境自由贸易区的战略。

一 蒙古国"自由经济区法"及相关政策

1994 年 4 月，中国国务院总理李鹏应邀访问蒙古国，双方签署《中蒙友好合作关系条约》，另经济技术合作条约中包括《二连浩特 – 扎门乌德跨境自由经济区》的意向书。

1995 年，蒙古国国家大呼拉尔采用了"自由经济区"的概念。② 1996 年，蒙古国国家大呼拉尔第 66 号决议确定了"阿拉坦布拉格"自由经济区。1997 年 6 月 25 日蒙古国政府颁布了第 152 号决议，对"阿拉坦布拉格"、"扎门乌德"和"查干淖尔"自由经济区土地使用费进行了评估。③ "阿拉坦布拉格"、"扎门乌德"和"查干淖尔"自由经济区每公顷土地使用费：贸易和服务行业分别为 1200 万图格里克、1500 万图格里克和 200 万

---

① 郝时远、杜世伟编著《列国志·蒙古》，社会科学文献出版社，2007，第 1 页。
② Монгол Улсын Засгийн газар Замын – Үүд чөлөөт бүс, Түүхэн товчоо, http：//zfz. gov. mn/ w/#.
③ МОНГОЛ УЛСЫН ЗАСГИЙН ГАЗРЫН ТОГТООЛ Дугаар 291. Улаанбаатар хот，2015 оны 7 дугаар сарын 7 – ны өдөр.

图格里克；非农牧业生产分别为 800 万图格里克、1200 万图格里克和 140 万图格里克。①

2002 年 6 月，蒙古国国家大呼拉尔通过了《自由经济区法》，在其自由经济区与经济形式部分中表示，从蒙古国境内划分出的特定区域内进行投资及经营活动，也就是建立有特殊法律保护的自由经济区。自由经济区分为：贸易、工业、农牧、旅游等形式。贸易自由区内从事商品仓储、包装、加工、销售等活动。工业自由经济区内，发展具备先进技术及以出口为导向的工业，并生产与销售有市场竞争力的产品。农牧业自由经济区内，从事发展其农牧业生产、食品生产及营销等活动。旅游自由经济区内，从事具备符合国际水平的各种综合性服务。②

2002 年 6 月 28 日，蒙古国国家大呼拉尔第 38 号决议通过《阿拉坦布拉格自由经济区法》，规定在蒙古国色楞格省的阿拉坦布拉，建立面积达 500 公顷一个对俄罗斯的"阿拉坦布拉格"自由经济区。③ 同时，在法律文件中也规定了所得税的优惠及免征税内容：①对在"阿拉坦布拉格"自由经济区内电力和热力输送网、自来水供应、公路、铁路、无线电通信网等部门投资的企业，按其投资额扣除所得税。②在"阿拉坦布拉格"自由经济区内投资兴建仓储、搬运、旅馆业的企业，从开业之日起，5 年内免征所得税，此后 3 年减免 50%。③在改善该地区产品存储包装方面，在"阿拉坦布拉格"自由经济区与自由区管理部门签订 10 年或 10 年以上经营合同的企业，从开业之日起，第 1 年免征所得税，此后 3 年减免 50%。④对于在"阿拉坦布拉格"自由经济区管理部门注册的自由区常住居民、外国企业和机构，免征固定资产税。⑤在"阿拉坦布拉格"自由经济区管理部门注册的自由区常住居民、外国企业和机构将其固定资产转让给蒙古国的企业、机构或个人，免征所得税。④ 2014 年 6 月 22 日第 153 号政府决议中明确，"阿

---

① Засгийн газрын 1997 оны 152 дугаар тогтоолын 4 дүгээр хавсралт, Улаанбаатар хот.
② 《自由经济区法》，第三条，2002 年 6 月，http：//www.tawar.net/data/data384.html。
③ 《阿拉坦布拉格自由经济区法》第三条，2002 年 6 月 28 日。
④ 《阿拉坦布拉格自由经济区法》第四条，2002 年 6 月 28 日。

拉坦布拉格"自由经济区已正式开放。① 事实上，早在 2003 年，蒙古国就已经以成文立法形式肯定扎门乌德在国家对外合作中的作用，并对其进行了明确规划：①在蒙古国东戈壁省扎门乌德建立"扎门乌德"自由经济区。②"扎门乌德"自由经济区内开展工业、贸易和旅游业。③在"扎门乌德"自由经济区，建设一个娱乐场。②

2015 年 2 月，蒙古国政府第 126 号决议《自由经济区法》通过，其中明确指出，改善法律和投资环境的目的是建立自由经济区，以支持公民和企业的进出口活动，发展以出口为导向的产业，吸引贸易、服务、旅游和投资的新领域，以增加过境运输和物流。蒙古国政府旨在通过引进技术，促进贸易和加工发展来促进经济增长，在建立自由经济区的原则和条件中表示，首先，营造公开、透明和公平的竞争环境。其次，在自由经济区所在的地区建立必要的基础设施，例如公路、铁路和机场，以及其他所需基础设施。再次，为建立自由经济区奠定法律基础，并为投资者、企业实体和组织创造有利的环境和条件。最后，制定详细的计划，以实现区域可持续发展，支持当地经济，减少失业和培训、增加专业技术人员。《自由经济区法》第 8 项第 4 条明确了"扎门乌德"自由经济区管理委员会的结构：投资发展政策部，基础设施建设与土地通信部，合同、法律和人力资源部，对外关系与合作运营和信息技术部，会计和财务部。关于自由经济区建设在《蒙古国政府 2016～2020 年行动计划》中表示："我们将加强自由经济区的活力，并支持外国和国内投资。"③

2015 年 2 月 12 日，蒙古国国家大呼拉尔通过了新版的《自由经济区法》，废除了先前的关于"阿拉坦布拉格"自由贸易区法律地位的法律和关于"扎门乌德"自由经济区法律地位的法律。④ 新版的《自由经济区法》

---

① Засгийн газрын 2014 оны 153 дугаар тогтоолоор 2014 оны 6 дугаар сарын 22 - ний өдөр "Алтанбулаг" чөлөөт бүс нь албан ёсоор нээгдсэн.

② 《扎门乌德自由经济区地位法》第三条，2003 年 6 月 20 日。

③ МУ - ын ЗГ - ын 2016 - 2020 оны үйл ажиллагааны хөтөлбөрт , 2. 11.

④ МОНГОЛ УЛСЫН ХУУЛЬ，《ЧӨЛӨӨТ БҮСИЙН ТУХАЙ. 》2015 оны 2 дугаар сарын 12 - ны өдөр. Улаанбаатар хот.

中明确，建立自由经济区的目的是，在该地区创造有利的法律和投资环境，以支持公民和企业的进出口活动，发展以出口为导向的产业，吸引贸易、服务、旅游和投资的新领域，以增加过境运输和物流。蒙古国政府旨在通过引进技术、促进贸易和加速区域发展来加快经济增长。①

新版的《自由经济区法》与 2002 年的《自由经济区法》相比，主要有如下变化。首先，增加了一些关于自由经济区的建立、变更和解除方面的内容。其次，在自由经济区管理方面，增加了关于国家中央行政机关权力的内容，表示国家自由经济区中央管理机构主要有以下权力：制定自由经济区的国家政策和方向；提出关于建立、改变和清理自由经济区的建议，并将其提交给政府；协调自由经济区的活动并提供统一的管理方式；每年向政府报告自由经济区的活动；制定与国家法规和自由经济区活动有关的预算；提供管理、确保和监督通过贷款、赠款在自由经济区实施的项目和计划的执行情况等。② 最后，根据特许权协议，可以全部或部分由私人资金建立或开发自由经济区。③

二 蒙俄"阿拉坦布拉格"自由经济区建设经营概况

2014 年 6 月 22 日第 153 号政府决议中明确，"阿拉坦布拉格"自由经济区已正式开放。④ 2015 年，蒙古国国家大呼拉尔批准了新的《自由经济区法》，改善了"阿拉坦布拉格"自由经济区的法律环境。

2016 年世博会组织了"阿拉坦布拉格出口 –2016"（Altanbulag EXPO –

---

① МОНГОЛ УЛСЫН ХУУЛЬ，《ЧӨЛӨӨТ БҮСИЙН ТУХАЙ.》4 дүгээр зүйл. 4. 1. 2015 оны 2 дугаар сарын 12 – ны өдөр. Улаанбаатар хот.

② МОНГОЛ УЛСЫН ХУУЛЬ. 《ЧӨЛӨӨТ БҮСИЙН ТУХАЙ.》7дүгээр зүйл. 2015 оны 2 дугаар сарын 12 – ны өдөр. Улаанбаатар хот.

③ Н. Оттонсайхан. МОНГОЛ УЛС, БНХАУ – ЫН ХАМТАРСАН ХИЛ ДАМНАСАН ЧӨЛӨӨТ БҮС БАЙГУУЛАХ УРЬДЧИЛСАН НӨХЦӨЛ, БОЛОМЖ. Олон Улс Судлал 2018/№1 （108） он –58，https：//doi. org/10. 5564/jis. v0i1. 1122.

④ Засгийн газрын 2014 оны 153 дугаар тогтоолоор 2014 оны 6 дугаар сарын 22 – ний өдөр "Алтанбулаг" чөлөөт бүс нь албан ѐсоор нээгдсэн.

2016）活动，在中蒙俄经济走廊规划的框架内加强自由经济区的活动。国内外 91 家公司和 200 多位嘉宾参加了会议。此次博览会有 37 家公司参展，展销了价值 34.94 万美元的货物。

2019 年，"阿拉坦布拉格"自由经济区加快落实了项目，包括：亚洲公路网 AH-3 路线的建设、发展中央铁路走廊、建立电网。"阿拉坦布拉格"自由经济区区长阿玛日吉日嘎拉曾表示："在蒙俄贸易、经济、科学和技术合作政府间会议以及区域和边境合作小组委员会会议中，根据'地区和道路'计划，'阿拉坦布拉格'自由经济区纳入亚洲公路网 AH-3 路线。我们正在与有关部委和政府机构合作，以解决诸如扩大电力，连接到中央铁路走廊以及在两国边界地区的电力交通，以支持发展贸易和工业等。"①

在蒙俄贸易、经济、科学和技术合作委员会第 20 次会议上，蒙俄双方就"阿拉坦布拉格"自由经济区问题探讨了以下问题。第一，建立一个工作组，以研究确保货物在蒙古国的自由经济区和俄罗斯联邦边境地区之间自由流动的可能性。第二，研究在蒙古国的"阿拉坦布拉格"自由经济区和俄罗斯的恰克图之间建立直接联系的可能性。第三，就在"阿拉坦布拉格"自由经济区建立三方货运代理和物流公司问题进行联合谈判，大量使用亚洲公路网 AH-3 路线。第四，在"阿拉坦布拉格"自由经济区建立联合物流中心。在蒙俄贸易、经济、科学和技术合作委员会第 21 次会议上，蒙古国方面建议建设一条直达公路，将蒙古国的"阿拉坦布拉格"自由经济区与俄罗斯恰克图相连，但是至今为止公路尚未通行。

在蒙俄区域和边境合作小组委员会第 13 次会议上，蒙俄双方就自由经济区展销商品和服务展开讨论。讨论内容有在"阿拉坦布拉格"自由经济区展销俄罗斯商品和服务，蒙古国方面将提议在俄罗斯各省自行组织。此外，蒙古国将向俄罗斯提供有关自由经济区和货物生产优惠条件，以及根据国际贸易和经济协定向第三国出口货物的可能性。双方指出，自由经济区管

---

① Ж. АМАРЖАРГАЛ. "АЛТАНБУЛАГ" ЧӨЛӨӨТБУСИЙНЗАХИРАГЧ. "Алтанбулаг" чөлөөтбүс, http：//altanbulag. gov. mn/list? category_ id =3.

理局有望将自由经济区连接到亚洲的铁路和欧亚公路网,作为建立俄罗斯中央铁路网一部分的可行性。①

在蒙俄区域和边境合作小组委员会第14次会议上,蒙俄双方就道路运输问题展开了讨论。首先,扩大自由经济区内合作的实施方案,研究一起在"阿拉坦布拉格"自由经济区内建立蒙古国与俄罗斯联合运输和物流中心。其次,蒙古国和俄罗斯在中蒙俄公路沿线的"阿拉坦布拉格"自由经济区建立联合运输和物流中心。再次,在"地区和道路"计划的框架内,考虑并完成一些项目。例如,在"阿拉坦布拉格"自由经济区进行电力扩展,连接中蒙俄交通铁路网及蒙俄联合运输。最后,深化两国之间的海关和税收关系,以加强在蒙古国和俄罗斯联邦边界地区的贸易与合作,并增加来自俄罗斯方面在"阿拉坦布拉格"自由经济区的客运量。②

在"阿拉坦布拉格"自由经济区基础建设方面,2004~2018年,蒙古国预算投资265亿图格里克,以在自由经济区建设一条改良的铺砌道路、一条临时电力供应管线、一条主要的供水和排污管线、一个水库和一个防洪大坝(详情见图1)。

在2004~2018年的基础设施建设期间,"阿拉坦布拉格"自由经济区共创造了700多个临时工作岗位和50个正式的就业岗位。根据总体规划进行大型项目用地分配,在2015~2019年进行了6次招标。在6次招标项目的11家公司中,6家公司中标。2008~2019年,自由经济区这些企业已向国家预算支付了12.1亿图格里克的税款。目前,在"阿拉坦布拉格"自由经济区共注册了107家公司,其中58家公司进行了84亿图格里克的私人投资。③

---

① БУС НУТАГ, ХИЛ ОРЧМЫН ХАМТЫН АЖИЛЛАГААНЫ ДЭД КОМИССЫН 13 ДУГЭЭР ХУРАЛ.

② БУС НУТАГ, ХИЛ ОРЧМЫН ХАМТЫН АЖИЛЛАГААНЫ ДЭД КОМИССЫН 14 ДУГЭЭР ХУРАЛ.

③ Хөрөнгө оруулагч аж ахуйн нэгж, байгууллага. "Алтанбулаг" чөлөөтбүс. БУСИЙН ӨНӨӨГИЙН БАЙДАЛ 2020, http://www.altanbulag.gov.mn/.

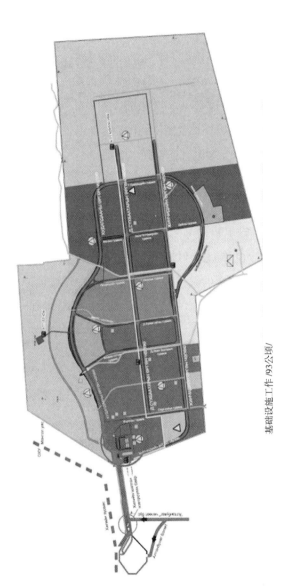

图 1 "阿拉坦布拉格"自由经济区基础建设情况

资料来源：笔者根据《蒙古国政府阿拉坦布拉格 2020》制作，"Алтанбулаг" чөлөөтбүс，http：//www. altanbulag. gov. mn。

155

据 2019 年的统计数据，"阿拉坦布拉格"自由经济区内除有本国公司以外，还有阿联酋、荷兰、智利、阿根廷、意大利、丹麦、哈萨克斯坦、土耳其、俄罗斯、中国、韩国、日本等国家投资的注册公司有 107 家，其中实际投资的 58 家公司累计投资共计 84 亿图格里克。目前实际投资营业的店有家具店、宾馆、食品店、商场、餐饮馆、休闲度假村、批发商店等，主要销售食品和烟酒，有巧克力、糖果、饼干、水果、坚果、香草、油、酒和烟草；洗护用品和化妆品有洗发水、牙膏、肥皂液、洗涤剂、护发素等；机械设备及配件有电动摩托、锯、汽车轮胎等；体育用品和成衣产品有体育用品、成衣、鞋等；家具家电；这些商品大多以国际品牌为主。

据统计 2015～2019 年，蒙古国从"阿拉坦布拉格"自由经济区进口的商品保持增长态势。到 2020 年，受新冠肺炎疫情的影响，蒙俄之间通过"阿拉坦布拉格"自由经济区的进口和出售商品总额受到影响，呈现下降的态势。从 2015 年起到 2020 年第一季度累计进口额为 1242 万美元，出售额为 992 万美元（详见图 2）。

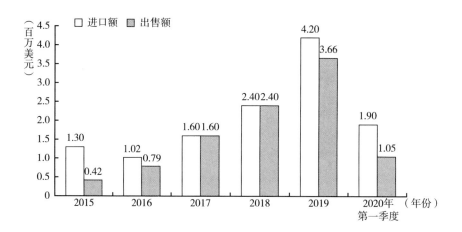

图 2　"阿拉坦布拉格"自由经济区营业额

资料来源：笔者根据《蒙古国政府阿拉坦布拉格 2020》制作，"Алтанбулаг" чөлөөтбүс，http：//www.altanbulag.gov.mn。

2014~2019年，"阿拉坦布拉格"自由经济区的来往乘客与运输车辆方面，蒙俄两国在"阿拉坦布拉格"自由经济区的乘客和车辆呈现稳中增长趋势，尤其游客数量的增长显著。从2014年起到2020年第一季度共计游客25.755万人次，其中外国人1885人次；车辆为8.6487万辆次，其中国外车辆319辆次（详见图3）。

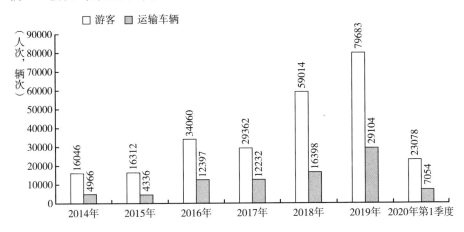

图3　2014年至2020年第一季度"阿拉坦布拉格"
自由经济区按年计算乘客与运输车辆数量

资料来源：笔者根据《蒙古国政府阿拉坦布拉格2020》制作，"Алтанбулаг" чөлөөтбүс，http：//www. altanbulag. gov. mn。

三　中蒙"扎门乌德"自由经济区建设情况分析

1995年，蒙古国国家大呼拉尔批准了"自由经济区"这一构想。2002年6月28日，蒙古国国家大呼拉尔通过了《自由经济区法》，以加速该国的社会和经济发展，引进高科技和设备，创造良好的投资环境并实现经济自由化。[①] 2003年，通过了"扎门乌德"自由经济区法律地位法，创造了自由经济区的法律环境。

---

① МОНГОЛ УЛСЫН ХУУЛЬ，《ЧӨЛӨӨТ БҮСИЙН ТУХАЙ》，2002 оны 6 дугаар сарын 28 өдөр，Улаанбаатар хот.

蒙古国国家大呼拉尔 2004 年第 17 号决议，决定建立"扎门乌德"自由经济区，将经济区面积定为 900 公顷，并确定其边界。总督办公室在政府的指导下，在 2008 年发起了"扎门乌德"自由经济区基础设施改善项目，为了进一步提高该项目的效率，进行了可行性研究，并批准了"扎门乌德"基础设施改善项目。"扎门乌德"基础设施改善项目的总预算为 5880 万美元，根据蒙古与中国的《一般贷款协议》，该工程由中方出资 5000 万美元，蒙古国政府出资 880 万美元。[①] 2004 年蒙古国政府第 45 号决议设立了"扎门乌德"自由经济区总督办公室，该办公室隶属于工业贸易部。2012 年 8 月，该部门移交给了经济发展部，2015 年移交给了工业贸易部，2016 年移交给了蒙古国副总理办公室。[②]

自 2015 年蒙古国国家大呼拉尔通过新的《自由经济区法》以来，蒙古国"扎门乌德"自由经济区根据相关法律规定，确定了从海外进出口商品的税收规则（详情见表 1）。

表1 "扎门乌德"自由经济区进出口税收情况

退税	从国外进口到自由经济区的货物不征收进口关税、增值税或消费税；蒙古国货物从关税地区进入自由经济区时，应征收出口关税，并退还增值税
没有海关费用或者增值税	从自由经济区出口的货物应免征出口关税、增值税或消费税
欧盟国家免税	蒙古国于 1997 年加入世界贸易组织（WTO），允许向欧盟进口 7200 种商品，而没有任何关税限制或优惠条件
豁免 39 个国家的双重征税	蒙古国政府与 33 个国家签订了双重征税协定，与 39 个国家签订了双边协定，以促进和保护投资

资料来源：笔者根据蒙古国"扎门乌德"自由区官网内容整理，Монгол Улсын Засгийн газар Замын - Үүд чөлөөт бүс. Экспорт, импортын боломжууд, http：//zfz. gov. mn/w/#。

根据表 1 内容可知，蒙古国"扎门乌德"自由经济区明确对从自由经济区出口的货物免税，同时对欧洲国家的 7200 种商品予以免税的政策，同

[①] Монгол Улсын Засгийн газар Замын - Үүд чөлөөт бүс. Бүтээн байгуулалтын үйл явц, http：//zfz. gov. mn/w/#.
[②] Монгол Улсын Засгийн газар Замын - Үүд чөлөөт бүс. Түүхэн товчоо. http：//zfz. gov. mn/w/#.

时对世界上的 30 多个国家签订相关协议，以吸引投资，促进自由经济区的发展。2020 年 5 月 27 日，在海关部门负责人命令的关于程序的修订和变更中指出，政府 2020 年第 105 号决议还批准了"对进入自由经济区海关区域的旅客购买价值不超过 300 万图格里克的货物，免征关税和增值税"。不包括应缴纳消费税的货物：药品、医疗器械和生物活性产品。① "扎门乌德"自由经济区区长巴特那斯纳曾表示："我们根据《自由经济区法》规定的主要职能和权力，加强我国的进出口活动，并根据其有利的领土位置和经济条件吸引外国投资。通过引进国外先进技术，正在努力创造新的机会，以改善就业，并使'扎门乌德'自由经济区成为重要的门户地区，以支持亚洲和欧洲的经济，贸易和商业伙伴关系以及互利合作。"②

在 2019 年 4 月 9 日召开的蒙古国国家大呼拉尔经济常务委员会例会上，议员们审议了《关于蒙中政府间建立扎门乌德与二连浩特跨境经济合作区协定草案》。2019 年 6 月 4 日，中蒙两国正式签署《中华人民共和国政府和蒙古国政府关于建设中国蒙古二连浩特 – 扎门乌德经济合作区的协议》（以下简称《协议》）。《协议》是落实两国领导人共识、加强"一带一路"与蒙古国"发展之路"战略对接的重要举措，进一步促进中蒙两国经济优势互补，便利贸易投资和人员往来，推动两国产业合作，加快两国边境地区发展，造福两国边境地区和人民。《协议》的签署是二连浩特与扎门乌德经济合作区建设的重要里程碑。2019 年 1 ~ 10 月，二连浩特口岸对外贸易额达 199.8 亿元，与去年同期相比增长 0.6%。其中进口 137.9 亿元，下降 3%；出口 61.9 亿元，增长 9.7%。口岸进口传统大宗商品铁矿砂受世界贸易摩擦争端及国内铜需求下降影响呈下滑态势；进口纸浆方面，受国内库存偏高、市场需求不足等因素影响，行业整体开工率下降，盈利状况有所下降，

---

① Монгол Улсын Засгийн газар Замын – Үүд чөлөөт бүс, ГААЛИЙН ЕРӨНХИЙ ГАЗРЫН ДАРГЫН ТУШААЛ. , 2020 оны 5 дугаар сарын 27 – ны өдөр. Дугаар A/102. Улаанбаатар хот.

② И. Батнасан，"Замын – Үүд" Чөлөөт Бүсийн Захирагч . Монгол Улсын Засгийн газар . Замын – Үүд чөлөөт бүс，"Замын – Үүд" чөлөөт бүсийн Захирагчийн Ажлын алба，http：// zfz. gov. mn/w/#.

影响口岸纸浆进口；受上述商品进口降幅影响，口岸进口贸易呈下降态势。此外，因国内需求拉动，中国对资源性商品仍存在较大需求，口岸板材、铁矿砂等进口仍呈现增长趋势。主要出口市场蒙古国，经济运行平稳，需求增加，口岸出口贸易稳定增长。① 2019 年 12 月 4 日，二连浩特海关发布消息指出，2019 年前 11 个月中欧班列在二连浩特口岸搭载货物总量为 105.47 万吨。这也创下了该口岸自 2013 年中欧班列运行以来搭载货物总量首次突破百万吨的"纪录"。②

2020 年 1 月 16 日，以"自由经济区和经济走廊"为主题的投资论坛在蒙古国国家工商会大厅举行。与会者强调，由于国家大呼拉尔做出相关决策迟缓，向扎门乌德和其他自贸区进行投资的企业资金被冻结，相关建设工程也因此停滞不前。与会者说，中蒙两国政府在 2019 年 6 月签署了《协议》。蒙古国政府虽然已向国家大呼拉尔提交通过上述协议以及对《自由经济区法》条款进行修改的法案，但国家大呼拉尔至今尚未讨论通过。蒙方和中方分别为扎门乌德自由经济区建设出资 880 万美元和 5000 万美元。蒙古国副总理乌·恩赫图布辛说："蒙中俄三方已商定连接欧亚的关于建设'蒙中俄经济走廊'问题。在此框架内，目前三方就公路、铁路、能源和自贸区建设等问题进行商谈，其中建立自由经济区问题是经济走廊建设的重要部分。"③ 2020 年 6 月，亚洲开发银行已批准一笔 3000 万美元的贷款，用于发展建设"扎门乌德"自由经济区。这是蒙古国与中国之间拟建经济合作区的重要组成部分。亚行区域合作官员多罗蒂亚·拉萨罗表示："该项目将有助于蒙古国经济多样化，加入区域和国际价值链，并创造更多的就业机会。"他还强调，亚行将在自由经济区建设必要的基础设施和改善国际关系

---

① 《2019 年 1 ~ 10 月份二连浩特口岸对外贸易值小幅增长》，二连浩特市人民政府，2019 年 11 月 21 日。

② 《中蒙最大陆路口岸中欧班列搭载货物总量首破百万吨》，《蒙古消息报》2020 年第 1 期，第 6 版。

③ 《扎门乌德自贸区开始启用为 4 万多人创造就业机会》，《蒙古消息报》2020 年第 3 期，第 5 版。

来为降低蒙古国的贸易成本作出重大贡献。① "扎门乌德"自由经济区项目是中亚区域经济合作（CAREC）计划下，是亚行支持促进蒙古国贸易项目的一部分。CAREC走廊连接中亚经济枢纽，是让同蒙古国一样的内陆国进军亚洲和欧洲市场，乃至全球市场的通道。蒙古国政府已经意识到可以通过促进贸易、以基础设施相连以及加深区域合作等方式来克服因地理位置而产生的不利影响，因而将重点放在蒙古国对连接东北亚和欧洲的陆路过境运输和贸易中的作用，以及提高其经济效率。将于2025年12月完成的上述项目总成本为3576万美元，其中的576万美元将由蒙古国政府出资。②

从上述蒙古国"阿拉坦布拉格"和"扎门乌德"自由经济区的发展状况来看，虽然蒙古国非常重视自由经济区，但是自身经济实力薄弱，需要邻国和国际社会的援助才能持续发展。蒙古国对"阿拉坦布拉格"自由经济区与俄罗斯恰克图之间建设直接连接的公路到目前都未通车，因此，根据这些建设现状可推断，俄罗斯对"阿拉坦布拉格"自由经济区没有多大兴趣，而对中国的"扎门乌德"自由经济区不仅受到中国的重视和援助还受到亚发行支持。2020年6月，亚洲开发银行已批准一笔3000万美元的贷款，其中的576万美元将由蒙古国政府出资用于发展建设"扎门乌德"自由经济区。亚发行将通过在自由经济区建设基础设施来降低蒙古国的贸易成本，改善蒙古国国际贸易竞争力。这也是蒙古国与中国之间拟建跨境经济合作区的重要组成部分。

---

① 《亚行：将为扎门乌德自贸区建设提供3000万美元的贷款》，《蒙古消息报》2020年第25期，第1版。
② 《亚行：将为扎门乌德自贸区建设提供3000万美元的贷款》，《蒙古消息报》2020年第25期，第1版。

B.9
中蒙进出口贸易现状及影响分析

阿拉坦　〔蒙〕德·巴扎尔道尔吉*

摘　要：　近几年，中蒙经贸呈现出贸易总额增速较慢、蒙古国对中国的贸易顺差不断扩大、两国贸易结构互补性不断提高、中国对蒙古国的投资量整体下降且投资结构出现相对集中态势。尤其在煤炭贸易中，蒙古国对中国的依赖程度较大，中国也较青睐于蒙古国的煤炭价格和品质。2020年受新冠肺炎疫情冲击，中蒙之间的各种贸易量也随之萎缩，2020年第一季度边民互市贸易处于停摆状态，至2020年6月开始逐渐复苏正常化。

关键词：　中蒙　对外贸易　煤炭

近年来，中蒙关系持续发展，两国的高层互访频繁，政治互信不断增强，贸易往来日益密切。中国与蒙古国全方位、立体式合作不断深入推进。尤其2019年是中蒙建交70周年，也是《中蒙友好合作关系条约》签订25周年。中国国家副主席王岐山对蒙古国进行了友好访问，蒙古国总统哈·巴特图勒嘎也同时访华出席了第二届"一带一路"国际合作高峰论坛。在发展战略方面争取全面对接，助推中国"一带一路"和蒙古国"发展之路"顺利对接，进一步增强了双边互信合作。2019年4月，习近平主席与来访

---

* 阿拉坦，内蒙古大学蒙古国研究中心博士、中国蒙古国研究会秘书长、蒙古国科学院国际关系研究所访问学者；〔蒙〕德·巴扎尔道尔吉，蒙古国科学院国际关系研究所博士、副教授。

的蒙古国总统哈·巴特图勒嘎总统会见时表示，中方将与蒙方一道，积极推进"一带一路"同"发展之路"对接，推动中蒙俄经济走廊建设取得更多实质成果。2018 年 9 月，中蒙政府间经贸联委会第 14 次会议在北京成功举行，中蒙双方在贸易合作领域达成一系列重要共识，还签署了《中蒙俄经济走廊规划纲要》。中国企业在蒙古国承包工程业务总额约 98 亿美元，实施的大型项目有道路、桥梁、市政、工厂、矿山等。其中，图木尔廷敖包锌矿、蒙欣巴音嘎拉水泥厂项目是矿产开发和产能合作领域的典范。中国企业在蒙古国直接投资或承包工程已累计创造的就业岗位有 10 万多个，缴纳的各类税款近 20 亿美元。中国大幅增加对蒙古国的援助和优惠贷款额度，承建了蒙古国第一条高速公路、第一条跨区域高压输变电线路以及多座立交桥、省际公路等；助建了通信网、教育和电子医疗网络；也实施了电厂、棚户区、学校、残疾儿童发展中心的惠民生项目。在金融合作方面，中国银行和中国工商银行已相继在蒙古国设立了代表处，为在蒙古国的中资企业提供了便利化的服务平台。中国和蒙古国的央行本币兑换规模约合 150 亿元人民币，人民币是双边结算货币。因此，通过加强政治互信、打造经济共同体和巩固民间交往来不断推进中蒙贸易。

一 蒙古国对外贸易概况

2020 年蒙古国的矿产原材料在总出口中所占的份额比同期增加了 4 个百分点，而畜牧产品出口的份额则下降了 3 个百分点。2020 年 1~7 月与 135 个国家有经贸往来，对中国出口总额为 25.8 亿美元，占出口总额的 68%，从中国进口总额为 10.4 亿美元，占进口总额的 35.2%。

自 2015~2019 年蒙古国进出口总额一直呈现上升趋势。2019 年对外贸易情况来看，进出口总额约为 137.5 亿美元，比上一年涨幅 6.7% 即 8.6 亿美元。出口总额为 76.2 亿美元，比上一年涨幅 8.7% 即 6.08 亿美元；进口总额约为 61.3 亿美元，比上一年涨幅 4.3% 即 2.5 亿美元。从 2020 年前 9 个月进出口情况来看，因受疫情影响均呈降幅状态，进出口总额约为 90.8

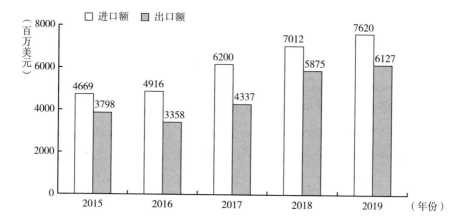

图1　2015～2019年蒙古国进出口贸易总额情况

资料来源：笔者自行整理。

亿美元，比同期降幅14%；出口总额约为51.5亿美元，比同期降幅13%；进口总额约为39.3亿美元，比同期降幅15%（见表1）。

表1　2019～2020年9月蒙古国进出口贸易总额

单位：百万美元

对外贸易总额	2019年	2020年1月	2020年6月	2020年9月
总额	13747.2	932.3	5288.5	9075.2
出口	7619.8	459.0	2828.3	5147.0
进口	6127.4	473.3	2460.1	3928.1

资料来源：《蒙古国统计年鉴2018～2020》，蒙古国国家统计局出版。

2020年1～6月，从进口产品情况来看，总额1亿美元以上的产品有汽车、机械设备、机电及其零配件等，矿产品，航空及水路运输工具及其零件，钢材及其制品，食品，化学及化工产品，塑料、橡胶制品（见表2）。

2020年1～6月，从出口产品情况来看，总额1亿美元以上的产品有矿产品，纺织品，天然矿石、贵重金属、珠宝等，其中矿产品的出口总额约为20.2亿美元（见表3）。

表2   2017～2020年6月蒙古国进口产品总额

单位：千美元

产品种类	2017年	2018年	2019年	2020年6月
总额	4337322.40	5874803.80	6127438.80	2460141.70
食品	378674.70	436704.20	444305.90	197748.50
矿产品	987821.00	1325754.90	1372298.00	485389.60
化学及化工产品	315038.70	372173.10	365835.70	173041.60
塑料、橡胶制品	182467.00	226795.50	260252.40	100671.50
钢材及其制品	333818.40	540345.90	541950.90	235579.10
汽车、机械设备、机电及其零配件等	920844.50	1285718.50	1240679.20	526363.00
航空及水路运输工具及其零件	622675.00	896762.70	1163725.80	374117.40

资料来源：《蒙古国统计年鉴2018～2020》，蒙古国国家统计局出版。

表3   2017～2020年6月蒙古国出口产品总额

单位：千美元

产品种类	2017年	2018年	2019年	2020年6月
总额	6200593.00	7011765.00	7619753.90	2828344.20
矿产品	4933672.10	6070337.80	6377468.70	2020584.90
纺织品	335466.00	409800.90	434672.30	118436.00
天然矿石、贵重金属、珠宝等	596939.20	145480.70	419075.80	607079.90

资料来源：《蒙古国统计年鉴2018～2020》，蒙古国国家统计局出版。

2019年蒙古国主要进口市场有中国、英国、俄罗斯、德国、瑞士、新加坡等；主要出口市场有中国、俄罗斯、日本、美国、朝鲜等，与中俄的进出口贸易占比相当大。

在蒙古国的对外贸易中，尤其能源贸易和羊毛绒出口量较大，而且这也正好符合中国的市场需求。

二 中蒙进出口贸易现状

中国与蒙古国的贸易关系十分密切，中国已连续 18 年成为蒙古国第一大投资来源国和贸易伙伴国。中蒙贸易总额占蒙古国对外贸易总额的 60% 以上。中蒙经济存在一定的互补性，尤其在矿产资源、劳动力和技术等方面，形成供需关系，有利于贸易关系的发展。

2013 年中蒙签署了《中蒙战略伙伴关系中长期发展纲要》，也已明确了两国的战略伙伴关系。截至 2020 年，中国已连续 13 年成为蒙古国最大的贸易伙伴，也极大地推动了蒙古国的经济增长。2013 ~ 2017 年中蒙货物贸易总额已达到 290 亿美元，约占蒙古国对外贸易总额的 59.3%，对蒙古国经济发展的贡献率近 50%（同期 GDP 总额为 592.3 亿美元）。2019 年中蒙贸易额达 81.6 亿美元，同比增长 2.1%，其中，蒙古国对中国出口额为 63.3 亿美元，自中国进口额为 18.3 亿美元。[①]

2017 ~ 2019 中蒙进出口贸易处于增长态势，蒙古国对中国的经济依赖度呈不断上升趋势。中蒙贸易额争取 2020 年内实现 100 亿美元的目标，因受疫情影响上半年有所缓慢，但前 8 个月也实现了 44 亿美元，主要原因是铜精矿和煤炭出口量分别下降了 3.2 亿美元和 9.7 亿美元。

中国对蒙古国投资主要集中在矿产的勘探开发、能源、建筑建材、旅游、餐饮服务、畜产品加工和纺织服装等，其中对矿产勘探深开发投资额占比巨大，一般是外商直接投资。主要从事矿产勘探和开发的大型国有企业，其他领域大批的中小型民营企业，其集中分布在中蒙边境地区。

蒙古国进口的主要商品是机电产品及其零配件，能源产品，公路、航空及水路运输工具及其零件，纺织品，化学及化工产品，植物及食品，钢材及其制品等。对中国出口产品主要集中在矿产品、动物毛皮原料及其制成品等，而进口产品集中

---

① 中华人民共和国商务部，http://www.mofcom.gov.cn/article/tongjiziliao/sjtj/yzzggb/202006/20200602971193.shtml。

在机电产品及其零配件、化工化学产品、汽柴油、植物产品及食品、钢材及机械设备等。中国在建筑建材、机电产品、纺织品等领域具有技术和经验等方面的优势。

蒙古国的制造业发展缓慢，除畜牧产品外，其他生活用品和生产材料都依赖进口。在2024年行动纲领中，蒙古国提出为了使经济多样化，进行改革和促进制造业发展，加强铁路建设、向国际市场出口羊毛羊绒、皮革、肉类和奶制品等含增值税的农产品。从2019年的中蒙贸易情况来看，也是以矿产品为主，收支也易受国际能源价格波动的影响，因此，也在贸易结构中的不断提升非矿产品的比重。例如，2020年，两国加强了在毛绒和肉类的屠宰加工产业上的合作。毛绒产品是蒙古国第二大出口产品，而中国是蒙古国毛绒的最大进口国。

中蒙两国在不断推动通道运输建设。根据中蒙俄国际道路运输走廊建设的协定，蒙古国也将加快了境内的亚洲公路网3号线和4号线的基础设施建设和升级改造。蒙古国的矿业是支柱产业，交通运输基础设施建设与经济增长有直接关系。为了确保经济的可持续发展，一直致力于国内的公路和铁路网建设，也有助于缩小城市和牧区之间的差距。

中国从蒙古国进口矿产品除外，毛绒的进口量排至第2（见表4）。2001年开始中国从蒙古国进口未疏毛绒100%，进口量最初为16吨至2019年已达到5688.7吨，而已梳毛绒进口量只有4.9吨，逐步减少了对已梳毛绒的进口量。中国对马肉的进口量占总进口量的98%以上。近几年对皮革的进口量占总进口量的近80%，其中羊皮的进口量占总进口量的94%以上。

表4 2017～2019年中国从蒙古国进口毛绒情况

单位：吨

年份	蒙古国出口总量未疏毛绒	中国进口量	蒙古国出口总量已疏毛绒	中国进口量
2017	5409.7	5409.5	581.1	0.0
2018	5286.6	5286.6	630.2	25.0
2019	5688.7	5688.7	507.2	4.9

资料来源：《蒙古国统计年鉴2016～2020》，蒙古国国家统计局出版。

中蒙之间的进出口小额贸易在 2017~2019 年一直处于增长态势，因受新冠肺炎疫情冲击而大幅下降，随疫情逐步缓解至 2020 年 6 月开始进出口小额贸易也逐步恢复。疫情期间，蒙古国技术监督总局发布第 02/367 号指令，临时限制进口种蛋、禽肉、食用蛋、饲料等。虽然蒙古国在国内发生严重疫情，但一直没有放松警惕，处于高度戒备状态。对各国的进出口贸易都大大缩减，其中，对中国的进口贸易量减少了 7.2%，出口贸易减少 19.1%（见图 2 和图 3）。

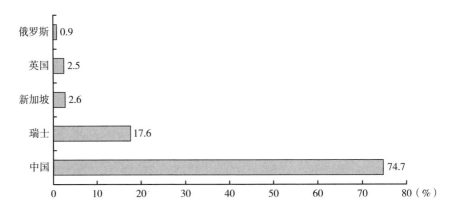

图 2　2020 年 1~6 月蒙古国主要出口市场情况

资料来源：笔者自行整理。

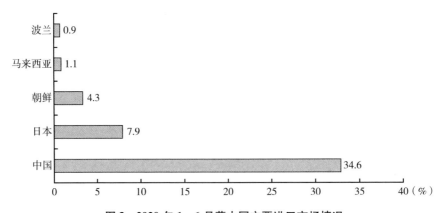

图 3　2020 年 1~6 月蒙古国主要进口市场情况

资料来源：笔者自行整理。

2019 年赴蒙古国旅客量达到 57.7 万人次，其中，中国旅客有 16.8 万人次，占总数的 29.1%。从 2020 年 2 月开始，蒙古国所有客运通道处于关闭状态，旅游业大受冲击。新冠肺炎疫情缓解后，虽然积极推动了国内旅游业发展，但好多旅客选择自驾旅游，旅游业并未好转。

三　中蒙煤炭贸易现状

蒙古国煤炭资源丰富，基本所有煤种都有，已探明储量约为 122 亿吨，总储量约 1623 亿吨。已发现的煤矿约 300 多个，分布在 15 个盆地，以西部和中南地区炼焦煤、中部动力煤、东部褐煤为主。2006 年以前主要向国内市场，国内需求量每年稳定在 500 万吨~700 万吨。纳林苏海图和塔温陶勒盖煤矿（小 TT 矿）的出口型煤炭产量增长，陆续 TT 矿东煤炭区和乌哈胡德格等煤矿开发产量快速增长。2011 年达到 3094.01 吨。出口量也受中国需求量影响，2019 年中国主要煤炭进口国为印度尼西亚、澳大利亚、俄罗斯和蒙古国，蒙古国占比 13%。相比之下，蒙古国的煤在价格和品质上比较占优势。

蒙古国向中国出口焦煤的主要三个口岸是甘其毛都、策克和新疆塔克什肯。经甘其毛都口岸进口的焦煤销往包头、乌海和唐山等地；经策克口岸进口的焦煤销往乌海、宁夏等地；经新疆塔克什肯口岸进口的焦煤销往乌鲁木齐和旱康等地。

随着中国工业化进程的加快，对于煤炭产品的需求量日益增加，而蒙古国有十分丰富的煤炭资源，因此二者在煤炭贸易方面存在高度的契合，蒙古国也希望能够增加对华煤炭的出口规模，推动与中国煤炭贸易出口的可持续发展。

截至 2020 年 9 月，噶顺苏海图口岸每日通关车辆达到 400~500 辆，西伯库伦口岸 350~450 辆。受新冠肺炎疫情影响，蒙古国于 2020 年 2 月关闭口岸，3 月底口岸陆续开放，中国作为蒙古国煤炭最大的出口对象国，中国对煤炭的政策和需求也极大地影响着蒙古国煤炭的出口。随着中国经济逐渐

复苏回暖，中蒙两国口岸运输逐渐恢复，蒙古国煤炭出口迎来井喷式增长，但是影响蒙古国煤炭出口的因素很多，完成全年出口的目标具有一定难度。

2019年5月，蒙古国塔温陶勒盖至尊巴彦方向铁路修建项目启动，全程为414.6公里，该路线最终与中国现有的铁路网交汇，将煤炭直接送到中国钢厂。受新冠肺炎疫情影响该项目完工推迟，原定于2020年底完工。二期工程将拓展到蒙古国乔巴山，进而连接俄罗斯铁路网，二期工程最后工期尚未确定。正常运行后，中国大部分煤炭可以从蒙俄进口。2019年，中国的炼焦煤的进口量为7500万吨，其中从澳大利亚进口的炼焦煤占进口总量的40%以上。2021年中蒙铁路建成后，预计每年运输量为3000万吨，这与中国从澳大利亚进口的炼焦煤量相当，相比之下蒙古国煤质好，中国会大幅增加与蒙古国之间的煤炭贸易。该铁路为中俄煤炭贸易降低了货运成本，缩短了运输里程，也为亚洲煤炭运输带来结构性的转变。

（一）中蒙两国口岸通行情况

蒙古国共有6个口岸对外贸易，这些口岸的运输方式主要是公路和铁路运输。2020年以来，受疫情影响，中蒙两国口岸处于关闭状态，极大影响了煤炭的出口量。2020年1月，嘎顺苏海图口岸通关车辆每日达500~600辆。自2月1日起，由于受疫情影响，中蒙边境口岸包括航空、铁路和公路口岸，采取临时限制措施。3月23日起恢复从嘎顺苏海图口岸向中国甘其毛都口岸出口煤炭。西伯库伦口岸3月30日恢复向中国策克口岸出口煤炭。截至3月，每日通关车辆仅有300多辆。直至5月，嘎顺苏海图到甘其毛都口岸通关数量仍旧保持低位，炼焦煤通车水平处于历史低位，少时仅有20辆，多时也仅有66辆；西伯库伦到策克口岸出入境每天保持在110辆左右。6~7月，蒙古国每日通关的运煤车辆仅有919辆。7月中旬蒙方同中方共同启动了边境口岸"绿色通道"，7月27日正式实施，由此仅从嘎顺苏海图口岸通关的车辆就达到1200辆，到8月25日，全国每日通关数量已增加到2001辆，可以说是达到了新冠肺炎疫情前的水平。

（二）中国煤炭需求情况

2020 年 3 ~ 4 月，新冠肺炎疫情在全球范围内传播，导致煤炭的需求量骤降，煤价也随之下滑。5 月，国际煤市开始回暖，6 月继续加速回升。中国海关统计数据显示，2020 年 7 月，中国煤炭进口量为 2610 万吨，进口金额为 122.8 亿元；1 ~ 7 月，煤炭累计进口量约为 2 亿吨，比去年同期增长 6.8%，累计进口额为 991.3 亿元，比去年同期减少 1.3%。随着新冠肺炎疫情得到控制，企业复产复工速度加快，对煤炭需求部分走高，拉动了中国对煤炭的采购量。

东北地区冬季用煤需求量逐年提高，但最近几年东北地区用煤季都会出现用煤不足的情况。一是东北矿床开采时间已久，后期面临资源枯竭问题；二是东北供暖季时间长，煤炭需求量非常大；三是 2017 年后"去产能政策"开始实施，东北原煤产量呈持续下降趋势，产能下降的同时供需矛盾进一步凸显。

近年，中国与澳大利亚关系处于紧张状态，进口澳煤的数量也下降了。澳大利亚是中国煤炭进口的第一大来源国，2019 年澳大利亚煤占到中国进口煤总量的 67.29%。2020 年以来，进口煤管控严格，澳煤进口风险较高，终端用户进口受到配额严格管控。尤其下半年，在澳煤受政策影响的情况下，印尼煤、蒙古国煤等作为替代品或从中受益，8 月中国从蒙古国进口炼焦煤 307 万吨，蒙古国成为中国进口煤炭数量最多的国家。

2020 年，中国发改委提出煤炭进口政策并坚持实行"三改革一协同"的方案，所谓三改革，就是中长期合同制度改革，煤炭储备制度改革，煤炭交易制度改革；一协同，就是重点区域的协同保护。在控制进口煤总量的前提下，进口煤用量无法实现与国内淡旺季需求的均衡联动，下一步对进口煤政策进行逐步调整，就是要尽可能做到淡季少进，旺季多进，做到进口需求与国内用煤需求的相吻合。

目前进口煤与国内煤价差距越来越大，价格优势凸显，将以 2017 年全年煤炭进口量 2.7 亿吨的标准调控。2020 年前 8 个月，煤炭进口量超 2.2 亿

吨，前 8 个月的累计进口量已经与去年同期基本持平，意味着未来数月的进口量只剩 5000 万吨左右。后期若煤价仍持续快速上涨，中国政府有可能适当放开进口限制。一旦进口煤配额增加，对国内煤炭采购将会减少。为了加大保供力度，稳定煤价，煤炭进口形势未来数月或将发生变化。

（三）蒙古国煤炭出口情况

根据蒙古国海关总署公布的统计数据，作为蒙古国重要的出口产品，2020 年前 8 个月，煤炭占到蒙古国出口总规模的 26.1%。煤炭出口规模为 1520 万吨，价值总额为 11.6 亿美元；其中，8 月煤炭出口量显著增长，达到 360 万吨煤炭，出口增幅较大，接近 7 月出口规模的 2 倍；蒙古国对中国煤炭的出口量为 1455.26 万吨，占其煤炭出口总量的 96%。

2020 年 7 月 8 日，中蒙两国发布《中蒙边境口岸"绿色通道"实施办法》，于 2020 年 8 月 1 日正式启动。中蒙"绿色通道"启动运行以来，蒙煤通车数量呈井喷式提升。8 月 25 日，蒙古国各口岸煤炭运输过境车辆达到 2001 辆，相比上个月同期增加了 1082 辆，该数量已与去年同期运输量持平。嘎顺苏海图、西伯库伦、塔克什肯和杭吉边境检查站的运煤卡车数量已恢复到疫情前的水平。

蒙古国近年来一直致力于改善煤炭出口运输条件，增加煤炭出口量。据悉，蒙古国计划与俄罗斯共同在波塞特港建设吞吐能力 1000 万吨/年的煤码头，可能会覆盖中国和整个亚太地区市场，未来蒙古国对华煤炭出口也将迎来大幅增长的趋势。塔温陶勒盖—尊巴彦方向铁路修建项目于 2019 年 5 月启动，全程 414.6 公里，计划于 2020 年 12 月 20 日前建成，前 50 公里路段目前已竣工。该条铁路将为塔温陶勒盖煤矿的焦煤运至俄罗斯和中国，蒙古国国内现有的铁路网要与俄罗斯和中国铁路连接，直至出海口，提高塔温陶勒盖煤矿焦煤出口量，同时可连接沿线煤、铁、铜、锌等蒙古国重要矿区，加快该地区的经济社会发展，增加工业的附加值产品运输，同时向中国、韩国和日本市场出口矿产品。预计每年运输量达到 1500 万吨，对矿产品出口发挥重要作用。

虽然蒙古国煤炭出口在 2020 年 7、8 月恢复疫前的水平。口岸通行和运输能力逐步恢复到疫前水平的情况下，影响煤炭出口的主要原因在于中国的需求量和进口煤的政策。进口煤相对中国国内煤来说，价格上优势明显，吸引终端用户。后期若中国国内的煤价持续上涨，中国政府有可能降低管控政策，这对蒙古国是利好消息。因政策的因素影响较大，蒙古国在 2020 年要完成 2500 万吨煤炭出口目标也有一定难度。它也不希望过度依赖中国，从而也在努力开拓日本、韩国、中国台湾和欧洲市场，由于存在过高的运输成本，蒙古国也一直持观望态度。以现状来看，蒙古国短期内扭转不了过度依赖中国市场的局面。

（四）中蒙煤炭贸易中的影响因素

中蒙两国经济发展相差较大，蒙古国的对外开放政策尚未成熟。在资源战略上认识也存在差异。如蒙古国经营能力尚未成熟、为安全考虑修改合作协议的频次相对较高、相互间信任度不高，因此效率也很低，而中国方面担心投资风险，也怕丧失商机。

尽管中蒙贸易带动了蒙古国经济的增长，但部分人感受到中国复兴给蒙古国带来了各种压力，对中国的企业赴蒙古国投资开发存在疑虑。蒙古国为避免过度依赖煤炭等单一资源出口，把中俄关系作为对外关系首选，同时积极发展同美国、日本和韩国等第三邻国的关系。

中蒙煤炭贸易的政策法规不够完善，不仅给外商投资者带来风险，而且给企业也造成损失。煤炭运输基础设施不健全，蒙古国没有出海口，煤炭贸易只能依靠公路和铁路运输，但运输条件和基础设施需要不断不完善。外商投资的积极性不高，蒙古国的投资环境和经营环境不稳定，中蒙两国之间还没有形成成文贸易协定。中国对煤炭的需求量大，煤炭销售价格在中国市场上不对等，因而蒙古国的煤炭在市场上失去价格优势。虽然矿产开发带动了经济发展，但随之也带来了环境破坏。目前，在蒙古国从事矿业开采的中资企业约 3000 家，因无序性和汽车运输对自然资源影响很大。

结　语

为促进中蒙贸易健康发展，加强双边贸易互信和理解，建立起两国间的自由经济区，政府给予政策优惠，激发民间积极性，自由经济区政策能够真正惠及边境贸易。不断提高公路、铁路和航空运载能力，通过良好规划进一步推动公路和铁路互联互通建设，不断提升通关能力，不断改善交通体系。运输条件和运输效率是制约贸易的主要因素，除了自然因素之外，会受到交通设施、技术及投资金额等方面的影响。也应该积极对国际化经营人才进行培养。

蒙古国需要进一步改善投资环境、法律制度和政策环境。对于煤炭贸易来说，在一定意义上也属于战略资源，理所当然以不同方式受到国家政策的影响，双方通过信誉和相互了解、相互配合制定一些共赢政策。可以借助政府引导，结合社会、经济的需要来制定一些政策和法规。现阶段中蒙贸易遇到了一些问题，若双方相互尊重并理性合理解决的话，中蒙贸易关系的前景将更加广阔。

社会文化篇

Social and Cultural Topics

B.10

蒙古国人口流动与农牧区发展

龙　梅[*]

摘　要： 蒙古国城乡人口分布不均衡已成为蒙古国人口问题中值得关注的首要问题，该现象与蒙古国人口流动有着密切的联系。从20世纪90年代开始，蒙古国开始政治经济改革，出现大量人口进城潮流，占将近总人口67%的人已进城，人口高度城市化已实现。但依然存在大量人口进城而引起的牧区基础人口稀少、城市人口拥挤、城市公共服务滞后、畜牧业发展缓慢等一系列社会问题。因此，怎样合理调控人口流动规模、速度和方向，不仅是城市建设的主要问题，更是整个蒙古国农牧区发展中值得研究和解决的难题。

关键词： 蒙古国　人口分布　流动人口　农牧区发展

---

* 龙梅，内蒙古自治区社会科学院社会学研究所副研究员，主要研究方向为牧区人口、牧区社会问题研究。

175

蒙古国人口问题一直以来是蒙古国社会经济发展中的首要问题。随着蒙古国政治、经济体制改革,人口迁移和流动也不断发生变化,已形成了一种独有的流动格局,据说"两个蒙古人中就有一个是迁移者",对于总人口的67%以上居住于城市的国家来说,在某种意义上人口城市化已完成。但流动规模、速度、方向等方面依然存在诸多问题,并对蒙古国当今的城市和牧区发展带来巨大的影响。在这里说的"迁移者"与蒙古族传统的"游牧者"概念是不同的。在人口社会学中人口流动是指"人们超过一定时间长度、跨越一定空间范围、没有相应户口变动的空间移动过程"①。虽然游牧者也有空间移动过程,但不是现代意义上的流动人口。流动人口在范围上比游牧者广,时间上也存在不稳定性的特点,并且在居住环境和生活、生产方式上都有所改变或面对重新选择。因此,在本报告里所说的人口流动是指蒙古国除游牧者以外的人口迁移和流动现象。

一 蒙古国人口分布现状

根据蒙古国 2020 年统计资料库,2019 年蒙古国总人口为 329.7 万人,比往年增长 58387 人,增长率为 1.8‰。其中男性占 49.1%(162 万人),女性占 50.9%(167.7 万人)。

(一)城乡人口分布

要分析人口流动问题,首先要了解城乡人口分布情况。20 世纪 90 年代,随着蒙古国市场经济的发展,大量牧区人口从牧区向城市迁移,主要集中在乌兰巴托、达尔罕乌拉和额尔登特等城市。城市人口数量不断增长,其中首都乌兰巴托的人口依旧占总人口的 65% 以上。

2019 年,蒙古国的常住人口中城市人口为 225.9 万人,牧区人口为103.8 万人。城市人口占常住人口的 68.5%。蒙古国的城市和牧区的人口比例

---

① 杨菊华、谢永飞编著《人口社会学》,中国人民大学出版社,2016,第 116 页。

约为7:3。因此，城乡人口分布严重不平衡，造成城市和牧区的发展出现严重失调。

表1　1989~2019年蒙古国总人口城乡分布

单位：万人

人口类型	1989年	1994年	1999年	2004年	2009年	2014年	2019年
城市人口	116.6	120.6	134.5	152.8	177.3	199.0	225.9
牧区人口	87.8	100.1	102.9	99.3	94.3	100.6	103.8

资料来源：蒙古国统计资料库，www.1212.mn（2020年）。

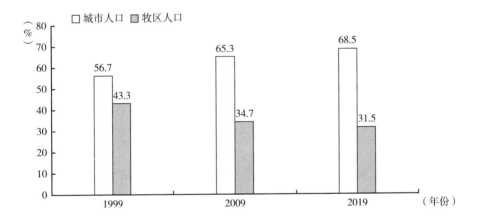

图1　蒙古国城市人口和牧区人口比例（1999年、2009年、2019年）

资料来源：蒙古国统计资料库，www.1212.mn（2020年）。

从表1可以中看出，1989~1999年，城市总人口增长17.9万人，牧区总人口增长15.1万人。1999~2009年，城市总人口增长42.8万人，牧区总人口下降8.9万人。2009~2019年，城市总人口增长48.6万人，牧区总人口增长9.5万人。2000年之前蒙古国城乡人口比较均衡，增长差距不大，但2000年以后城市人口出现逐年增长的态势，增长速度也较快。相比之下，牧区人口的增长速度较慢甚至总人口出现下降。从图1中得出，1999~2009年牧区总人口比例下降8.6个百分点，2009~2019年下

降 3.2 个百分点。蒙古国牧区人口的"外流"现象依然是人口发展中的重要问题。

近 10 年的蒙古国各区域人口都有不同程度的增长，但各区域牧区人口结构变化有所不同（见表 2）。西部地区的牧区人口总体出现下降的趋势，出现负增长的现象，在 1999~2009 年下降 4 万多人。根据 2019 年的数据，各地区牧区人口有所增长，但增长速度缓慢，因为牧区人口向城镇迁移的现象依然在持续。

表 2　蒙古国各区域牧区人口数量变化（1999 年、2009 年、2019 年）

单位：千人

区域	牧区总人口		
	1999 年	2009 年	2019 年
西部地区	298.9	258.6	273.8
杭盖地区	369.9	326.0	354.6
中部地区	242.3	248.6	279.6
东部地区	117.8	110.2	129.8

资料来源：蒙古国统计资料库，www.1212.mn（2020 年）。

（二）人口密度

人口密度在一定程度上能够反映人口流动和人口发展趋势。随着城市化进程的加快，人口密度加大是必然的结果，而城市人口密度加大尤其明显。

2019 年，蒙古国人口密度为每平方公里 2.1 人（见图 2），而乌兰巴托市的人口密度为每平方公里 327.6 人，与 2006 年的人口密度相比，每平方公里增长 73 人，增长速度非常高。人口过度聚集于城市，尤其首都乌兰巴托的人口密度加大，虽然给城市的建设提供了人力资源，但是对城市的发展和公共管理造成各种影响。因此，乌兰巴托周边的蒙古包群（ger horoolal）一直以来是城市建设和发展中的难题。

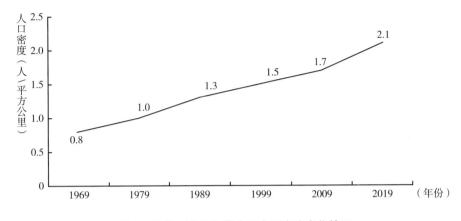

图2　1969～2019 年蒙古国人口密度变化情况

资料来源：蒙古国统计资料库，www.1212.mn（2020 年）。

二　蒙古国人口流动历程和区域特征

（一）人口流动历程

计划经济时期蒙古国人口迁移和流动方面效仿苏联的做法，人口迁移和流动受到政府的强制干预，在国内限制人口流动。因此，当时的蒙古国国内外的人口流动规模较小，几乎处于停滞状态。

20 世纪 40 年代末期至 60 年代，随着工业与农业发展，开始出现人口迁移现象。当时的流动方向主要是"城市－牧区"模式，为达到经济和人口均衡发展，由国家组织数量众多的教师、医务人员、农牧业专家到农村和牧区，在国内兴起建设铁路、建立合作社等热潮，许多人口迁移至达尔汗市和额尔登特市。

随着城市化发展，人口发展速度愈发加快，到 20 世纪 70 年代，众多牧区人口迁移至城镇，形成蒙古国半数以上人口居住于城市的局面。

从图3中得知，20 世纪 80 年代末 90 年代初期，蒙古国迁出人口和迁入人口呈现跳跃式的增长。即 1985～1987 年，迁出人口数和迁入人口数在

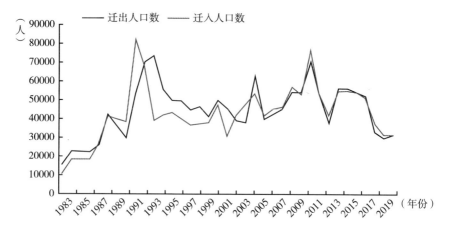

图 3   1983～2019 年蒙古国迁出人口和迁入人口

资料来源：蒙古国统计资料库 www. 1212. mn（2020 年）。

20000～25000 人的范围内波动，但到了 1988 年，全国迁出人口数和迁入人口
数分别突增为 41805 和 41317 人，比往年分别增加 16060 人和 14442 人。尤其
乌兰巴托市迁入人口为 16593 人，比往年增加了 5 倍。乌兰巴托市、达尔汗等
城市的发展推动了人口流动，形成了"民工潮"。至此，人口城市化规模已基
本形成。与此同时，也导致了城市就业压力加大、乌兰巴托市郊区居民数量
增多、城市公共服务与快速增长的流动人口矛盾等诸多社会问题。

（二）人口流动的区域特征

根据 2019 年的相关数据，在蒙古国各地区人口流动中，乌兰巴托的迁
入人口数量较为突出，即 12373 人（见图 4）。其次是中部地区的人口流动
趋势较明显。但相比往年的数据，各地区的迁出人口和迁入人口有不同程度
的下降。比如西部地区虽然人口少、较零散居住，但 1990～2011 年，每年
的迁出人口依然较多（见图 5）。

1993 年，西部地区迁出人口达到 30759 人，占当时西部地区总人口的
7.5%。1994～2011 年，西部地区迁出人口在 8000～20000 人的范围内波
动。到了 2017 年后明显下降。

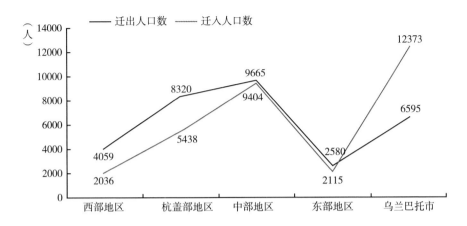

图4 2019年蒙古国各地区人口流动情况

资料来源：蒙古国统计资料库，www. 1212. mn（2020年）。

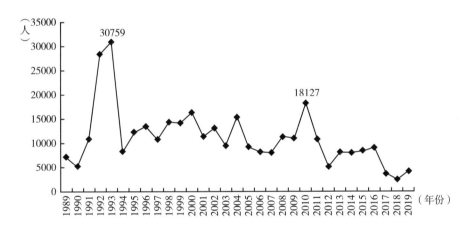

图5 1989～2019年蒙古国西部地区迁出人口数量变化

资料来源：蒙古国统计资料库，www. 1212. mn（2020年）。

从蒙古国人口流动的方向来看，主要集中在乌兰巴托市、达尔罕乌拉省和奥尔罕省等。从图6得知，这三个地方的人口密度分别为每平方公里327.6人、32.4人和134.5人。

根据相关数据，居住乌兰巴托市的一半以上的人口出生在其他地方，是后来迁移或流动至乌兰巴托市的。2010年之前，乌兰巴托市是人口迁入最多

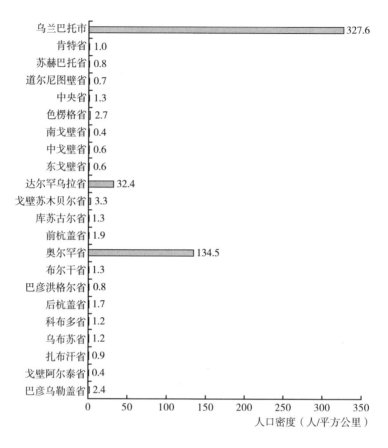

图6 2019年蒙古国各省市人口密度

资料来源：蒙古国统计资料库 www.1212.mn（2020年）。

的地方，但2010年以后，随着奥尤陶勒盖、塔温陶勒盖等地采矿业的发展，迁入南戈壁的人口逐渐增多。所以，2010年、2011年迁入乌兰巴托市的人口明显减少。到了2015年以后，乌兰巴托市又出现迁入人口减少的现象（见图7），其一是与蒙古国城市环境的拥挤、污染等因素有关；其二是与蒙古国经济发展缓慢、就业难等因素有关；据其三是蒙古国最近几年采取发展区域经济的政策，流动人口在就近地区，比如苏木和省市能够得到就业的机会。根据2020年的统计数据，最近几年乌兰巴托市的迁入人口数量逐渐减少，反而杭盖地区和中部地区的迁入人口明显增多，这与上述的蒙古国国情密切相关。

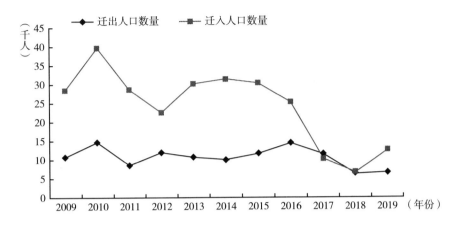

图 7　2009～2019 年蒙古国乌兰巴托市迁出和迁入人口数量

资料来源：蒙古国统计资料库，www. 1212. mn（2020 年）。

三　蒙古国人口流动对农牧区发展带来的影响分析

（一）人口流动的形成原因

1. 蒙古国人口流动与蒙古国国情、政治经济体制改革有紧密联系

1991 年蒙古国国家制度改革后开始出现大量人口进城的现象。比如，1992 年、1993 年的迁出人口分别为 70265 人和 73146 人，是 1989 年的 2 倍之多。而且近几年的人口流动出现波动现象也与当今的蒙古国国情有关，即近些年迁入乌兰巴托市的人口数量有下降的趋势，2018 年和 2019 年迁入乌兰巴托市的人口为 6328 人和 6595 人，比 2017 年减少 5103 人和 4836 人。出现这一现象是受到蒙古国的省市、苏木就近就业机会和发展地方城市的政策影响。

2. 采矿业、工厂和区域经济的发展是促进人口流动的主要原因

早期因采矿业而发展的省份中包括达尔罕乌拉省、奥尔罕省等。达尔罕乌拉省、奥尔罕省的城市人口和牧区人口变化趋势分别如图 8、图 9 所示。

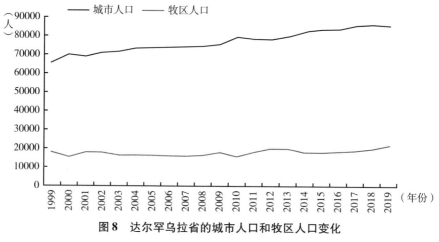

图 8　达尔罕乌拉省的城市人口和牧区人口变化

资料来源：蒙古国统计资料库，www.1212.mn（2020 年）。

达尔罕乌拉省是以采矿业发展而形成的。采矿业的发展让更多的人流动到那里就业。因此，达尔罕乌拉省的城市人口一直比牧区多。1999～2019年，达尔罕乌拉省的城市人口从 1999 年的 65791 人，增加到 2019 年的85524 人，增加了 19733 人。而且城市人口一直以来呈现增长趋势。牧区人口从 1999 年的 17480 人，增加到 2019 年的 21494 人，相比之下，人口增长速度比城市缓慢一些（见图 8）。

图 9　奥尔罕省的城市人口和牧区人口变化

资料来源：蒙古国统计资料库，www.1212.mn（2020 年）。

同样，奥尔罕省的状况也同达尔罕乌拉省相似。1999～2019年，城市人口增长35422人，牧区只增加687人。这些数据足以证明，蒙古国人口流动与采矿业有一定的联系。最近几年南戈壁等省采矿业的发展，又促进了南戈壁的人口流动速度。

3. 在蒙古国，自然环境的影响导致明显的人口流动现象，尤其是在干旱、雪灾等自然灾害影响下产生大量人口流动现象

蒙古国是以畜牧业为主的国家，经营畜牧业的牧民十分依赖自然环境，干旱、雪灾等自然灾害对牧民生产生活影响很大。特别是2001年和2002年干旱和雪灾后，导致大量牧区人口迁移至中部和东部城市。因此，在蒙古国，自然灾害和气候变化等因素有时也成为人口流动的主要原因之一。

4. 学习和就业环境的差距，让更多的人迁移到城市

在蒙古国流动人口中有一部分人是为了获到更好的学习环境，接受高质量的教育而选择迁移或流动到大城市，主要是乌兰巴托市。当今的蒙古国学校环境和教学质量方面依然存在较大差距。

2019年，蒙古国综合学校①有819所，其中乌兰巴托市有257所（见图10），占全国综合学校的31.4%。而且乌兰巴托市的综合学校比2000年增

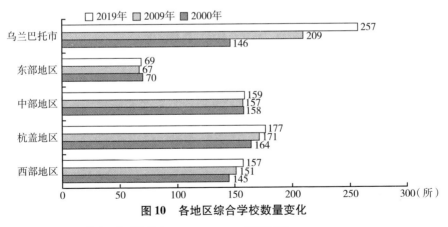

图10　各地区综合学校数量变化

资料来源：蒙古国统计资料库，www. 1212. mn（2020年）。

---

① 蒙古国的综合学校包括小学、初中、高中等三个阶段12年制的学校结构。学生年龄为6～18岁。

加了 111 所，增长速度较快。相比之下，其他地区的综合学校数量未出现较大的变化。而且由于有些苏木和省市的学校的教学质量差或者有些地方不开设高中课程，更多的人为了获得更好的教育资源而选择迁入城市。

（二）人口流动对农牧区发展的影响

蒙古国是畜牧业大国，畜牧业是蒙古国主要生产收入来源之一。在城市和采矿业、区域经济的发展之下，有一部分牧民选择迁入城市，牧区牧民数量日益减少。

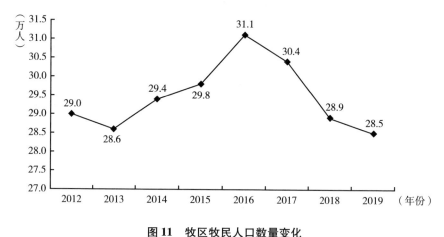

图 11　牧区牧民人口数量变化

资料来源：蒙古国统计资料库，www. 1212. mn（2019 年）。

从图 11 中可以看出，蒙古国牧区牧民人口数量呈增长速度缓慢，虽然2016 年牧民人口达到31.1 万人，但2017 年以后出现逐年下降的趋势。2019年牧民人口数量已下降为28.5 万人，是2012 年以来的最低水平。

2012～2019 年，从各地区牧民人口数量上看，西部地区和杭盖地区的牧民人口数量减少了。中部地区和东部地区的牧民人口数量虽然有所增加，但增加得不明显（见图12）。

究其原因，采矿业和经济区域的发展让更多的人舍弃畜牧业，选择在城市就业和生活。因此，城市发展与人口流动是相辅相成的，经济和城市的发展推

图12　各地区牧民人口数量变化

资料来源：蒙古国统计资料库 www. 1212. mn（2019 年）。

动了人口流动，迁入人口对城市的发展作出了巨大的贡献，但同时大量人口的涌入对城市的公共服务和可持续发展造成不同程度的影响；此外，也导致了牧区人口数量减少、出现无人区、畜牧业传统文化因素的传承出现断层或短缺现象。

蒙古国应加强以下几个方面的工作。首先，要通过发展农牧业，缓解人口大规模流动出现的问题，保障农牧业健康可持续发展。其次，要缩小城乡发展差距，促进平衡发展。特别是要系统地、大力发展农牧业不仅可以暂缓人口超大规模向城市流动趋势，也能缓解人口流动造成的城市问题。再次，要加大促进地方就业的政策力度，使更多人就地就近就业。最后，要加强农村牧区公共服务，缩小城乡公共服务差距，使更多人享有更优质、更完美的公共服务。因而，合理解决人口流动产生的问题不仅仅是解决人口问题，也是促进城乡协同、持续发展的根本之举。

B.11
蒙古国合作社的兴起与最新发展态势

艾金吉雅*

摘　要： 蒙古国合作社起源于1911年，至今走过了启蒙阶段、快速发展阶段和新复兴阶段。在100多年的合作社探索历程中，蒙古国在合作社的本质、原则和目标方面与国际合作社联盟高度接轨的同时形成了自身的特点。在未来的发展道路上蒙古国需要认真对待合作社发展的有利因素和不利因素，进一步探索适合自身社会经济发展特点和生产经营方式的合作社模式、方法路径，完善可持续发展政策及相关法律。

关键词： 蒙古国　合作社　可持续发展

世界各国经验表明，合作社是农牧业领域重要的经营主体。对蒙古国合作社发展情况的了解有助于进一步深刻了解蒙古国社会经济发展模式，使合作社事业更好地为畜牧业经济和牧区发展服务，也对我国合作社发展有参考借鉴意义。

一　蒙古国合作社的起源与三个发展阶段

蒙古国合作社思想的形成发展与世界合作社运动有必然的联系，也有其自身文化的因素。以游牧生产为主的蒙古国牧民自古以来在备牧草、盖圈

---

* 艾金吉雅，内蒙古自治区社会科学院社会学研究所副研究员，研究方向为文化社会学。

棚、转营盘、运输等方面是由邻里间合资合力，共同完成，没有通过合同、协商等方式形成正式的合作规则。蒙古国有关合作组织最早的记载应追踪到 B. 陶各套（B. Togtohtur，1797～1868）的《生存之道（学说）》和图日王的《教何蓓邦生存业之道（学说）》等文献，文献中记载了 B. 陶各套和图日王注重地方经济发展，领导民众在经济活动方面进行生产分工，开展合作。①

20 世纪初世界合作社运动的兴起对蒙古国合作社的形成发展具有重要的影响。蒙古国引入资本主义市场经济，商品金融关系变得重要，传统自给自主的经济受到严重影响。1911 年，民族自由运动时，建立银行、邮局、商业合作社的需求被不断提出。1918 年，一些人到德、法、英等国学习，接受了国际合作社联盟的思想，成立了首个新型合作社，但由于政治原因被阻断而没能够运行下去。1921 年，蒙古国召开了人民互助社组织会议，成立了合作总社和民间互助社，选举出主席团，通过了合作社工作计划（建商业中心、储蓄银行等），就此拉开了蒙古国合作社正式运作的序幕。1922 年，蒙古国召开了人民互助社代表大会，进一步改善合作社的方案、注入新资本、进行了财务收支情况报告，通过了商业利润分配方案、内部监管制度等多项议程。互助总社于 1924 年 7 月 15 日开始印发报纸，让民众认识了新成立的合作社的活动内容和目标。1924 年 11 月，蒙古国开设了合作社会计培训学校，1925 年 9 月，首次派 10 名青年学员到列宁格勒、莫斯科等城市学习合作社管理技术。② 这也是重视培养合作社专业技术人员的开始。

截至 1958 年，合作社运动走过了 40 年的发展历程，国家在生产资料、日用消费品等方面基本满足了群众需求。1958 年 3 月，国有化即公社化运动正式拉开序幕，把个体经营者转变为公社，当时认为已具备以下有利条件：广泛推广和普及了畜牧业科学技术；扩大农牧业用地，已形成土地的规模化利用条件；由政府领导普及统一国民经济计划，牲畜头数直线增长

---

① B. Togtohtur：《生存之道（学说）》，蒙古国国家图书馆，No. 12279。
② 《关于合作社的基本情况》，乌兰巴托，2013，第 20～24 页。

等。① 蒙古国人民革命党第 13 届大会指出"加快公社（相当于苏联的集体农庄）运动，在三年内实现将个人大部分的财产纳入公社的目标"。这一年，依靠公众倡导、发起、组织的蒙古国消费者合作社被转交给国家商业。从 20 世纪 30 年代至 80 年代，经过人民公社运动，个体牧民将自己的牲畜资产以劳动力合作的形式，转变成集体所有制的社会主义经济。执政党直接领导和参与人民公社的内部事务，合作社失去了原有的自治性质。蒙古国院士 N. 加嘎瓦拉乐评价："从此牧区面貌从根本上发生了改变。牧区的社会经济、文化发生巨大的变化，牧区经营生产方式、人的生活方式、生存理念在改变，牧区普遍建立多个定居中心区，组织普及推广劳动者的各项技能，牲畜头数直线上升。至此，人民公社的建立使落后的游牧生产生活方式转变为定居的、效能高的生产生活方式。"②

1991 年，蒙古国人民选择了宪政民主制度的形式，蒙古国从一党制的计划经济体制转型为多党制的市场经济体制。政府强行推行"把资产送给主人"，简单地将集体牲畜平均分配给 19 万多户家庭经营者，带来了三方面的负面影响。一是对入社时将几百头甚至上千头牲畜交给公社的社员来说，分配方法极不公平；二是没有入股、没有付出的家庭也同样分配到现成的资产后，不懂得如何经营，使牲畜头数短期内急剧减少；三是游牧生产生活的互助传统被打破，导致畜牧业经济综合能力变弱，例如在打草、种饲料、建棚圈、迁移营盘等繁重而需要劳力合作的生产领域变得薄弱，给草原生态环境和市场经济体系带来冲击。至此，人民公社的社会主义经济属性和国有经济体制完全解体，牲畜私有化、互助社也画上了句号。

公社解散后，面对自然气候灾害、社会经济和企业的实际困难，人们回顾起合作的优势，一些地区试图成立合伙的企业。1991 年，蒙古人民共和国人民代表大会出台《蒙古人民共和国企业法》，提出为农业产品制造、销售、生产和服务提供中介的新合伙企业模式。1995 年，国家大呼拉尔先后

---

① 《蒙古国牧区经济合作社发展新潮流》，乌拉巴托，2012，第 101 页。
② N. 加嘎瓦拉乐：《社会主义牧区经济财政的有些问题》，乌兰巴托，1987。

通过《合伙企业与公司法》和《合作社法》。1998 年，蒙古国大呼拉尔更新出台《合作社法》，添加了条款。同年蒙古国政府通过《合作社发展社会性大纲》，由食品农牧业与轻工业部部长带头成立大纲实施细则委员会，全国开展该大纲实施工作，使合作社运动迈上了一个新台阶。2001 年 12 月蒙古国政府审批通过第 54/123 号和第 56/114 号决定——《合作社对社会发展的作用》，经联合国大会成为国际通用且具有重大意义的文件。根据该决定，2002 年对《合作社法》进行修订，在乌兰巴托市举办联合国专家会谈，联合国成员国专家们及国际合作社机构代表团就建立发展合作社舒适环境方面分享知识和交流经验，明确日后实施的方法和策略。2003 年，蒙古国大呼拉尔和政府制定了《蒙古牧畜发展纲要》、《政府扶持牧民政策方案》和《促进合作社社会纲要》等重要政策文件，为牧区经济合作社发展创造了良好的外部条件。

2009 年，在第 30 次展销会上，合作社展示了 80 余种商品，8 个合作社分别获得食品农牧业与轻工业部颁发的"优秀蔬菜企业"、中小型企业局颁发的"优秀合作社产品"和"消费者好友合作社"等荣誉。2010 年制定扶持合作社的社会指南，2011 年国家大呼拉尔再次对《合作社法》进行修改，并出台了独立的《储蓄信贷合作社法》。食品农牧业与轻工业部部长指导编制了《全国领先合作社评选规定》、《合作社行业优秀产品评选规定》和《各县建立示范先进合作社的方案和模型》。同年 25 个新合作社成立，71 个合作社扩大经营业务规模，创造了 400 余个新的就业机会。为了在地方成立农牧业原料加工的示范合作社，食品农牧业与轻工业部部长 2011 年第 A/77 号命令通过"为牧业合作社提供优惠贷款程序"，为 18 个省的 96 个从事饲料生产、草场保护、畜牧原料加工、兽医和养殖服务业务的合作社提供了 25 亿图格里克的优惠贷款。在蒙古国的倡导下，联合国大会第 64 届大会宣布 2012 年为"国际合作社年"，就合作社发展举办地区研讨会，更新《合作社发展社会性大纲》等。2013 年制定示范合作社章程，2014 年 10 月 25 日，在蒙古国牧区经济合作社第 7 届大会上，蒙古国总统额勒贝格道尔吉说："……联合合作不是人造急促性质的行为，而是联合合作能多做大事、

多个成员受益，用事实来证明，能够创造牧区经济领域发展的新时期应是蒙古国牧区合作社联合会的崇高目的"。

综上所述，蒙古国合作社起源于1911年，被划分为三个发展阶段：第一阶段是1911~1958年，是合作社的启蒙阶段；第二阶段是1958~1988年，是合作社的快速发展阶段，同时也被认为是合作社违背本质，发展为人民公社的阶段；第三阶段即1988年至今，是合作社恢复本质发展的新复兴阶段。

二 蒙古国在发展合作社方面遵守的原则与目标

在100多年的合作社探索历程中，蒙古国一直关注合作社的发展与国际合作社联盟的各项制度高度接轨，并不断探索国际合作社思想的本土化实践。蒙古国《合作社法》指出，合作社是为满足经济和社会文化发展的普遍需求，9个以上成员自愿结合，共同出资、共同领导和监督，实施民主管理，进行活动的法人团体。在合作社的本质和原则方面，蒙古国从一开始就坚守了国际合作社联盟的路线。劳动成果归社员所有、为社员服务、让社员受益，让社员共同监督是合作社区别于其他经济组织的本质特征。进退自由、民主监督、社员经济参与、独立自主、培训和信息服务、合作社之间的交流和关注社区发展是国际合作社联盟的七项原则，这七项原则的诞生已有200多年的历史，也是蒙古国发展合作社所遵循的黄金法则。在遵守国际合作社联盟的本质和原则基础上，蒙古国制定了发展合作社的自身目标。合作社在世界上的产生与贫困和失业人群有关，也与弱势群体为提高生计而自助和互助的行动有关。蒙古国发展合作社的目标同样与提高贫困人口的生活水平有关。在蒙古国，达到富有或小康生活水平的人群占10%~15%，中间阶层占45%~50%，贫困人口占35%~45%。而减少贫困人口，将贫困人口的生活水平提高到中间阶层，也就是蒙古国合作社的目标（见表1）。

表 1　蒙古国社会阶层占比

10%～15%	富有或小康
45%～50%	中层阶层
35%～45%	贫困人口

资料来源：2017 年 5 月笔者在乌兰巴托"蒙古国合作社信息咨询中心"访谈孟和额尔德尼，数据来自当时的记录。

合作社联合总会是蒙古国合作组织的最高机构，成立于 2008 年，下设 6 个部门，分别是农牧业联合社、加工服务联合社、商业服务联合社、金融服务联合社、消费联合社和合作社培训信息中心。蒙古国合作社培训信息中心成立于 1998 年 10 月 12 日，简称 MCTIC。MCTIC 自成立以来形成了系统规范的教材，并在美国、德国和其他欧洲国家的资助下，常年在蒙古国各地区提供理论知识和实践技能咨询服务，在全国 18 个省举办了 940 次培训课程，培训人数超过 24540 人。培训内容包括：人力资源能力建设、提高竞争力、组织和个人发展、正式记录组织、企业法律环境、企业和企业会计、技能和技术培训、储蓄和信贷合作社从事能力建设等。该中心用蒙古语专为合作社编制指导手册、法律文件及合作社行业咨询参考信息的书籍共计 700 本，英语版 220 本，编辑中小企业和合作社行业法律文件丛书，并递送到地方及相关机关。蒙古国合作社运动的发展过程中始终重视培训发挥的作用，促进了合作社原则和精神在全国范围内传播。

三　蒙古国合作社发展现状与态势

据 2019 年统计，蒙古国共有注册登记合作社 4572 家。其中西部地区 1373 家，杭盖地区 1299 家，中部地区 786 家，东部地区 322 家，乌兰巴托市 792 家合作社（见表 2）。全部合作社当中有中级合作社 12 家，初级合作社 4560 家。

表2 2019年蒙古国注册登记合作社情况

行政单位	2014年	2015年	2016年	2017年	2018年	2019年
全国数量	3874	4111	4254	4377	4477	4572
西部地区	1258	1302	1319	1353	1363	1373
戈壁阿尔泰	119	121	126	135	136	134
扎布汗	374	386	400	415	420	416
乌布苏省	217	217	220	225	226	243
科布多省	213	234	237	242	253	254
杭爱地区	1161	1220	1244	1276	1290	1299
巴彦洪格尔省	234	255	255	258	264	282
布尔干省	131	143	148	151	154	149
南戈壁省	212	206	212	216	218	218
库苏古尔省	283	302	311	319	324	320
鄂尔浑省	81	75	75	81	78	74
中央地区	729	742	746	756	776	786
中戈壁省	98	103	101	101	102	101
南戈壁省	83	85	89	90	97	100
色楞格省	171	179	168	169	175	176
中央省	174	175	179	182	188	190
达尔罕乌拉省	123	117	123	125	121	124
戈壁苏木贝尔省	15	17	19	22	26	27
东部地区	276	293	300	308	313	322
东方省	75	79	81	86	87	89
苏赫巴托省	74	82	82	83	84	87
肯特省	127	132	137	139	142	146
乌兰巴托市	450	554	645	684	735	792

资料来源：http://www.1212.mn，搜索：ХОРШОО。

（一）羊毛结联合社

在此介绍蒙古国最具典型意义的中级合作社（即联合社）——羊毛结（nooson zangila）。羊毛结联合社是蒙古国首家国家先进联合社，成立于2006年6月，由24个羊毛制品基层社联合成立，共入股600万图格里克。联合社理事会5人，监事会3人，合作社社长12人，共有200多个工人。社员大会每年召开2次，一切决议通过社员大会投票表决。联合社每月2次，每年24次从各个基层社收购产品，并统一销售。在收购产品的15日后根据销售情况向每个合作社进行结算。联合社通过 11 年的经营，有了位于乌兰巴托市中心的商店——"白金羊毛产品专卖店"。目前，合作社的产品以毡子、拖鞋为主打产品，远销于澳大利亚、日本、德国等 8 个国家。合作社多年来的发展经验是一定要制定自己的规章制度，再将它细化为每个岗位的责任、权利和义务，严格遵循制度，推动合作社的经营和发展。

蒙古国合作社社员自 2015 年逐年增加，2019 年全国入社社员共 234875人。股金总量也在逐年上升（见图 1）。

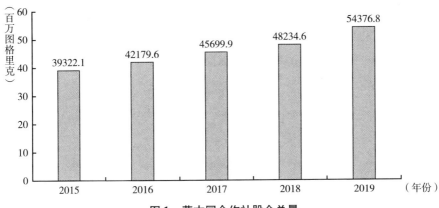

图1　蒙古国合作社股金总量

资料来源：http：//www.1212.mn，搜索：XOPШOO。

全国共 4572 家合作社当中有农牧业合作社 1397 家，批发零售商业及维修业合作社 1450 家，加工业合作社 646 家，金融保险业合作社 553 家，科技产业合作社 210 家，其他行业 316 家。[①]

从农牧业合作社发展趋势看，农牧业合作社产品产值在逐年上升（见图2）。

蒙古国《合作社》法规定 9 个以上成员建立一个合作社。5 个机构、4个法人单位建立一个中级合作社。蒙古国规模大的合作社有 600 ~ 1000 个成员，据 2014 年统计，蒙古国 2604 个合作社当中有 88% 的合作社由 9 个成员构成，9% 的合作社有 10 ~ 19 个成员，2% 的合作社有 20 ~ 49 个成员，只有

---

① http：//www.1212.mn，搜索：XOPШOO。

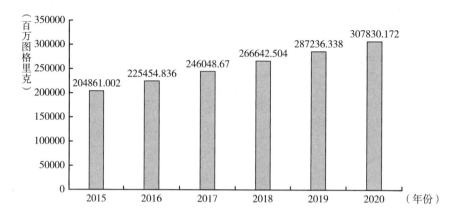

图2 农牧业合作社产品产值

资料来源：蒙古国国家统计局，2014年统计报告。

1%的合作社有50个以上成员（见图3）。可见，蒙古国大多数合作社仍规模较小，且大多以血缘关系为纽带。社员大会是合作社最高权力机构，社员大会必须每年至少召开一次，并作大会记录，当66%的意见统一时社员大会的规定和改革被视为有效。

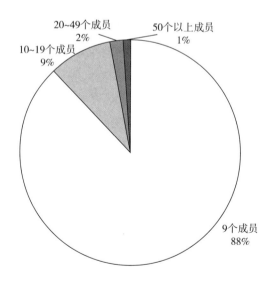

图3 合作社成员人数

资料来源：蒙古国国家统计局，2014年统计报告。

（二）蒙古邻里消费合作社

蒙古邻里（mongol hursh）消费合作社是乌兰巴托市首个消费合作社，成立于 2015 年 5 月。合作社共有 70 个成员，资金来源有两方面。一是成员入股，每个成员入股 10 万图格里克；二是得到国际联盟资助。其中大概 1/3 投资于设备，剩余用来订购商品。合作社于当年 11 月开始营业，主要以销售日常消费品为主。商品价格略低于其他超市，以吸引顾客，提高合作社收入。商店日常工作人员 2 人，每人每月工作 15 天，月工资 40 万图格里克。合作社理事会 5 人，监事会 3 人。目前此类合作社在乌兰巴托共有 6 家，其中成功经营的有 4 家。合作社目前还没开始分红，还完贷款后开始为社员分配收入。

合作社的运营情况方面，以存款借贷（金融业）合作社为例，开展业务的合作社数量在 253～290 家之间浮动，基本保持稳定。在经济效益方面，存款借贷合作社的利息收入逐年增加，相比 2015 年，2019 年已翻倍增加（见表 3）。

表 3　存款借贷合作社及纯收入

存储借贷合作社	2015 年	2016 年	2017 年	2018 年	2019 年
运营合作社的数量（家）	253	280	290	279	261
纯收入（百万图格里克）	10020.8	11300.1	14012.2	16491.3	21416.1

资料来源：http://www.1212.mn，搜索：ХОРШОО。

（三）"Monkort"存款借贷合作社

"Monkort"成立于 1996 年，是面向乌兰巴托市民，为提高中下阶层民众生活质量而成立的存款借贷合作社。最初由 15 名妇女联合成立，2018 年社员达到 2630 人，由中心办公室、社员培训中心、社员子女服务中心及社员财务服务中心 4 个部门构成。社员大会是该合作社最高权力机构，理事会

负责社员存款和贷款等所有事务。监事会负责监督,向社员大会汇报日常工作。合作社每年在4月之前召开社员大会,参加人数在530人以上时大会可正常行使权力。目前,合作社有存款的社员1600余人,未存款的社员近1000人。存款的社员以存款数额的70%向合作社贷款。没有存款的社员以担保的形式向合作社贷款。存款利息来源于贷款利息。合作社主张存款利息尽可能高,贷款利息尽可能低,合作社的经营目的是帮助那些不能从银行得到贷款的弱势群体。

2017年合作社为扩大规模,为服务于更多有需求的人,将社员入股额度从10万图格里克降低到2万图格里克,并开发了针对不同人群的新款产品,包括针对老人、儿童、月固定收入人群以及日收入人群,并开展各类社员活动日,例如为存款的儿童开展徒步活动。此外,合作社还为社员提供担保服务。

合作社的一大亮点是帮助社员获得正确的个人和家庭理财知识和能力,培养能够合理安排收入和支出的新时代新公民,从帮助社员理财到学会经营,提高社员生活水平和质量。

四 蒙古国合作社发展的影响因素

联合国认为在面对当今世界的不稳定性和解决人类社会问题方面,合作社能够发挥"合伙价值"的优势,保障国家社会经济及自然环境的稳定性,为解决人类社会问题作出了重大贡献。作为满足社员需求和公众效益的组织,合作社是能够保障自身稳定性的企业。因不以营利为核心目的,从而陷入危机困境的风险较低,不像其他大型行业在世界经济危机中极容易受到重创。从发达国家的经验看,合作社不仅是市场关系的参与者,更具有社会服务的职能,能够减轻政府负担。

蒙古国草原生态系统的特殊属性和文化传统特点,在全球化和工业文明的冲击下,一家一户为主的草原畜牧业生产方式正在经历着更大的选择困境。单户家庭经营模式单一,畜群规模小,生产无法专业化,畜产品产出量小，生产交易成本高，在市场竞争中处于弱势地位。随着企业资本进入牧区，加之在市场经济中，牧民处于不公平贸易竞争（尤其是畜产品流通领域）地位，其经济利益受到很大的损失。经过几十年的家庭经营，一些懂市场会经营的牧民逐渐富裕起来，而另一些缺乏经营能力或受其他因素（高昂的教育、医疗费用，自然灾害）影响等，导致部分牧民贫穷，蒙古国牧民的贫富差距不断变大。蒙古国约70%的牧民不买社会保险，因此从事农牧业的人们社会生活并无保障。对于蒙古国农牧民及中小型企业来讲，促进合作社运动发展，发展具有竞争力的合作社是提高农牧业人口收入、改善生活质量、提高就业率以及保障国民经济增长的重要途径。

（一）影响合作社积极发展的有利因素

1. 与国际接轨程度高

蒙古国合作社的原则和运行机制与国际合作社联盟保持高度一致，在发展合作社方面一直获得国际机构资金和技术方面的支持。合作社是什么？为什么要坚持合作社的道路？对此类问题，合作社培训信息中心和已成立的合作社一直都有明确的认识和坚定的信念。因此蒙古国在发展合作社的道路上与国际社会接轨，少走了很多弯路。

2. 合作社领头人具有积极主动热情的心态

笔者在蒙古国合作社的调研访谈中切身体会到蒙古国合作社成员的精神和态度。蒙古国合作社基础设施建设远远落后于我国，政府对合作社的支持力度也远不及我国，但合作社成员普遍热爱合作社事业，有较强的凝聚力和对彼此的信任。他们积极主动热情地宣传合作社，并随时随地寻找市场，寻求合作，宣传合作社的产品，打通销路。他们对"合作事业的发展需要漫长的过程"这一现实有充分的认识和心理准备，没有大量投资，不求快速回报，在合作的道路上不紧不慢，一步一个脚印地扎实前进。

3. 有国家层面的合作社培训信息中心

蒙古国合作社培训信息中心在推动合作社事业方面作出了重大贡献。在合作社的启蒙阶段，蒙古国就始终重视合作社的培训，开始让培训信息中心

在全国范围内组织开展系统培训活动，分享国内外合作社发展经验，在全国范围内宣传合作社的精神。

以上三要素分别作为合作社发展的外部环境、合作社的主体和合作社的重要推动因素，在合作社发展的道路上会继续发挥重要作用，使合作社在新复兴阶段进一步稳步前行。

（二）影响合作社发展的不利因素

与此同时，蒙古国合作社的发展也存在一些阻碍和不利因素。

1. 社会各界对合作社的认识和重视程度依然很弱

虽然合作社在蒙古国走过 100 多年的历程，但进入新复兴阶段后，社会各界对合作社的重新认识并不宽泛，即便有合作社培训信息中心一直在开展培训和传播信息，但各行各业对合作社的接受程度并不高，已有的合作社规模小、竞争力弱，从而影响力小。

2. 蒙古国合作社贷款难，运行资金不足

蒙古国商业银行及金融机构不了解合作社的所有制特征，对合作社还贷能力没有等级评估体系，普遍认为合作社行业属于风险客户群，对合作社提供贷款的兴趣小，还贷期限短、利息高，因此合作社获得贷款的机会很少，流动资金不足，影响合作社的发展壮大。

3. 蒙古国《民法》和《税务法》中有关条款与《合作社法》相抵触

蒙古国《民法》和《税务法》决定蒙古国中介商家及非正式商人、非合作社成员牧民都不用缴税，而蒙古国合作社销售产品却需要缴纳增值税，因此合作社没有在同样条件下公平竞争的机会。对此，蒙古国《税务法》应进行修订，对农牧业合作社免征增值税或在一定程度上提供优惠。

蒙古国应认真看待合作社发展的有利因素和不利因素，探索适合自身社会经济发展和生产经营方式的合作社模式、方法路径，完善可持续发展政策及相关法律，支持贫困人群在自愿基础上创建合作社，致力于提高牧区牧民及贫困人民的生计，提升生活质量，完善社会保障机制。

外 交 篇
Diplomatic Topics

B.12

2019~2020年蒙古国"多支点"
外交评析

李 超*

摘 要: 2019~2020年，蒙古国与其重要的外交伙伴均加强了合作关系。蒙古国在蒙中建交70周年及蒙俄哈拉哈河战役胜利80周年之际，巩固了与中国的传统友好关系，同俄罗斯提升至全面战略伙伴关系。在"第三邻国"方面，蒙古国与美国确立了战略伙伴关系，与印度发布加强战略伙伴关系的联合声明，并在总统、总理和外长三个层面，同日本进行了互动，强化了对日关系。

关键词: 蒙古国 外交 第三邻国

* 李超，内蒙古自治区社会科学院内蒙古"一带一路"研究所助理研究员，研究方向为蒙古国国别研究。

蒙古国奉行和平、开放、独立和"多支点"的外交政策，促进对外友好关系，加强国家在国际社会中的地位，推动本国有效参与区域合作，是蒙古国外交政策的核心。蒙古国外交的两大方向是处理与作为邻国的中国、俄罗斯及"第三邻国"的关系，而针对上述国家的外交活动，也构成了蒙古国外交的三大"支点"。蒙古国在《2016～2020年政府行动计划》的外交政策部分中指出，深化本国与俄罗斯的战略伙伴关系和中国的全面战略伙伴关系，发展和扩大与邻国互利的经贸合作，为使用两个邻国的海港及领土进行运输创造有利条件；促进与"第三邻国"，即美国、日本、印度、韩国和土耳其等国的传统友好关系，特别是与这些国家优先发展经贸合作关系。2019年，蒙古国外交活动围绕上述方针展开，全面加强了同中、俄、美、印、日的关系。

一 对华关系保持稳定

2019年3月31日，蒙古国外长朝格特巴特尔对中国进行正式访问，并与中国国家副主席王岐山、国务委员兼外长王毅分别举行会谈。朝格特巴特尔表示，发展对华友好合作关系是蒙古国外交政策的首要方针，蒙中相互尊重主权和领土完整、尊重彼此发展道路和核心利益，不断推进各领域合作，两国关系已成为国家间关系的典范。中国国务委员兼外长王毅指出，中国重视发展中蒙全面战略伙伴关系，通过同蒙方开展合作，以支持蒙方经济社会发展的决心不变。

4月24日，蒙古国总统巴特图勒嘎对中国进行国事访问。2019年是蒙古国同中国建交70周年及《中蒙友好合作关系条约》签订25周年，因此蒙古国总统对华国事访问具有重要意义。在访华期间，巴特图勒嘎同中国国家主席习近平举行会谈，双方同意努力构筑符合时代要求的蒙中关系，推动两国关系不断迈上新台阶。在双边经贸合作的框架内，双方就有效和及时利用中国向蒙方提供的无偿援助和优惠贷款，以及优先增加蒙古国对华出口高附加值产品，特别是出口农牧产品达成了共识。对于蒙方的关切和建议，中国领导人给予积极回应，同意成立工作组，研究解除中国对蒙古国西部地区肉制品的进口禁令，并为蒙古国东西部地区对华出口农牧产品提供便利条件，支持蒙古国关于实践"东北亚超级电网"构想的提议。

同时，在蒙中领导人的共同见证下，两国签署多份双边合作文件。除蒙中企业签署的合作协议以外，两国政府间的合作文件包括：《中蒙建交70周年纪念活动计划》《蒙古国与中华人民共和国关于推动"发展之路"倡议和"一带一路"倡议框架下政府间合作计划》、《蒙古国食品农牧业与轻工业部与中华人民共和国商务部组织联合展览的谅解备忘录》、《启动修订〈蒙古国与中华人民共和国经济贸易合作中期发展纲要〉的谅解备忘录》、《蒙古国海关与中华人民共和国海关总署就彼此授权实体的识别和管理计划协议》、《蒙古国交通运输部与中华人民共和国交通运输部道路运输协议的实施协定书》、《中华人民共和国与蒙古国经济技术合作协定》和《蒙古国棚户区重新规划的换文》。①

4月27日，巴特图勒嘎出席第二届"一带一路"国际合作高峰论坛。巴特图勒嘎在发言中提议，"一带一路"应在联合国可持续发展目标方面，例如促进持久、包容性和可持续经济增长方面，给予更多关注与努力。他同时强调，在"一带一路"框架内，希望相关国家共同推动"东北亚超级电网"构想的实现，支持和推动在乌兰巴托建立相应合作机构。作为对华国事访问中的一部分，巴特图勒嘎还到访唐山市，考察了曹妃甸港口，同中国地方官员讨论了相关合作事宜。

6月14日，蒙古国总统巴特图勒嘎同中国国家主席习近平、俄罗斯总统普京举行中俄蒙三国元首第五次会晤。巴特图勒嘎表示，中俄蒙三国间高水平和稳定的合作，为推动三方合作创造良好条件，从中国经过蒙古国，发往俄罗斯和欧洲货运列车的数量，在2016~2018年增长了500%，但中蒙俄经济走廊仍缺乏大项目支撑，需要在经济走廊框架内加快实施优先合作项

① President of Office，"Document Signed During the State Visit of President Battulga to China," https：//president. mn/en/2019/04/26/documents－signed－during－the－state－visit－of－president－battulga－to－china，访问日期：2020年8月2日。

目。最后，蒙古国总统再次提议成立联合工作组，研究中俄天然气过境蒙古国的可行性，建立多边机制实践"东北亚超级电网"构想。

7月10日，中国国家副主席王岐山对蒙古国进行访问，并出席中蒙建交70周年纪念活动，蒙古国总统巴特图勒嘎、总理呼日勒苏赫、国家大呼拉尔主席赞丹沙塔尔同其举行会谈。

10月16日，中国国家主席习近平同蒙古国总统巴特图勒嘎就中蒙建交70周年互致贺电。巴特图勒嘎在贺电中表示，中蒙全面战略伙伴关系在各领域的发展完全符合两国人民的利益，为地区的和平与发展作出了重要贡献。习近平在贺电中指出，中国高度重视中蒙关系发展，愿同蒙方一道努力，共同推动中蒙全面战略伙伴关系发展。

同时，蒙古国对外关系部副部长巴特策策格在中蒙建交70周年，接受了蒙通社的采访。她强调，蒙中关系目前处于历史最好时期，蒙中关系在友好国家和邻国关系中堪称典范，在地区乃至世界范围内，也具有示范性，蒙中关系的发展体现出，大国和小国能够彼此尊重对方利益，并形成互惠互利的伙伴关系。

中蒙建交70周年纪念活动涉及政治、经贸、人文和地方四大方面，共计70项内容。例如：签署《中华人民共和国政府和蒙古国政府关于建设中国蒙古二连浩特－扎门乌德经济合作区的协议》，在蒙举行《习近平谈治国理政》第一卷、《摆脱贫困》西里尔蒙古文版首发式，举办中蒙关系与合作的学术会议等。其中，中蒙政府于2019年6月正式签署的《中华人民共和国政府和蒙古国政府关于建设中国蒙古二连浩特－扎门乌德经济合作区的协议》，对于中蒙经贸合作具有里程碑式的重要意义。2015年，中蒙双方同意在边界两侧各划定9平方公里土地，建设跨境经济合作区，即二连浩特－扎门乌德跨境经济合作区，该合作区计划成为集国际贸易、物流仓储、电子商务、旅游娱乐及金融服务功能于一体的综合开发平台。2016年5月，中蒙签署《二连浩特－扎门乌德中蒙跨境经济合作共同总体方案》。2017年9月，中蒙跨境经济合作区中方一侧进入全面施工建设阶段。本次中蒙两国政府正式签署跨境经济合作区协议，无疑会加强"一带一路"共建与蒙古国

"发展之路"战略的对接，更会为两国对此持观望态度的企业吃一颗定心丸，推动相关企业对中蒙跨境经济合作区的投资。双方也将根据该协议的要求，继续推进后续各项工作。

2020年新冠肺炎疫情发生后，蒙古国外长朝格特巴特尔于1月28日就新冠疫情致信国务委员兼外长王毅，表示愿同中方合作，全力应对此次疫情。

蒙古国总理呼日勒苏赫就新冠肺炎疫情致信李强总理，呼日勒苏赫表示，"患难见真情"，在此困难时刻，蒙古国和蒙古国人民愿同中方并肩努力。

2月27日，蒙古国总统巴特图勒嘎作为疫情发生以来首位访华的外国元首，同中国国家主席习近平举行会谈。巴特图勒嘎强调，蒙中是全面战略伙伴，蒙古国人民对中国人民的遭遇感同身受，愿在这一艰难时刻与中国人民同舟共济，蒙方愿在此前已经向中方提供捐款的基础上，再向中方赠送3万只羊，以表达蒙古国人民的心意。

在此期间，蒙古国自然环境与旅游部、对外关系部、财政部联合启动"永久邻居－暖心支持"援助中国行动，呼吁国家机关、非政府组织和民众为中国抗击疫情捐款。

4月21日，为共同应对新冠肺炎疫情，蒙中联控合作机制正式成立，并于当日举行首次视频会议。这一新的合作机制旨在落实两国元首的重要共识，加强双方沟通协调，推动双边经贸往来有序恢复。

9月15日至16日，中国国务委员兼外长王毅访问蒙古国，王毅此行旨在加强后疫情时期中蒙全方位合作。蒙方对此评价，王毅外长是疫情后首位对蒙古国进行访问的外长，这是中方对蒙中关系高度重视和两国传统友谊的生动体现。在同蒙古国外长、总理和总统分别举行会谈时，王毅指出，中蒙要加强疫情常态化防控合作，加紧推进后疫情合作。

回顾2019～2020年蒙古国对华外交，其特征可被概括为以下三点。

一是加强政治互信。政治互信是中蒙双边关系发展的基础。在两国双边会晤中，无论是在外长，还是在元首层面，双方均不断重申发展两国全面战

略伙伴关系，是各自外交政策的重要内容，两国将相互尊重彼此的核心利益和重大关切。此外，蒙方对"人类命运共同体"的理念表示肯定。上述互动无疑会在政治层面上对中蒙关系产生积极影响。

二是以外交促进外贸。长期以来，中蒙的贸易结构偏重矿产领域，蒙古国一直希望改变这一局面。蒙古国总统在访华期间，再次表现出对华扩大农牧产品出口的意愿，旨在提升非矿产产品在两国贸易结构中的比重，特别是扩大肉类产品的对华出口。蒙古国重视肉类产品出口，在 2018 年中蒙商务论坛召开期间，两国相关企业就签署了《中蒙进出口贸易战略合作框架协议》。根据该协议，双方将进一步就中蒙熟制牛羊肉、马肉、饲料等产品进出口方面开展合作。此外，蒙古国总统到访中国曹妃甸港，体现出蒙古国在交通运输领域，谋求同中国深化合作。由于采矿业是蒙古国的支柱产业，矿产品的对外运输，对该国经济增长发挥着重要影响。因此，作为内陆国的蒙古国，一方面，加强本国交通基础设施与邻国的对接力度，另一方面，寻求邻国在出海通道上给予支持。早在 2016 年，中蒙俄三国政府就签署了《关于沿亚洲公路网国际道路运输政府间协定》，为蒙古国与邻国进一步加强交通运输合作，奠定了法律基础，也为蒙古国对外运输的便利化创造了条件。中国天津港是蒙古国目前最为倚重的海港，而位于河北省的曹妃甸港距离天津 120 公里，是中国北方的重要港口。巴特图勒嘎访问曹妃甸港，意味着蒙高层正在研究该港作为蒙古国陆海联运另一端点的潜力和可能。

三是推动区域合作。《建设中蒙俄经济走廊规划纲要》包含中蒙俄三方研究过境蒙古国的中俄原油及天然气管道的可行性，及三方继续推动可再生能源领域合作的内容。在 2019 年同中国领导人的会晤中，蒙古国总统对上述议题均有强调。蒙古国之所以支持"东北亚超级电网"建设，是由于该构想计划利用蒙古国丰富的风能和太阳能发电，并将电力通过高压直流线路输送至日韩两国。蒙古国可再生能源的开发潜力巨大，国际可再生能源署（IRENA）在 2016 年预测蒙古国拥有可再生能源总量约为 2.6 太瓦。蒙古国有 16 万平方公里的国土（约占领土总面积的 10%）适合建造高功率的风力发电场，其戈壁沙漠地区的太阳能发电潜能，预计在世界同类地区中位列第三。因此，蒙古国希望利用自身的资源天赋，通过与其他国在可再生能源领域的合作，推动本国参与全球经济合作进程。

四是携手战"疫"。2020年是中蒙民心不断拉近的一年。在中方疫情最为严峻的时期，巴特图勒嘎总统代表蒙古国人民宣布对华赠送3万只羊以及蒙古国政府和民间掀起援华抗疫行动，在中国社会引起热烈反响。这充分体现出两国全面战略伙伴关系的高水平，两国关系也在共同抗疫中得到进一步提升。

二　对俄关系有所提升

2019年9月3日，俄罗斯总统普京对蒙古国进行正式访问，这是普京第四次访问蒙古国。

访蒙期间，普京与巴特图勒嘎共同举行了纪念哈拉哈河战役（又称诺门罕战役）胜利80周年的庆典仪式。在接受蒙古国媒体的采访时，普京对此表示，这是俄蒙关系史上最为重要和引人注目的事件之一，哈拉哈河战役的胜利具有重大政治和军事意义，它是日本不在1941年进攻苏联的主要原因之一。巴特图勒嘎强调，哈拉哈河战役胜利庆典警醒着蒙俄两国的人民及其子孙后代，两国间存在的深厚友谊。

在俄蒙共同庆祝哈拉哈河战役胜利80周年的同时，两国签署了多份文件。包括《蒙古国与俄罗斯联邦友好和全面战略伙伴关系条约》、《蒙古国与俄罗斯联邦政府间反恐合作协议》、《蒙古国与俄罗斯联邦政府间促进区域和跨境合作协议》、《恢复2004年俄罗斯联邦向蒙古国提供无偿军事技术援助协议的政府间协定书》、《蒙古国海关与俄罗斯联邦海关就确保恰克图至阿拉坦布拉格国际汽车检查站稳定工作的协定书》、《蒙古国与俄罗斯联邦海关2020～2024年战略合作计划》、《蒙古国矿产资源和石油管理局与俄罗斯联邦国家地质公司合作协议》、《蒙古国邮政和俄罗斯联邦邮政战略合作协议》、《蒙古国珍宝有限公司和俄罗斯联邦电网股份有限公司合作的谅解备忘录》和《蒙古国发展银行评估管理投资有限责任公司与俄罗斯直接投资基

金合作的谅解备忘录》。①

12 月 3 日，应俄罗斯总理梅德韦杰夫邀请，蒙古国总理呼日勒苏赫对俄罗斯进行正式访问。在蒙总理访俄期间，蒙古国与俄罗斯签署涉及能源、外交、交通、劳工、司法、轻工业等领域的 12 份政府合作文件。呼日勒苏赫还出席了蒙俄商业论坛，超过 50 家蒙古国出口公司，参加了本次论坛。在蒙古国总理的见证下，两国政府和企业再次签署了包括《2020～2021 年蒙古国政府同欧亚经济联盟联合工作组行动计划》在内的 8 份合作文件。②

12 月 4 日和 5 日，呼日勒苏赫分别与俄罗斯天然气工业股份公司总裁阿列克谢·米勒和俄罗斯总统普京举行会谈，双方围绕中俄天然气管道过境蒙古国的可行性等议题进行了讨论。蒙俄在推进中俄天然气管道过境蒙古国方面达成共识，将成立联合工作组对相关方案的经济性和可行性进行共同评估。呼日勒苏赫表示，在中蒙俄经济走廊建设的背景下，过境三国的天然气管道将推动三国社会与经济的发展。普京对此回应道，建设连接中蒙俄的天然气管道，不存在任何政治障碍。

2020 年 3 月 31 日，蒙古国国家安全委员会决定成立由副总理恩赫图布辛负责的跨境天然气管道项目工作组。4 月 30 日，根据 2019 年蒙古国政府与俄罗斯天然气工业股份公司签署的合作谅解备忘录有关精神，为推进中俄天然气管道项目过境蒙古国的研究工作，蒙古国驻俄罗斯大使与俄罗斯天然气工业股份公司代表举行视频会议。5 月 5 日恩赫图布辛与俄罗斯驻蒙古国大使举行双边会谈，此次会谈围绕中俄天然气管道过境蒙古国项目的合作、管理及相关专家培训等内容展开，会谈双方预计过境蒙古国的"西伯利亚力量 2 号"天然气管道具有达到年均输气 500 亿立方米的供应潜力。

综合来看，蒙俄确立全面战略伙伴关系以及联合俄罗斯推动中俄天然气管道过境蒙古国，是 2019～2020 年蒙古国在对俄外交方面的重要成果。

① President of Office, "Bilateral Documents Signed," https：//president. mn/en/2019/09/03/bilateral - documents - signed/，访问日期：2020 年 8 月 5 日。

② MontSame, "Prime Minister Attends Mongolia Russia Business Forum," https：//montsame. mn/ en/read/208981，访问日期：2020 年 8 月 5 日。

普京执政后，俄罗斯欲恢复对蒙古国的传统影响力：一方面，通过赠送军事装备、联合军演等，加强与蒙古国在军事领域的交流；另一方面，则在能源、交通、农牧业及轻工业等领域谋求双边合作，俄蒙关系也随之密切起来。2000年，俄蒙签署《乌兰巴托宣言》，俄罗斯在宣言中肯定了蒙古国对俄罗斯在中亚地区外交事务中的重要性。2006年，俄蒙签署《莫斯科宣言》，为两国扩展经济领域的合作奠定了政治基础。2009年，俄蒙确立战略伙伴关系（俄罗斯成为蒙古国首个战略伙伴国）。巴特图勒嘎就任蒙古国总统后，蒙俄在边境地区及交通运输领域的合作力度不断加大。目前，俄罗斯与蒙古国的双边贸易额由2000年的近2.5亿美元，增至2019年的18亿美元，俄已稳居蒙古国第二大贸易伙伴，俄蒙贸易额保持在蒙古国对外贸易总额的10%以上。在上述背景下，在蒙俄确立战略伙伴关系的十年后，两国将双边关系提升至全面战略伙伴的水平，并不令外界感到意外。蒙古国总统公开表示，蒙俄构建全面战略伙伴关系，加强了两国战略互信，扩大了双方在各领域自由合作的空间，蒙俄合作正进入一个新的时代。笔者认为，尽管全面战略伙伴关系条约的签署，可能未必会为蒙俄合作增添新的内容，但由此对两国传统友好关系的加固，却是双方极为需要的，无论从俄罗斯地缘安全的角度来看，还是从蒙古国经济安全和外交平衡的需求出发，蒙俄提升至全面战略伙伴关系的水平，对双方均具有重要意义。

　　根据《蒙古国与俄罗斯联邦友好和全面战略伙伴关系条约》的内容，蒙古国与俄罗斯将在相互信任、良好的睦邻关系和全面战略伙伴关系的基础上，推进各领域互利合作。蒙俄全面战略伙伴关系的合作框架，包含政治、国防、安全、经贸、交通、能源、生态、文化、信息技术和基础设施等领域。条约规定，缔约双方即不参加任何针对对方的军事或政治联盟，也不与第三国达成任何损害另一方主权和独立的协议，并应避免参与或支持针对另一方的任何活动。同时，一些条款也体现出蒙俄两国的特殊关系。例如：双方认为在全面战略伙伴关系的框架内，提升两国国防和军事技术的合作关系，是区域和全球安全的重要组成部分（第4条）；缔约方认为其安全利益

可能受到外来威胁时，可要求立即与对方进行磋商（第5条）。①

蒙俄共同推动中俄天然气管道过境蒙古国，是蒙俄关系发展的新动向。访蒙行程结束后，普京会见了俄罗斯天然气工业股份公司总裁阿列克谢·米勒，要求俄罗斯天然气工业股份公司积极考虑俄中天然气管道途经蒙古国的可行性，并责令其进行相关研究。俄罗斯支持中俄天然气管道过境蒙古国，意在继续巩固和扩展俄蒙在能源领域的传统合作，增强本国同蒙古国的战略联系。俄罗斯在蒙古国能源领域一直扮演着重要角色，从俄蒙贸易结构来看，能源领域是两国经贸关系发展的重点。以2018年为例，蒙古国进口俄罗斯的燃油商品（汽油和柴油等）达11亿美元，不仅占蒙古国进口俄罗斯商品总额的65%，也占蒙古国进口燃油总额的85%。可以预见的是，蒙古国对俄罗斯能源依赖的局面未来仍将持续。

蒙古国全力争取中俄西线天然气管道借道本国，并率先同俄罗斯展开先期合作，其背后具有多方面的原因。

第一，出于国家发展战略的诉求。2013年，蒙古国国家大呼拉尔（议会）通过的《2014年蒙古国国民经济社会发展根本方针》指出："明确并落实建设连接中俄之间的铁路、高速公路、石油和天然气管道、电力能源基础设施的相关政策。"以上述内容为基础，蒙古国又于2014年启动了以连接邻国"五大通道"为目标的"草原之路"战略。2017年，蒙古国将"草原之路"战略升级为"发展之路"战略，但核心内容仍是加强国家交通运输、电力能源、通信联络的基础设施建设等。观察蒙古国的国家发展战略，该国希望利用自身位于中俄之间的地理位置，通过基础设施与邻国对接，发挥区域通道和能源枢纽的功能，变"陆锁国"为"路联国"，从而更为积极地参与区域经济一体化的进程。正是出于这一战略考虑，蒙古国力推中俄天然气管道过境本国。2019年10月，蒙古国总统巴特图勒嘎在会见"东北亚天然气与管道论坛"的参会代表时强调，通过蒙古国的中俄天然气管道具有距

---

① Монгол, ОХУ-ын Иж бүрэн стратегийн түншлэлийн гэрээтэй танилц, Ulaanbaatar Chamber of Commerce, http：//www. ubchamber. mn/pages/4580？fbclid＝IwAR3Tx7f2iC8dCQRI65Ha－OG5OI8sOGJ9GFkV8eEoahO－M07FvxuQG7nR6XY，访问日期：2020年8月7日。

离优势，并拥有向日韩等能源消费国提供天然气的潜力。蒙总统的讲话体现出蒙古国欲借中俄天然气管道项目，发展通道与能源经济，实现与其他东北亚国家更为紧密联系的战略构想。

第二，改善空气质量的需要。2012年，时任蒙古国总统的额勒贝格道尔吉在接受媒体采访时曾表示，蒙古国首都由于广泛使用燃煤炉灶而成为世界上污染最严重的城市之一，中俄天然气管道过境蒙古国，为乌兰巴托改用燃气供热提供了可能性。蒙古国首都特殊的地理环境，及棚户区在冬季需要通过煤炭取暖，导致乌兰巴托冬季空气污染十分严重，蒙古国国内对于使用清洁能源替代煤炭燃料的呼声一直较为强烈。有鉴于此，2014年，蒙古国议会通过"国家绿色发展政策"，将低碳生产和可持续性消费列为国家绿色发展的首要目标。[①] 2016年，蒙古国颁布《蒙古国可持续发展构想2030》，对可再生能源在能源消费中的比例，制定出阶段性的提高目标。[②] 同年出台的《2016~2020年政府行动计划》指出，"设立项目以建立从煤层提取清洁燃气的工厂"[③]。由上可见，蒙古国对改善首都空气质量，降低碳排放量，促进国家绿色发展有着强烈诉求，而过境蒙古国的天然气管道，能够为蒙古国获得稳定、大量的清洁能源创造条件。值得关注的是，2019年，俄罗斯天然气工业股份公司首次向蒙古国提供液化天然气（36吨），其将用于乌兰巴托市公共交通的汽车燃料。如果未来蒙古国对于天然气的使用量逐步扩大，可能会进一步加强蒙古国参与中俄天然气管道项目的意愿。

第三，获取经济利益的考虑。若成为中俄天然气管道过境国，蒙古国将

① "Green Development Policy," http：//extwprlegs1. fao. org/docs/pdf/mon189073. pdf，访问日期：2020年8月10日。

② State Great Hural of Mongolia, *Mongolia Sustainable Development Vision 2030*, https：//www. greengrowthknowledge. org/sites/default/files/downloads/policy - database/MONGOLIA）%20Mongolia%20Sustainable%20Development%20Vision%202030. pdf，访问日期：2020年8月10日。

③ State Great Hural of Mongolia, "Action of Program of the Government of Mongolia," http：//www. mfa. gov. mn/wp - content/uploads/2015/06/2016 - 2020_ Gov_ AP_ Eng_ Revised. pdf，访问日期：2020年8月10日。

因此获得过境收入，蒙古国社会对此给予相当多的关注。2019 年 4 月，蒙古国前驻俄大使杭盖在接受蒙通社的采访时表示，若蒙古国向中国输送的天然气供应规模达到年均 380 亿立方米，本国每年可能因此获得 10 亿美元的收入。

三 同"第三邻国"联系密切

2019～2020 年，蒙古国与其主要"第三邻国"的高层会晤较为频繁。蒙古国总统出访了美国和印度两国，蒙古国总理赴日参加了新天皇德仁的即位仪式。

（一）蒙美确立战略伙伴关系

蒙古国"第三邻国"的概念是由美国率先提出的。1990 年，时任美国国务卿的詹姆斯·贝克访问蒙古国，他公开表示美国愿意充当蒙古国的"第三邻国"。2004 年，时任蒙古国总统的巴嘎班迪访问美国，蒙美确立"全面伙伴关系"。2007 年，时任蒙古国总统的恩赫巴亚尔访问美国，两国发布《蒙古国与美国更为紧密合作原则的联合声明》。2018 年，在蒙古国总理呼日勒苏赫访问美国期间，两国发布《蒙古国与美国扩展的全面伙伴关系联合声明》。

2019 年 7 月 31 日，巴特图勒嘎在当选蒙古国总统后首次访问美国。在蒙古国总统巴特图勒嘎同美国总统特朗普举行会晤后，两国对外宣布，双方确立战略伙伴关系。美国成为蒙古国第 5 个战略伙伴，蒙古国成为美国第 17 个战略伙伴。《蒙美战略伙伴声明》内容有承认基于共同的战略利益、相同的民主价值观、善政、主权原则和对人权的尊重，美国与蒙古国之间的关系，变得日益密切；在共同目标的指引下，蒙美将在政治、经济、文化、教育、人道主义和人员交流等领域中，继续扩大和发展双边关系，以应对变化中的挑战，并在最大程度上创造新的合作机会。同时，蒙美在联合声明中表达了双方的合作方向，即加强民主事务合作；促进区域安全稳定；深化国家安全和执法合作；扩大贸易投资关系；增进边境安全事务和反恐合作；扩展政府及民间交流。① 蒙美关系近年来发展迅速，这与美国将蒙古国视为其印太战略中的重要合作伙伴不无关系，而蒙古国也欲借助美国与其加强联系的战略诉求，提升与美国的合作水平，发展本国的"第三邻国"外交政策。

蒙古国总统访美的另一个重点，是推动美国《第三邻国贸易法案》的通过。自2018年起，部分美国国会议员已连续两次提交名为《第三邻国贸易法案》的议案，其核心内容是对蒙古国羊绒制品免除关税，若该法案得以通过和生效，无疑会推动蒙古国羊绒企业拓展北美市场。蒙古国羊绒产量位列世界第二。2015～2018年，蒙古国羊绒产量的年均增长率为6.9%，2019年羊绒产量预计达到1万吨以上，因此蒙古国政府近年来希望扩大羊绒制品的出口，改善本国对外出口过度依赖矿产资源的局面。巴特图勒嘎就《第三邻国贸易法案》与特朗普进行了有效磋商，还与推动该法案的部分美国国会议员举行了会谈。他在美国公开表示，实施《第三邻国贸易法案》，会提高蒙古国牧民的收入，在蒙古国国内创造更多就业岗位，对蒙古国羊绒和纺织业的发展，也将产生积极影响。

（二）蒙印加强战略伙伴关系

2015年，蒙古国与印度建立了战略伙伴关系，两国对外互称"精神伙伴"或"精神邻国"。在蒙古国"第三邻国"中，印度是第二个与其确立战略伙伴关系的国家。在印度政府推行向东行动政策后，将蒙古国视为本国在东北亚地区的重要合作伙伴。目前，蒙古国与印度的政治互信不断增强、文化交往密切、防务合作机制已经逐渐形成。

2019年9月19日，蒙古国总统巴特图勒嘎对印度进行国事访问。访印期间，巴特图勒嘎与印度总统科温德和总理莫迪分别举行会谈，并对外发布《蒙古国与印度加强战略伙伴关系的联合声明》。蒙印两国还签署了涉及外层空间探索、文化交流、灾害防御、农牧产品进出口等内容的四个政府合作

---

① US. Department of States, "Declaration on the Strategic Partnership between the United of America and Mongolia," https：//www. state. gov/declaration－on－the－strategic－partnership－between－the－united－states－of－america－and－mongolia/，访问日期：2020年8月11日。

文件。需要强调的是,与 2015 年的《蒙古国与印度战略伙伴关系的联合声明》相比,《蒙古国与印度加强战略伙伴关系的联合声明》加入了"印太"因素。该声明指出:印度对"印度太平洋愿景"作出说明,考虑印度太平洋区域所有国家的合法利益,需要通过包容性和集体努力在该区域建立一个开放、自由和包容性的机制,蒙古国对"印度太平洋愿景"表示支持,期望通过包容性和集体的努力,为整个印度太平洋地区带来稳定与繁荣。①

从蒙古国总统访印的交流内容来看,蒙印合作聚焦三大领域。一是文化领域。蒙印拥有历史悠久的文化渊源,自公元 13 世纪以来,佛教迅速发展成为蒙古民族的主流文化形态。大量梵语和藏语的佛教著作开始被翻译成蒙文,蒙古国的众多僧侣还前往印度学习佛法,这是蒙印两国互称"精神邻国"的原因。巴特图勒嘎此行参观了印度的佛教寺庙,与印度领导人共同表示,两国分享着佛教遗产,将在蒙古国佛教古籍的数字化及出版方面加强合作。二是经济领域。印度在 2018 年向蒙贷款 10 亿美元,为蒙古国建造第一座炼油厂(预计年加工原油 150 万吨),这是蒙印两国目前在经贸领域的核心项目。在联合声明中,印方承诺,将向该项目提供额外 2.36 亿美元的贷款,而蒙印也计划在该项目中联合研究铁路运油替代管道输油的可行性。三是外层空间领域。空间技术领域的合作,是蒙印未来合作的新内容。巴特图勒嘎专程访问了印度空间研究组织,并与印度签署关于和平利用空间的政府文件。蒙印在联合声明中强调,两国将在遥感技术、卫星通信、资源测绘等方面继续深化合作。

(三)蒙日重视发展彼此关系

蒙古国与日本在 2010 年确立战略伙伴关系。2013 年,蒙日发布了"中期行动计划",这为两国将"战略伙伴关系"提升至更高水平奠定了基础。"中期行动计划"除包含加强蒙日高层对话、国防交流及蒙日美三国政策沟

---

① President of Office, Joint Statement on Strengthening the Strategic Partnership between Mongolia and India, https：//president. mn/en/2019/09/21/joint - statement - on - strengthening - the - strategic - partnership - between - india - and - mongolia/,访问日期:2020 年 8 月 11 日。

通的内容以外，还强调日本将为蒙古国的可持续经济发展提供支持。2015年，蒙古国与日本签署《自由贸易协定》，旨在促进蒙日之间的贸易自由化和贸易投资便利化。2019年，日本修订的《出入境管理法》生效，蒙古国成为日本接收劳动力的9个国家之一。同期，两国在"特殊技术工人"方面，达成合作谅解备忘录，这为蒙古国工人在日保障自身权益方面创造了条件。

2019年6月15日，日本外相河野太郎对蒙古国进行官方访问，这是日本外相九年以来首次访蒙（日本外相曾分别于1989年、2004年及2010年访蒙）。在与蒙古国外长朝格特巴特尔的会晤中，河野太郎表示，蒙古国与日本共同享有自由、民主、人权和法治等普遍价值观，日本一贯重视与蒙古国的战略伙伴关系，日本希望进一步发展这种关系。朝格特巴特尔则对日本自1990年蒙古国民主化以来，为本国发展提供的支持，表示赞赏。他同时强调，蒙古国与日本的双边关系在多个领域得到发展，蒙古国愿进一步加强与日本的"战略伙伴关系"。访蒙期间，外相河野太郎参加了由日本政府援建的蒙古国第一所医学类院校——蒙日教学医院的开幕典礼。

9月5日，在出席俄罗斯第五届东方经济论坛期间，蒙古国总统巴特图勒嘎与日本首相安倍晋三举行会晤。在向安倍晋三介绍了自己访美及《第三邻国贸易法案》的情况后，巴特图勒嘎强调，蒙古国的羊绒量产量占世界羊绒产量的50%，纺织领域在蒙古国对外合作中具有巨大潜力。安倍晋三表示，蒙美关系的提升，巩固了蒙美日三边合作的基础。

2019年10月21日，蒙古国总理呼日勒苏赫赴日本参加新天皇德仁的即位仪式。在与日本首相安倍晋三举行的会谈中，呼日勒苏赫重申，蒙古国支持日本的和平外交政策及其"印太地区"的概念，蒙古国愿在所有领域深化同日本的战略伙伴关系。

通过总统、总理和外长间的会晤，蒙日关系在官方层面得到强化，双方进一步加强了对发展彼此关系重要性的认知。同时，蒙日也对今后的合作方向达成共识，即通过公共和私人的共同努力，争取早日对外开放新乌兰巴托

国际机场（由日本提供贷款修建），并以"可汗探索"维和联演为平台，在安全领域继续加强合作。

结　语

2019～2020年，蒙古国首次在同一年内升级了与邻国和"第三邻国"的关系，即提升了同俄罗斯和美国的双边关系。蒙古国形成了同中俄确立全面战略伙伴关系，以及同日印美建立战略伙伴关系的对外关系格局。与此同时，蒙古国利用中蒙建交70周年及俄蒙哈拉哈河战役胜利80周年之际，不仅加强了同邻国的传统友好关系，并且签署了多个领域的合作协议，外交成果丰硕。而在"第三邻国"方向，蒙古国通过首脑外交与美印日三国加强了联系。可以预见的是，蒙古国未来仍将坚持在"一带一路"的框架内，扩大同中俄在经济、基础设施、科学、社会和文化领域的合作，并在"第三邻国"外交政策的指引下，以经济合作为主轴，加强同其他国家的交流与联系。

B.13
建交70周年：深化中蒙人文交流新机遇

王启颖*

摘　要：　"国之交在于民相亲，民相亲在于心相通"，人文交流已成为中蒙关系发展的基石和助推器。2019年中蒙两国迎来建交70周年，以此为契机，两国开展了一系列的人文交流和庆祝活动，成为中蒙友好关系发展的见证。"一带一路"以及"中蒙俄经济走廊"建设的不断推进为两国关系的发展注入了新活力，推动两国关系在新的历史时期行稳致远，离不开两国民众和各界的积极支持和广泛参与，因此，要以中蒙建交70周年为新的起点，不断推动中蒙人文交流走深走实，夯实两国关系发展的民心基础。

关键词：　蒙古国　中国　中蒙关系　人文交流

2019年是中蒙两国建交70周年，作为共建"一带一路"的重要国家以及"中蒙俄经济走廊"的主要参与国，近年来中蒙两国关系更加密切，双方政治互信进一步增强，务实合作不断深化，人文交流日益加深。当前，中蒙正在推动全面战略伙伴关系向前发展，这离不开两国民众和各界的积极支持和广泛参与，以中蒙建交70周年为契机，两国开展了一系列多领域、多层次的人文交流活动，打造两国"民心工程"，加深了两

---

* 王启颖，内蒙古自治区社会科学院内蒙古"一带一路"研究所助理研究员，主要研究方向为中蒙区域合作。

国民众的相互了解，也为两国进一步增强政治互信、加强经贸合作夯实了民意基础。

一 顶层设计引领中蒙人文交流新发展

（一）在中蒙建交70周年之际，两国领导人及高层互动频繁，为深化两国人文交流、推动两国关系持续前行指明了方向

2019 年 4 月，在第二届"一带一路"国际合作高峰论坛期间，国家主席习近平、国务院总理李克强分别与蒙古国总统巴特图勒嘎举行会谈，两国签署了推动"一带一路"倡议和"发展之路"对接的双边合作文件，在此期间两国外还签署了《中蒙建交 70 周年纪念活动计划》，在该计划中，为庆祝两国建交 70 周年将举行一系列纪念活动，涵盖政治、经贸、人文、地方交往四大领域 70 项交流活动，其中人文领域的交流活动包括举行中蒙人文交流共同委员会第二次会议、举办中蒙新闻论坛、组织中蒙记者互访、组织中蒙青年代表团互访等 19 项活动，此外地方交往中也涉及多项人文交流活动，如北京市代表团访蒙并在乌兰巴托举行"北京日"活动、组织蒙古国和中国内蒙古自治区师生互访交流活动、支持新疆维吾尔自治区组织文艺、体育团队赴蒙参加文化体育类交流活动，邀请蒙古国团队来疆交流参赛等这些地方与蒙古国的人文交流项目。

2019 年 3 月 31 日至 4 月 2 日，蒙古国外长朝格特巴特尔访问中国，中蒙双方就推进中蒙全面战略伙伴关系、庆祝建交 70 周年和重新签署友好合作关系协议 25 周年以及在区域一体化内开展合作等问题交换意见。中蒙两国表示要加强文化交流和民间交往，使中蒙全面战略伙伴关系不断取得新进展。2019 年 7 月 10 日至 12 日，中国国家副主席王岐山访问蒙古国，先后与蒙古国总理呼日勒苏赫、国家大呼拉尔主席赞丹沙塔尔和总统巴特图勒嘎举行会谈，并出席中蒙建交 70 周年纪念活动。在 2019 年 10 月 16 日中蒙两国建交 70 周年纪念日当天，国家主席习近平和国务

院总理李克强分别与蒙古国总统巴特图勒嘎和总理呼日勒苏赫互致贺电，双方均表示要以建交 70 周年为新起点，共同推动中蒙全面战略伙伴关系不断向前发展。

2020 年 2 月，在中国抗击新冠肺炎疫情期间，蒙古国总统巴特图勒嘎作为疫情发生以来首位访华的外国元首，专程向中国表达慰问与支持，并向中国赠送 3 万只羊，体现中蒙两国守望相助的深厚情谊。习近平主席在与巴特图勒嘎总统会谈时指出，"中蒙是山水相连的友好邻邦，中方高度重视发展中蒙关系，始终将蒙古国作为中国周边外交的重要方向，中方愿同蒙方一道，巩固政治互信，加强共建'一带一路'合作，共同推动构建命运共同体，更好造福两国人民，为地区和平稳定发展作出贡献"①。

（二）合作机制日益成熟，为两国人文交流提供保障

为促进和推动两国人文交流，2017 年中蒙签订《中华人民共和国政府和蒙古国政府关于成立中蒙人文交流共同委员会的谅解备忘录》，成立该机制的主要目的就是统筹协调两国人文领域的交流合作，为两国关系的发展夯实民意基础。2018 年，中蒙人文交流共同委员会第一次会议在北京举行，中蒙两国多个部门参加会议，双方认为，人文交流"成为双边关系不可缺少的重要组成部分，为两国关系发展发挥了积极作用"②。双方同意"启动并运行好中蒙人文交流共同委员会，将其打造为促进两国人文领域合作、拉近两国国民感情、营造双方友好氛围的有效平台，积极开展委员会框架下的交流合作项目"③。在这一机制下，双方共计划实施 44 个人文交流项目，到 2019 年已有 90% 的项目得到落实。中蒙人文交流共同委员会第二次会议于 2019 年 2 月在北京举行，就两国建交 70 周年人文交流合作进行了深入沟

---

① 《习近平同蒙古国总统巴特图勒嘎会谈》，2020 年 2 月 27 日，http：//www. xinhuanet. com/politics/leaders/2020－02/27/c_ 1125635659. htm。
② 《中蒙人文交流共同委员会第一次会议纪要》，中华人民共和国外交部，2018 年 1 月 26 日，https：//www. fmprc. gov. cn/web/wjbxw_ 673019/t1529307. shtml。
③ 《中蒙人文交流共同委员会第一次会议纪要》，中华人民共和国外交部，2018 年 1 月 26 日，https：//www. fmprc. gov. cn/web/wjbxw_ 673019/t1529307. shtml。

通，除举行周年庆典外，还计划实施多项人文交流项目，包括 20 多个人文领域合作项目以及 20 多个地方间交流合作项目，如举办"中国电影月"、"中国电影周"、"播放中国纪录片和电视剧月"、"中蒙联合春晚"和"蒙古国地方青年人眼中的蒙中关系 70 年"等以及蒙古国与中国内蒙古自治区、新疆维吾尔自治区、天津市实施的多个项目。中蒙人文交流共同委员会从顶层设计上为推动两国民心相通提供了制度机制保障。双边人文交流达成了多个积极成果，两国公民流动超过 220 万人；蒙古国 1 万多名学生到中国求学，其中 1/3 的学生获得了中国政府奖学金。

二　多种交流平台为中蒙人文交流提供保障

近年来，随着中蒙人文交流日益密切，已搭建多种人文交流平台，成为连接两国民众、促进民心相通的重要桥梁。

（一）"文化周""文化日"等活动已成为中蒙文化交流的盛会

北京市与乌兰巴托市于 2014 年建立友好城市关系，2019 年既是中蒙建交 70 周年，也是这两个城市建立友好关系 5 周年。2019 年 7 月，乌兰巴托举办了"北京日"，这是乌兰巴托首次举办"北京日"活动，在"北京日"活动期间，举行了北京市文献展、生态绿色照明展览以及文艺演出等活动。2019 年 12 月，北京举行了"蒙古国文化日"。与蒙古国接壤的内蒙古自治区，成为中蒙人文交流的前沿，2019 年 9 月，在蒙古国乌兰巴托和部分地区举办了中国内蒙古文化日。"文化周"和"文化日"活动得到两国政府的高度重视，是新时期中蒙人文交流与合作的良好平台，对加深两国政府和人民的相互了解与友谊起到重要作用。

（二）乌兰巴托中国文化中心成为展示中国文化的重要窗口

乌兰巴托中国文化中心 2011 年正式启用，已经成功举办多项人文交流活动，包括各类中蒙友好交流晚会、绘画艺术展、中医讲座、中国文化纪录片展映等，协助举办了在蒙古国各地举行的"中国文化周"等活动。2019年，乌兰巴托中国文化中心更是举办了一系列以"庆祝建交70周年"为主题的人文交流活动，有"我们知道和不知道的中蒙友谊"图册图片展、"欢乐春节"系列活动、"庆祝中蒙两国建交70周年春节歌舞晚会"，在蒙古国几个省份举办中国旅游文化周、中蒙文化名人座谈会、中国电影巡回展映等系列活动，不断丰富中蒙人文交流的内容。

（三）孔子学院成为推动中蒙人文交流的媒介与品牌

目前蒙古国已成立2所孔子学院，第一所是蒙古国国立大学孔子学院，由蒙古国国立大学与中国山东大学于2007年共同创办。随着汉语在蒙古国持续升温，该孔子学院的学员人数也在不断增加，从2007年成立时的几十人增加到2019年的5000多人。蒙古国国立大学孔子学院不仅进行汉语教学，还关注汉学学术研究，2010年成立了"蒙古国汉学家俱乐部"，2014年出版了《蒙古国汉学研究》学术期刊。为让蒙古国民众理解中国文化精髓，蒙古国国立大学孔子学院蒙方院长其米德策耶翻译出版了蒙文版《习近平谈治国理政》、《论语》和《孙子兵法》等作品，获得了蒙古国翻译作品最高奖，该院长作为外方院长两次获得"全球孔子学院先进个人奖"，蒙古国立大学孔院两次获得"全球先进孔子学院"。2015年蒙古国国立教育大学与东北师范大学合作建立了蒙古国第二所孔子学院——蒙古国国立教育大学孔子学院。其主要特色是培养和培训蒙古国本土汉语教师，推动蒙古国汉语师范专业建设和汉语教学研究等。蒙古国两所孔子学院不仅是语言教学的重要平台，更是深化中蒙人文交流、促进多元文明交流互鉴的载体。

三　多领域"全面开花"使中蒙人文交流更加丰富多彩

（一）智库合作、学术交流开拓中蒙人文交流新局面

智库是政府和社会的"思想库""智囊团"，具有决策咨询和舆论引导

的作用，在国际关系和公共外交中发挥着重要作用。加强智库与学术界的交流合作，对于推动中蒙关系发展不仅是必需的而且是必要的。蒙古学、历史、语言、民族、文学等内容是中蒙学术层面交流与互动的主要议题，以学术会议、学者互访、田野调查等形式开展。随着"一带一路"以及"中蒙俄经济走廊"建设的推进，关于中蒙以及中蒙俄三国政治、经济、外交关系的智库间交流合作日益增多。2015 年 9 月在乌兰巴托成立了中蒙俄智库合作联盟，中蒙俄 30 多家机构参加了此次智库合作联盟，通过每年召开年会的形式促进和推动中蒙俄三国智库和学术交流。在 2019 年中蒙俄智库论坛上三国专家学者围绕"共建丝绸之路经济带新平台"、"共谋中蒙俄经济走廊新思路"和"共促贸易畅通新发展"等议题开展研讨交流。受新冠肺炎疫情影响，2020 年中蒙俄国际智库论坛以视频方式举行，论坛主题为"抗击疫情推动中蒙俄经济走廊建设走深走实走好"。智库联盟成立以来，三国不断深化智库合作交流，为共建中蒙俄经济走廊建言献策，为三国政府提供智力支持。

（二）中蒙旅游合作具有广阔前景

蒙古国政府正在积极推进经济多样化发展，大力发展旅游业成为当前蒙古国政府的重要目标之一。蒙古国具有丰富、独特的自然景观，中国是旅游消费大国，同时也具有丰富的旅游资源，加强双方旅游合作，将更好地惠及两国人民。作为中蒙建交 70 周年的重点活动，2019 年 8 月中国文化和旅游部与蒙古国自然环境与旅游部在乌兰巴托共同举办文化旅游推介活动，向蒙古国业内及媒体人士展示了中国丰富多彩的文旅资源，双方与会企业代表就开拓旅游产品进行了充分的交流，取得了丰硕成果。在"一带一路"及"中蒙俄经济走廊"建设框架内，为中蒙旅游合作提供了更广阔的发展平台。

（三）鉴于传媒在信息传播和舆论影响方面表现出来的控制力和影响力，中蒙也在积极加强传媒领域的合作

与蒙古国接壤的内蒙古自治区，凭借独特的区位与语言优势，成为中蒙

媒体交流的桥头堡。目前，内蒙古电视台蒙古语卫视、内蒙古人民广播电台第九套节目"中国草原之声"、中蒙合资桑斯尔有线电视台以及《索伦嘎》杂志和索伦嘎新闻网等已经成为讲好中国故事、引导民心相通的重要平台。2010 年创办的中蒙新闻论坛，每年举办一次，2020 年第十一届中蒙新闻论坛召开，以"疫情下的媒体：挑战、经验与合作"为主题。中蒙新闻论坛作为中蒙新闻领域的常态化交流机制，合作层次和规模逐步扩大，逐步形成了多层次、跨领域、多角度的合作交流机制，成为增进两国友谊，促进两国人民相互了解的重要桥梁。

（四）考古合作打造中蒙人文交流新亮点

近年来，中蒙两国在文化遗产保护、考古方面展开了一系列合作。早在2005 年，中国内蒙古自治区就与蒙古国签订了《蒙古国境内古代游牧民族文化遗存考古调查、勘探、发掘研究合作项目意向书》，正式启动了合作考古研究项目，至今已取得多项考古研究成果。2015 年 8 月，在蒙古国国家博物馆举办了"草原游牧民族与丝绸之路暨中蒙联合考古研究十年成果展"，展示了考古出土文物 150 余件。2019 年 6 月由中国内蒙古博物院与蒙古国国家博物馆承办的"大辽契丹 – 中国内蒙古辽代文物精品展"在蒙古国国家博物馆开展，这是中国内蒙古自治区与蒙古国首次联袂举办的大型文物展览。此次展览是内蒙古大型历史文物首次在蒙古国呈现，对深入了解不同地域文明之间的互动往来关系和促进两国文化交流、拓展草原丝绸之路文化内涵具有重要意义。此外，随着中蒙俄经济走廊的建设，三国人文交流也在不断加强，目前三国正在积极推动"万里茶道"联合申遗，2019 年 12 月在中国举行了申遗推进活动。

（五）各级地方政府成为开展中蒙人文交流的前沿

中蒙两国除在国家层面开展丰富多彩的人文交流外，各级地方政府也发挥自身优势和特点与蒙古国加强人文交流合作，尤其是与蒙古国接壤的地区成为中蒙人文交流的前沿和窗口。中国内蒙古自治区作为与蒙古国边

境线最长的省份，在推动中蒙俄经济走廊建设、加强与蒙古国人文交流方面发挥着重要作用。由商务部和内蒙古自治区人民政府主办的"中国－蒙古国博览会"成为中蒙两国乃至东北亚地区贸易、投资、旅游合作的新平台，每两年举办一届。2019 年第三届中国－蒙古国博览会在内蒙古自治区乌兰察布市开幕，本届博览会以"建设中蒙俄经济走廊，推进东北亚区域合作"为主题，除中蒙两国外还有韩国、俄罗斯、日本、以色列及其他国家的企业代表参会。内蒙古自治区各边境口岸城市也利用自身优势积极与蒙古国开展独具特色的人文交流活动。2019 年 1 月在二连浩特举办了庆祝中蒙建交 70 周年暨第二届二连浩特"茶叶之路"中蒙国际冬季文化旅游交流活动，该活动持续近两个月，包括一系列参与性、体验性、互动性的体育竞技、冰雪运动、民俗活动等。2019 年 1 月，在另一中蒙重要口岸甘其毛都举办了中蒙"冰雪甘其毛都"国际那达慕，通过赛马、赛驼、射箭、国际象棋、搏克、摩托车拉力、千人徒步、沙嘎等传统与现代相结合的比赛，拉近了两国人民的距离。2019 年 5 月蒙古国前杭爱省举办了"中国旅游文化节"，6 月在内蒙古自治区鄂尔多斯市举办了"乌兰巴托文化与旅游宣传日"，扩大了中蒙两国之间的旅游和文化交流，加深两国人民之间的相互了解和友谊。

四 惠民项目夯实中蒙人文交流基石

中蒙人文交流的目的在于促进民心相通，广大民众的认可是中蒙关系向前发展的基石，近年来中蒙合作项目越来越多地关注蒙古国民生领域，尤其在"一带一路"框架内实施了真正惠及蒙古国民众的诸多项目，使更多蒙古国民众感受和享受到中蒙关系发展的实际利益。"天使之旅——'一带一路'大病患儿人道救助计划"之蒙古国行动，2017 年由中国红十字会和内蒙古自治区红十字会发起，已经免费救治了 100 名蒙古国先心病患儿。"一带一路·光明行"蒙古国行动已累计筛查蒙古国眼疾患者 2479 人，实施免费复明手术 310 例。2019 年 6 月，作为中蒙两国建交 70 周年纪念活动之一的"一带一路·光明行"在乌兰巴托正式启动，并签署了《"一带一路·光明行"白内障患者人道救助计划蒙古国行动合作协议》，此后5年内，中国内蒙古自治区红十字会和中国红十字会将为蒙古国白内障患者实施1000例免费复明手术。除关注民生领域合作项目外，中国也援建了许多蒙古国基础建设项目。2019年1月由中国政府援助3000万美元建成的蒙古国首个残疾儿童发展中心投入使用，成为蒙古国的最大、最现代化、功能最齐全的残疾儿童治疗康复场所。目前蒙古国约有10.3万残疾人，其中儿童有11453人，残疾儿童发展中心投入运营后，将为数十万蒙古国儿童身心健康保驾护航，进一步完善蒙古国医疗体系建设。这一工程成为深化中蒙两国合作、增加互信、提升友谊的又一标志性工程。此外，中国还参与了蒙古国乌兰巴托污水处理厂、棚户区改造等基础设施项目建设。

五 以建交70周年为契机，推动 中蒙人文交流迈上新台阶

在"庆祝中蒙建交70周年"框架下开展的一系列人文交流活动，成为两国立足新起点，推动两国关系持续前行的历史见证。加强人文交流，推动民心相通是一项艰巨而长远的事业，需要各界力量共同参与，尤其是在"一带一路"及中蒙俄经济走廊建设持续推进过程中，两国应建立政府、智库、民间三位一体的沟通体系，全方位加强中蒙人文交流与文明互鉴，更好地促进两国民心相通，推动中蒙关系行稳致远。

（一）发挥官方作用，健全和完善中蒙人文交流的"软件"和"硬件"

政府在中蒙人文交流中应发挥顶层设计和宏观引导作用，在完善人文交流机制的同时加强交通、通信等基础设施建设，从"软件"和"硬件"两个方面着手，保障两国人文交流健康有序进行。为此，一方面要加强与蒙古国在公路、铁路、航空等交通基础设施，通信、网络等信息基础设施方面的

建设，这不仅是扩大人文交流的前提和基础，也是"一带一路"与中蒙俄经济走廊建设需要解决的重要问题。另一方面要加强人文交流，一是建立合作协调机制，从政府层面协调各部门，统筹规划和解决中蒙人文交流中的问题；二是建立合作保障机制，如创立专门的人文交流基金会，重点扶持一些中蒙人文交流的民间项目或资助社会团体组织的交流活动，这种扶持不仅体现在对外出访、交流上，也可用于资助优秀出版物、影视节目等，以增加中蒙人文交流的广度和深度。

（二）加强中蒙两国智库间的相互交流与沟通

在"一带一路"及中蒙俄经济走廊实施过程中会遇到许多困难和不确定性因素，加强两国智库交流与合作不仅是必需的而且是必要的。为此，一方面，可以通过举办论坛和学术交流活动的形式，就双方都关切并且影响双边关系发展的问题如历史观问题、民族宗教问题、经贸发展问题等进行学术领域的交流与研究，为解决双方实际问题提供理论支撑。另一方面，可以定期组织刊物介绍对方社会经济发展情况以及学术界最新观点，对学术界有影响的作品进行翻译等，不仅可以了解对方的思想和观点，还能够影响双方舆论界甚至为决策者提供理论参考。

（三）通过多种途径，讲好中国故事

国家形象的宣传不应成为政治宣传或意识形态的宣传，而应强化其文化色彩，这样的形象才更易于被国际社会接受。当前仍有部分蒙古国民众对中国存有负面认识，对中国形象存在负面评价，根本上是对中国文化形象的不熟悉，所以中国在进行对外宣传时应突出文化内涵。为此，在对蒙宣传时，首先要体现中国"和而不同""和谐共存"的价值观，中国尊重各国不同的历史传统、基本国情和发展道路，奉行"与邻为善、以邻为伴"、"亲、诚、惠、容"的周边外交理念；同时在宣传"一带一路"和中蒙俄经济走廊构想时要着重突出"互利共赢"和"共同发展"的理念，以此减少部分蒙古国民众对中国的疑虑和误判，达到增信释疑的作用。此外，在对外宣传时还

要尊重蒙古国受众的语言和思维习惯，以对方受众喜闻乐见的方式传播中国声音，形成中国声音的"本土化"表达。

（四）多向国内介绍蒙古国的历史文化以及经济社会发展情况

当前国人对欧美文化的了解和接受程度要远远大于蒙古国这个近邻，尤其是在人文领域，对蒙古国的宣传和介绍较少，中国民众对蒙古国的社会经济发展状况、传统文化等方面缺乏了解，人文交流活动也大多集中于与蒙古国接壤的省份。所以要利用"文化周""文化日"等平台，通过网络、电视、报刊、广播等多种传媒途径向国内民众介绍蒙古国政治、经济、外交、社会、民族等方面的信息和情况，增进国内民众对蒙古国的了解。同时在学术领域，将蒙古国作为我国周边重要邻国要进行全面研究，包括政治、经济、外交以及民生舆论关切等各个方面，为更好地推动中蒙双边关系发展、"一带一路"共建提供政策建议和理论支持。

（五）充分发挥在蒙古国的中国企业、组织和个人的作用，使其成为宣传中国的有力媒介

根据蒙方统计，1990 年以来共有 5000 多家中资企业在蒙投资，占蒙古国外资企业数量的一半以上。除企业外，还有以个体商贩、务工人员等身份到蒙古国的中国公民，他们都是中国形象的直接展现者，应充分发挥这些企业、组织和个人的作用。一方面，出国前加强对其培训，使其更好地了解蒙古国的基本国情、风土人情和法律法规；另一方面，鼓励中国企业、民间组织主动"入乡随俗"，在投资合作、开展活动的过程中主动融入当地民众，还可以创立专门的人文交流基金会，对一些民间项目或社会团体组织的交流活动给予资助，为两国文化沟通搭建桥梁。

（六）发挥与蒙古国接壤的边境地区的桥梁与纽带作用，推动两国人文交流从边疆向内地辐射

当前中蒙人文交流除国家层面的交流活动外，民间交流更多地集中于与

蒙古国接壤的内蒙古自治区、新疆维吾尔自治区等边疆地区，这些地区具有得天独厚的区位优势、人文优势以及丰富的实践经验，未来应继续加强和发挥边疆地区在中蒙民间交往的优势，通过制定更加完善的边民往来政策，促进两国民间交往与交流；同时加强边境地区与内地联动，使两国民间交流范围由边境向内地辐射，扩大两国民间交流的受众范围和影响力。民间交往的繁荣离不开制度机制的保障，未来还应将建立和完善民间交流机制作为两国人文交流的重点进行推进，同时不断丰富民间交流的形式和内容，使两国人文交流更深地扎根于民间，为两国关系持续健康发展汲取更多养分。

附　录
Appendix

B.14
蒙古国大事记2019~2020年

刘巴特尔*

2019年

1月

7日　蒙古国政府决定将阿斯嘎特银矿、萨利赫特银矿矿权转给额尔登斯蒙古公司。阿斯嘎特银矿经营权原属于俄资"MONROSTSVETMENT"有限公司，萨利赫特银矿经营权原属于中资JPF有限公司，因违反《矿产法》被政府吊销。

14日　财政部部长其·呼日勒巴特尔通报：蒙古国2018年预算收入首次超过10万亿图格里克，创历史新高。此外，蒙古国政府债务占国内生产总值的比例2017年底为74.4%，2018年底下降至60.9%。

15日　中国驻蒙古国大使邢海明会见蒙古国外长朝格特巴特尔，双方

---

* 刘巴特尔，蒙古国内蒙古总商会名誉会长。

就中蒙建交 70 周年庆祝活动、两国各领域务实合作、人文交流等深入交换意见，达成广泛共识。

18 日 蒙古国矿业与重工业部部长道·苏米亚巴扎尔会见中国驻蒙古国大使邢海明，双方围绕两国矿产领域合作，尤其是在煤炭出口、边境口岸、加工厂建设项目上务实、有效合作的可能性深入交换了意见。

23 日 蒙古国统计局公布，蒙古国现有 116 位百岁老人安享晚年。

24 日 中国援建的蒙古国首个残疾儿童发展中心竣工移交仪式在乌兰巴托举行，蒙古国人力资源和社会保障部部长萨·钦卓越日格、中国驻蒙古国大使邢海明等参加仪式。该中心建筑面积 1.49 万平方米，由中铁四局承建。

29 日 蒙古国国家大呼拉尔（议会）全体会议审议了由 39 名议员联名提交的关于解除现任国家大呼拉尔主席赞·恩赫包勒德职务的议案并投票表决，最终以 66.2% 的赞成票通过了议案。

31 日 蒙古国政府做出将尊毛都、麦达尔等小城镇发展成乌兰巴托市卫星城的决定。政府批准实施乌兰巴托新国际机场和尊毛都、麦达尔市发展相结合的 2030 年发展总规划。

2月

1 日 国家大呼拉尔经投票选举，大呼拉尔议员、原政府办公厅主任贡·赞丹沙塔尔当选大呼拉尔主席。议员奥云额尔登接任政府办公厅主任。

18 日 由中国文化和旅游部、中国驻蒙古国大使馆、中国国务院新闻办、乌兰巴托中国文化中心共同主办的庆祝中华人民共和国成立 70 周年暨中蒙建交 70 周年新春晚会在蒙古国首都乌兰巴托中央文化宫隆重举行。

25 日 中蒙人文交流共同委员会第二次会议在中国北京召开，蒙古国对外关系部国务秘书达·达瓦苏伦、中国外交部副部长孔铉佑等双方委员出席。会议讨论了 2018 年第一次会议提出的目标落实情况。

28 日 中国政府优惠出口买方信贷建设的乌兰巴托中央污水处理厂开工仪式在松根海尔汗区举行，蒙古国总理乌·呼日勒苏赫、外长朝格特巴特尔、建筑与城建部部长哈·巴德勒汗、乌兰巴托市市长苏·阿玛尔赛汗和中国驻蒙古国大使邢海明、中铁四局集团董事长张河川等蒙中双方嘉宾和代表出席了开工仪式。

3月

11 日　蒙古国总理乌·呼日勒苏赫看望执行联合国任务的蒙古国赴南苏丹第八批维和部队,维和部队举行了阅兵仪式。目前蒙古国维和部队有850人在该地区执行任务。

13 日　蒙古国国防部部长恩赫包勒德对土耳其进行正式访问,与土耳其国防部部长胡卢西·阿卡尔就两国国防领域合作交换了意见。

13 日　蒙古国央行、经济研究院和日本国际协力机构(JICA)合作举办的“经济现况及未来趋势”论坛上,与会者将蒙古国经济局势评价为积极。但专家警示,为恢复外国投资商的信心,蒙古国需要建立预防投资风险的国家协调机制。

15 日　中国驻蒙古国大使邢海明同蒙古国各主流媒体、政党、智库和在蒙华侨、汉语志愿者教师等举行座谈,介绍了中国2019年两会主要情况,回顾了过去一年中国内外建设和社会发展取得的辉煌成就,畅谈中国未来发展的光明前景并答复了新闻媒体代表的提问。

22 日　由蒙古黄金生产者协会、蒙古矿业交易所、蒙古国央行共同主办的第三届“蒙古黄金大会－2019”国际论坛在乌兰巴托举行,今年的主题是“绿色生态,增产增储”。2018年蒙古国生产黄金22吨,产值9亿美元,占GDP的8%。

25 日　应蒙古国总理乌·呼日勒苏赫邀请,韩国国务总理李洛渊对蒙古国进行正式访问。

26 日　蒙古国国家大呼拉尔审议通过了《矿产法修正案》,黄金开采企业和个人向蒙央行及其授权商业银行出售黄金时,需缴纳5%矿产资源使用税,之前已施行5年的2.5%优惠税率从2019年4月8日起停止。

31 日　应中国国务委员兼外交部部长王毅邀请,蒙古国对外关系部部长朝格特巴特尔对中国进行正式访问。

4月

4日　蒙古人民党主席、政府总理呼日勒苏赫在乌兰巴托会见中国宋庆龄基金会主席王家瑞,欢迎他在蒙中建交70周年具有重要意义的时机率团访蒙。

8日　资本银行破产。因无法开展结算业务和无力支付和储户存款,蒙古国央行决定清算资本银行有限责任公司。

22日　蒙古国和美国政府间贸易投资第4次会议在华盛顿召开。与此同时举办了"蒙古国文化遗产日"、"蒙古国制造-2019"展览和商业论坛。

24日　世行乌兰巴托代表处提出蒙古国应注意影响经济增长的风险因素。世行提议蒙古国政府须关注国内政治不稳定、中美贸易摩擦、原材料价格波动、边境物流障碍、银行业改革进展缓慢等风险对经济增长的影响。

24日　应中华人民共和国国家主席习近平邀请,蒙古国总统哈·巴特图勒嘎对中国进行国事访问,双方达成"未来在各层面上不断深化全面战略伙伴关系,发展互利共赢的务实合作"的共识。26日,哈·巴特图勒嘎总统出席在北京召开的第二届"一带一路"国际合作高峰论坛。

5月

1日　蒙古国移民局实现签证服务电子化,线上受理从蒙古国驻外使领馆领取31~90天临时访问签证、30天居留证、多次往返入境签证以及从边境口岸领取各种签证的申请。

1日　首届"好莱坞走进蒙古国"国际电影节开幕式在乌兰巴托举行。

7日　蒙古国国家电影制片厂奠基仪式在位于中央省宗莫德县10公里处的麦德尔生态城举行,蒙古国总统哈·巴特图勒嘎出席仪式并致辞。

9日　基于最高法院提名,蒙古国总统哈·巴特图勒嘎任命赫·巴特苏荣为蒙古国最高法院首席大法官。

17日　前议员格·巴特呼在国家宫办公室突然倒地,不幸去世。格·巴特呼曾担任政府委员和国家大呼拉尔副主席。

21 日 由蒙古国对外关系部和蒙古国央行共同主办的"外贸与投资环境及其挑战"主题研讨会在对外关系部协商厅举行。各国驻蒙古国外交使节、国际组织、国家机关、私营企业代表和学者等 120 多人参加会议。

27 日 由各国议会联盟和蒙古国国家大呼拉尔共同主办的"落实可持续发展目标"各国议会联盟亚太地区大会在蒙古国国家宫召开,来自亚太地区 19 个成员国,非成员国以及国际组织 100 余名代表参会。

27 日 蒙古国驻华大使馆和中国人民对外友好协会在北京共同举办了《中蒙友好合作关系条约》签订 25 周年庆典活动。活动期间,蒙古国对外关系部副部长巴·巴特琪琪格与中国人民政治协商会议副主席苏辉就双方合作问题深入交换了意见。

6月

3 日 蒙古国总统哈·巴特图勒嘎接见中国治理荒漠化基金会代表团。2019 年 4 月,哈·巴特图勒嘎总统对中国进行国事访问时期,与中国国家主席习近平会谈时就减少两国边境地区沙尘暴和荒漠化问题交换了意见。哈·巴特图勒嘎总统对中方在短期内迅速落实这一问题表示赞赏。中国治理荒漠化基金会副秘书长李正义对总统哈·巴特图勒嘎的接见表示感谢。

4 日 中国商务部部长钟山与蒙古国食品农牧业与轻工业部部长其·乌兰在北京正式签署《中华人民共和国政府和蒙古国政府关于建设中国蒙古二连浩特－扎门乌德经济合作区的协议》。

6 日 蒙古国副总理乌·恩赫图布辛率团出席在圣彼得堡举行的第 23 届圣彼得堡国际经济论坛,他表示,为利用连接两大国以及两大洲的地理优势,蒙古国争取实现其"发展之路"项目与欧亚经济联盟和中国"一带一路"共建对接,并实施《建设中蒙俄经济走廊规划纲要》。

13 日 蒙古国总统哈·巴特图勒嘎出席在吉尔吉斯斯坦比什凯克举行的上合组织成员国元首理事会第十九次会议并发表讲话。他表示,蒙古国高度重视发展与上合组织成员国和观察员国之间的合作,其中蒙古国与中国和俄罗斯两个邻国在基础设施、经济、投资、贸易、跨境运输等领域正在进行

互利合作。

15 日 为期两周的"可汗探索－2019"多国维和军事演习在乌兰巴托附近的蒙古国武装力量训练中心开幕，来自蒙古国、中国、美国、韩国、日本等 38 个国家的 1700 多名官兵参演。

15 日 应蒙古国外长朝格特巴特尔的邀请，日本外务大臣河野太郎对蒙古国进行正式访问。朝格特巴特尔外长同河野太郎大臣举行了正式会谈。

20 日 由蒙古国国家大呼拉尔主席贡·赞丹沙塔尔倡议，蒙古国开发银行承办的"创新与投资"论坛在蒙古国首都乌兰巴托召开。

26 日 17 名法官因在萨利赫特（Salkhit）银矿矿权争夺案受贿被停职，引发司法界丑闻。

27 日 中国内蒙古自治区主席布小林会见蒙古国政府总理乌·呼日勒苏赫。乌·呼日勒苏赫总理表示，内蒙古自治区一直以来是蒙古国与中国合作的桥梁。布小林还会见了政府副总理乌·恩赫图布新、外长朝格特巴特尔等政要并出席有关经贸、文化教育、医疗等友好交流活动，双方签署了一系列合作协议。

7月

1 日 正在对蒙古国进行访问的美国总统国家安全事务助理约翰·博尔顿拜会蒙古国总统哈·巴特图勒嘎。蒙古国总统表示，约翰·博尔顿阁下对蒙古国进行的此次访问体现美国对蒙美合作关系予以高度重视。约翰·博尔顿说，近年来蒙美军事合作取得显著发展，美国高度评价蒙古国武装力量对维和行动作出的贡献。双方还讨论了发展两国合作交流以及地区安全、能源等问题。

5 日 从首都乌兰巴托至位于中央省斯尔格楞县贺西格盆地新机场的32.2 公里高速公路建成并举行通车仪式。蒙古国总理乌·呼日勒苏赫、中国驻蒙古国大使邢海明等参加仪式并致辞。这是蒙古国第一条高速公路，由中国中铁四局承建。

10 日 应蒙古国总理乌·呼日勒苏赫邀请，中国国家副主席王岐山访问蒙古国。访蒙期间，王岐山会见了蒙古国大呼拉尔主席贡·赞丹沙塔尔和总统哈·巴特图勒嘎。同副总理恩赫图布辛共同出席了中蒙建交70周年纪念大会，向中蒙关系杰出友好人士颁奖，并出席了那达慕大会开幕式。

20日 蒙古国首架货运飞机"波音737-300"降落在成吉思汗国际机场。蒙古国大呼拉尔议员、交通运输部部长贝·恩赫阿木嘎兰和民航总局领导参加了接机仪式。这架飞机属于"蒙古航空货运"有限责任公司，执飞乌兰巴托至北京、上海、广州、呼和浩特、中国香港、首尔、东京、莫斯科、伊尔库茨克、乌兰乌德等航线。

20日 以庆祝中蒙建交70周年、北京市和乌兰巴托市建立友好城市关系5周年为主题的"北京日"活动在乌兰巴托开幕。活动期间，举办了文艺演出、北京市文献展和生态绿色照明展。北京市西城区和乌兰巴托市青格尔泰区签署了建立友好关系协议。

24日 由蒙古国科学院古生物地质研究所主办的亚洲恐龙协会第四届大会在乌兰巴托召开，来自中国、俄罗斯、韩国、日本、泰国和马来西亚等12个国家的80多位科学家展示了他们的成果。蒙古国教育文化科学体育部德·奥德格日勒局长说，蒙古国在恐龙出土及研究方面处于全球领先行列，蒙古国正筹备建设恐龙博物馆。

8月

1日 蒙古国总统哈·巴特图勒嘎对美国进行访问，其间会见了美国总统特朗普，讨论了国防安全、贸易与投资、主权及法治等问题。双方宣布，将蒙美两国关系提升为战略伙伴关系。

6日 蒙古国和中国政府间经贸、科技合作委员会工作组会议在蒙古国对外关系部举行。蒙中双方围绕加快中国为蒙古国提供优惠贷款、无偿援助项目落实进展；在两国经贸合作框架内增加蒙古国非矿产品及农牧产品出口；推动能源、基础设施和运输合作；尽早解决向中国出口肉制品禁令；修订发展蒙中经贸合作中期规划等交换意见。

7日 "大图们江倡议"东北亚国家与地区联合工作委员会第7次会议

在蒙古国肯特省成吉思汗市举行，来自中国、韩国、朝鲜、日本、德国等国的60余人参会。

8日 应蒙古国国防部部长恩赫包勒德的邀请，美国国防部部长马克·埃斯珀访问蒙古国。双方围绕两国国防领域合作和未来发展趋势交换了意见。

8日 占地9000公顷的"失吉忽图忽－伊赫扎萨克"综合建筑奠基仪式在肯特省举行。蒙古国政府将肯特省宣布为"历史文化旅游区"，计划分别在该省多个县建设历史文化综合项目。

23日 在中国澳门举行的记忆力国际公开赛中，蒙古国派出的12名选手和2名指导教师分别获得14枚金牌、20枚银牌和23枚铜牌，再次获得团体冠军。这是蒙古国第54次成功参加记忆力国际比赛，共计获得937枚奖牌并打破多项世界纪录。

29日 以"地理标志与区域发展"为主题的第七届蒙中俄知识产权研讨会在乌兰巴托召开。蒙古国、俄罗斯、中国国家知识产权机构代表参加会议，围绕蒙中俄地理标志与区域发展采取的措施、法律环境以及地区发展交换意见。蒙古国自2004年以来已取得35份产品地理标志。

9月

2日 应蒙古国总统哈·巴特图勒嘎之邀，俄罗斯总统普京对蒙古国进行正式访问，哈·巴特图勒嘎为普京举行了欢迎仪式并进行了会谈。两位总统签署了《蒙古国政府与俄罗斯联邦友好关系和全面战略伙伴关系条约》并见证双方签署多份合作协议。两位总统共同出席了哈拉哈河战役胜利80周年庆典活动。蒙古国总理乌·呼日勒苏赫拜见了俄罗斯总统普京。

4日 蒙古国总统哈·巴特图勒嘎出席在俄罗斯符拉迪沃斯托克举行的第五届东方经济论坛并致辞。其间，哈·巴特图勒嘎总统会见了俄罗斯总统普京、日本首相安倍晋三、印度总理莫迪，还参加了以"柔道之父"嘉纳治五郎命名的国际柔道锦标赛颁奖仪式。

6日 新华社报道，中国考古队完成了在蒙古国联合考古中一座墓地的挖掘，出土的众多文物中，两条8厘米长，其竖尾回首的姿态具有明显西汉特征的精美鎏金雕刻银龙尤其引人注目。

19日 应印度总统拉姆·纳特·科温德邀请，蒙古国总统哈·巴特图勒嘎对印度进行国事访问。其间，印度总理莫迪与哈·巴特图勒嘎总统举行了会谈。2015年莫迪总理访问蒙古国期间，双方决定建立联合炼油厂。哈·巴特图勒嘎总统还出席了蒙印商务论坛并讲话，他表示，印度是蒙古国第三邻国，蒙古国还将同印度进一步深化经贸合作关系。

30日 应蒙古国大呼拉尔主席贡·赞丹沙塔尔之邀，捷克议会参议院主席雅罗斯拉夫·库贝拉对蒙古国进行正式访问。

10月

4日 美国千年挑战集团和蒙古国千年挑战基金会举行新闻发布会，宣布蒙古国政府已获得美国千年挑战集团3.5亿美元无偿援助，用于改善乌兰巴托市用水需求，还将实施首都新建水源、废水回收利用和可持续发展三个项目。

10日 应哈萨克斯坦共和国总理阿斯卡尔·马明邀请，蒙古国总理乌·呼日勒苏赫出访哈萨克斯坦，这是蒙古国总理时隔25年后对哈萨克斯坦进行的正式访问。两国总理举行了会谈，为将两国关系提升至新水平达成共识。

16日 蒙古国总统哈·巴特图勒嘎与中国国家主席习近平互致贺电，祝贺蒙中建交70周年。哈·巴特图勒嘎表示，当前蒙中全面战略伙伴关系在各领域都取得良好发展，完全符合两国人民的利益，为本地区和平与发展作出了重要贡献。习近平在贺电中指出，在双方共同努力下，中蒙关系进入快车道，呈现出令人欣喜的新气象。中方高度重视中蒙关系发展，愿与蒙方共同推动中蒙全面战略伙伴关系。以建交70周年为新起点，不断取得新的更大进展。

16日 蒙古国驻中国大使馆和中国人民对外友好协会在北京共同举办了庆祝蒙中建交70周年招待会。正在中国访问的蒙古国国防部部长恩赫包

勒德、中国全国人大常委会副委员长白玛赤林出席招待会并致辞。

18 日　使用中国政府优买贷款的乌兰巴托至曼德勒戈壁输变电项目竣工，这是蒙古国首条 330 千伏高压输变电线路，对改善当地电力供应、促进经济建设具有重大意义。蒙古国能源部部长策·达瓦苏荣、中国驻蒙古国大使邢海明出席了竣工仪式。该项目总承建方为中国特变电工公司。

21 日　适逢首都乌兰巴托建市 380 周年之际，市政府举行了 2019 年"乌兰巴托国际日"活动。国家大呼拉尔议员、政府成员、首都公民代表、外国驻蒙古国使节、国际组织以及同乌兰巴托建立友好关系的 16 个城市代表出席了活动。

22 日　蒙古国总理乌·呼日勒苏赫在东京出席了日本新天皇德仁的即位仪式。前一日，乌·呼日勒苏赫总理会见了日本首相安倍晋三。

25 日　蒙古国总统哈·巴特图勒嘎接见了俄罗斯联邦图瓦共和国主席绍尔班·卡拉奥尔，双方讨论了农牧业、文化、人文、民间交流、经贸关系、航空运输等领域合作，还就《建设中蒙俄经济走廊规划纲要》框架内的双方合作交换了意见。

29 日　30 多个无出海口发展中国家和 10 多个国际组织代表在蒙古国齐聚一堂，讨论经济走廊的形成及发展、应有的指数、对经济的贡献、法律环境的协调等问题。无出海口发展中国家国际研究中心执行经理恩·奥德巴亚尔分享了他们对建设中蒙俄经济走廊和印度与尼泊尔建设经济走廊研究的成果。

30 日　世界文化遗产基金会发布消息称，蒙古国乔金喇嘛庙入选世界 25 大濒危古迹。拥有百年历史的乔金喇嘛庙坐落在蒙古国首都乌兰巴托市中心，是 20 世纪 30 年代大清洗后幸存不多的佛教建筑之一。

11月

5 日　第二届中国国际进口博览会蒙古国馆开馆并展出了羊绒、皮革、肉制品和啤酒、沙棘汁、菜籽油等特色产品。以矿业与重工业部部长道·苏米亚巴扎尔为团长的蒙古国代表团出席了博览会开幕式和第二届虹桥国际经济论坛。

8 日　"中蒙长三角创新合作论坛"在中国上海市举行，两国政府及商业代表200多人出席。论坛安排了 B2B 商务会谈。蒙古国国家发展局、中国上海市杨浦区商务委、二连浩特市商务局共同签署了合作备忘录。

8日 蒙古国总理乌·呼日勒苏赫在东方省视察了中资大庆塔木察格有限责任公司，同该公司领导就勘探现状与前景以及今后合作等问题进行了交谈。乌·呼日勒苏赫总理表示，大庆塔木察格公司的业务对蒙古炼油厂原油供应和蒙古国实现燃油自给自足至关重要。

13日 蒙古国国家大呼拉尔审议通过了政府提交的关于加入经济合作与发展组织《多边税收征管互助公约》的协议草案。

14日 蒙古国国家大呼拉尔全体会议64位议员到会，全票通过了《宪法修正案》。《宪法》有70条内容，此次修正案涉及其中19条36款。同时，对《政府法》、《国家大呼拉尔法》、《国家大呼拉尔行为准则》和《国家审计法》进行了修正。《宪法修正案》于2020年5月25日开始实施。

22日 蒙古国国家大呼拉尔审议通过《矿产法修正案》，该议案第47条部分内容曾于2019年6月28日被宪法法院判定违宪。议案修改的重点是征收矿产资源补偿费用的规定，矿产品开采、购买、出口以及选矿、加工等环节可一次性支付矿产资源补偿费。

27日 蒙古国总统授予"THE HU"乐队成吉思汗勋章，表彰该乐队不仅成功向世界宣传了蒙古国和民族传统艺术，而且在世界音乐史上留下了蒙古音乐的印记。

12月

1日 日本宇都宫举行的 FIBA 3x3 世界巡回赛决赛宣布首批有资格参加东京夏季奥运会的4支3x3篮球队，蒙古女子国家队入选。这是蒙古国首次获得奥运会团体比赛项目参赛资格。

2日 蒙古国宪法法院举行全体会议，审议并接受了奥德巴雅尔关于辞去宪法法院院长的请求。会议选举了新院长，那木吉勒·青巴特当选。

3日 应俄罗斯总理梅德韦杰夫邀请，蒙古国总理乌·呼日勒苏赫对俄罗斯进行正式访问。访问期间，两国总理举行会谈，发表联合声明，并共同

出席了蒙俄两国 12 项合作文件的签字仪式。

5 日 正在俄罗斯访问的蒙古国总理乌·呼日勒苏赫在索契市拜会俄罗斯总统普京,双方在中俄天然气管道项目过境蒙古国方面达成共识。乌·呼日勒苏赫表示,在中蒙俄经济走廊框架内实施天然气管道项目将对三国经济社会发展作出重要贡献。普京总统认为,实施该项目不存在任何政治障碍。

12 日 乌兰巴托市青格尔泰区刑事法院对尼日利亚和蒙古国公民的毒品案进行了审判,2 名尼日利亚公民和 1 名蒙古国公民因走私、储存、运输和销售精神药物罪分别被判处 3 年和 6 年徒刑。

13 日 奥尤陶勒盖公司举行铜金矿地下竖井工程竣工投产仪式,总经理 Armando Torres 说,这个地下竖井耗时 3 年多,约 50 家公司的 2500 人参加了工程建设。竖井配备了世界领先的摩擦式提升机。

18 日 蒙古国总理乌·呼日勒苏赫会见各国驻蒙古国使节,介绍了蒙古国社会经济现状。他指出,2019 年蒙古国经济增长率预计达到 7.3%。此外,偿还了 7.5 万亿图格里克债务;外汇储备达到 40 亿美元;根据通货膨胀率增加了民众工资、养老金和社会福利;正在开展铁路、公路、炼油厂和中央污水处理厂等大型建设项目。他向为蒙古国政府提供帮助的各国政府、社会团体、外国投资企业和国际友人表示感谢。

31 日 蒙古国总统哈·巴特图勒嘎跨年夜向全国老年人问候新年,提出为养老金贷款人提供一次减免贷款余额的机会。养老金贷款人及其家人感到意外惊喜,但一些人认为总统是在为今后的大选作秀。截至 2019 年 11 月,全国共有 30.9 万人领取养老金,其中 75% 获得养老金贷款,人均 330 万图格里克,而 56% 的养老金贷款额高达 500 万图格里克。

2020 年

1 月

1 日 蒙古国从 2020 年 1 月 1 日起,启动"第四次垦荒"计划,旨在恢复、发展适应气候变化的农业,提高抗风险能力,通过充分解决粮食需求及安全问题确保农业生态系统的可持续性。

8 日　中国巴彦淖尔市人民政府、蒙古国南戈壁省政府、中国内蒙古电力集团、蒙古国南部电网国有股份公司共同签署了《中华人民共和国内蒙古巴彦淖尔市向蒙古国查干哈达海关监管区跨国供电项目合作框架协议》和《甘其毛都口岸－蒙古海关10千伏供电用电合同》，标志着中蒙能源合作迈出新步伐，进入新阶段。

13 日　全国举行第四部《宪法》颁布28周年活动。蒙古国曾在1924、1940、1960年颁布过三部《宪法》，第四部《宪法》是在民主革命后的1992年颁布的。国家大呼拉尔主席贡·赞丹沙特尔和宪法法院院长青巴特参加了活动。

17 日　蒙古国国家大呼拉尔表决通过了《反洗钱和反恐怖主义法》。2019年10月蒙古国被国际反洗钱金融行动特别工作组列入"灰名单"之后，蒙古国加强了反洗钱工作。

20 日　蒙古国财政部部长其·呼日勒巴特尔在北京与中国进出口银行副行长谢平就使用中国政府提供的优买贷款在蒙古国实施项目问题深入交换意见，双方签署了在中国政府向蒙古国提供的10亿美元优惠贷款框架内实施的《乌兰巴托污水处理厂项目贷款协议》。

21 日　蒙古国总统哈·巴特图勒嘎出席瑞士达沃斯世界经济论坛开幕式并致辞。

2月

4 日　蒙古国文化和旅游界代表向中方捐赠医疗物资仪式在中国驻蒙古国大使馆举行。蒙古国旅游协会主席达·钢图木尔、中国驻蒙古国大使柴文睿等蒙中双方官员以及文旅界人士出席。此次捐赠活动由蒙古国文化和旅游界人士发起，共捐赠1500个医用口罩、2000副医用手套及其他医疗防护用品，将送至中国内蒙古自治区甘其毛都口岸用于疫情防控。

12 日　中国驻蒙古国新任特命全权大使柴文睿向蒙古国总统哈·巴特图勒嘎递交国书。递交国书仪式结束后，总统哈·巴特图勒嘎接见柴文睿大

使，表示感谢中方委派了多年在蒙古国担任外交官，了解蒙古国的大使。希望柴文睿大使在任期内为扩展两国合作关系作出重要贡献。

27 日　蒙古国自然环境与旅游部、对外关系部、财政部为帮助中国抗击新冠肺炎疫情，共同发起了"永久邻居 – 暖心支持"募捐活动。自中国发生新冠肺炎疫情以来，蒙古国政府、公共机构、军队、企业单位以及个人通过各自的渠道，集中整合物资援助中国政府和人民，表达共同战胜疫情的心愿。

27 日　蒙古国总统哈·巴特图勒嘎总统访华，中国国家主席习近平在人民大会堂与蒙古国总统举行会谈。哈·巴特图勒嘎总统对中国人民遭遇新冠肺炎疫情表示诚挚慰问，对中国举国上下团结一心应对疫情并取得积极成效表示高度钦佩和赞赏。在此前已经向中方提供捐助的基础上，再向中方赠送 3 万只羊，以表达蒙古国人民的心意。习近平主席欢迎蒙古国总统在蒙古国传统佳节白月节假期后的第一天就来华访问，他指出，中蒙是山水相连的友好邻邦，中方愿同蒙方一道，巩固政治互信，加强共建"一带一路"合作，共同推动构建命运共同体，更好造福两国人民，为地区和平稳定发展作出贡献。

3月

10 日　蒙古国副总理兼国家紧急情况委员会会长乌·恩赫图布辛召开新闻发布会，通报蒙古国境内发现首例新冠肺炎确诊病例，患者为一名 57岁的法国公民。该名患者乘坐由莫斯科至乌兰巴托的航班，于 3 月 2 日抵达蒙古国。

13 日　为预防新冠肺炎疫情，移民局发布了有关受理外国公民长期居留申请的声明，决定从 3 月 16 日起，线上受理"T"（投资者）、"HG"（劳务人员）类型的外国公民长期居留蒙古国的申请，工作人员将通过邮箱或短信向当事人通知受理结果。

16 日　根据蒙古国总统哈·巴特图勒嘎的命令，蒙古国驻俄罗斯大使达·达瓦向俄罗斯国家杜马副主席兼蒙俄政府间俄方组组长阿列克谢·戈尔德耶夫颁发了蒙古国国家最高奖即劳动功勋红旗勋章。

25 日 蒙古国对外关系部亚太局局长额·萨仁特古斯向韩国驻蒙古国大使李耀洪递交了蒙古国总统哈·巴特图勒嘎、国家大呼拉尔主席贡·赞丹沙塔尔、总理乌·呼日勒苏赫、外长朝格特巴特尔分别致韩国总统文在寅、国会议长文喜相、总理丁世均、外交部部长康京和的贺信，祝贺蒙韩两国建交 30 年来合作关系取得迅速发展，已达到"全面伙伴关系"水平。额·萨仁特古斯还接受了韩国领导人发来的贺信。

27 日 蒙古国总理乌·呼日勒苏赫宣布，蒙古国政府计划出资 5 万亿图格里克，采取减免税、对收购羊绒施行保护价、提高未成年人补贴、降低燃油价格等 7 项措施，以应对新冠肺炎疫情给经济带来的不利影响。

4月

2 日 成吉思汗博物馆奠基。成吉思汗博物馆在原自然历史博物馆旧址修建，占地 2500 平方米，一共九层，将是一座符合国际标准的建筑，是集研究、培训、认知为一体的综合博物馆。

6 日 蒙古国国家大呼拉尔 2020 年春季例会首次以线上形式开幕，议员到会率达 75%。议员们分别在国家大呼拉尔会议大厅和各常设委员会会议厅等 5 个场地线上参加了会议。

15 日 以国家第三医院血管造影诊断与治疗科专家医生、医学博士扎·拉哈格瓦苏荣教授为首的静脉手术治疗组对 57 岁患有先天性心脏位置异常的女子成功进行了冠状动脉支架植入术，这是蒙古国首次进行这种手术。

27 日 蒙古国首例确诊感染新冠肺炎的法国患者，在国家传染病研究中心接受治疗 47 天后已痊愈出院。他说"蒙古国救了我，托你们的福，我完全康复了"。他将很快回法国，回到自己的家。

5月

6 日 中国国务委员兼外交部部长王毅应约同蒙古国外长朝格特巴特尔通电话。王毅表示，经过艰苦卓绝努力，中国已成功控制住疫情，目前正在

坚持常态化防控中逐步恢复经济社会生活秩序。蒙古国及早采取有力防控措施，阻断了疫情在蒙传播，中方对此感到欣慰。朝格特巴特尔表示，新冠肺炎疫情发生后，中国及时有力采取防控措施，短时间内控制住疫情，展现出强大的组织动员能力和高效的医疗水平。中国的成功是对其他国家抗疫斗争的巨大激励，中国的经验对其他国家也具有重要借鉴意义。

7 日　蒙古国总统哈·巴特图勒嘎赴东戈壁和南戈壁省，对尊巴彦至塔温陶勒盖 414.6 公里和塔温陶勒盖至嘎顺苏海图 240 公里铁路建设工程进行了视察。虽受疫情的影响，蒙古国关闭各边境口岸已有三个月，但铁路建设仍然进行中。目前已完成超过 60% 的土建工程建设，计划在 28 个月内竣工。

9 日　2020 年 5 月 9 日是苏联卫国战争胜利 75 周年纪念日，受疫情影响，蒙古国总统哈·巴特图勒嘎未能亲自应邀参加纪念活动。他向普京总统致信，祝福普京和友好的俄罗斯人民节日快乐。普京总统回信向蒙古国总统和蒙古人民献上纪念日的祝福。他强调，俄罗斯人民永远不会忘记蒙古人民为卫国战争胜利所作的宝贵贡献。

13 日　政府例行会议决定，向所有旅居外国未满 18 周岁的蒙古国公民发放未成年人补贴。现居留外国未满 18 周岁的蒙古国公民达 27000 人，其中领取补贴的只有 12000 人。

15 日　2016 年选举产生的第七届国家大呼拉尔闭会。国家大呼拉尔主席贡·赞丹沙塔尔强调，此届国家大呼拉尔共召开例行和非例行全体会议达 11 次，审议通过约 1400 条法律法规，其中最大的亮点是通过了被讨论多年的《宪法修正案》。

18 日　《2017～2021 年联合国援助蒙古国发展框架》文件 2019 年实施工作指导委员会在对外关系部召开会议。会议认为，2019 年蒙古国温室气体排放量减少了 5220 吨。

20 日　Petrovis 石油集团公司在乌兰巴托市和平桥下的加油站建成蒙古国首个电动汽车快速充电站并开始运营。

21 日　联合国亚洲及太平洋经济社会委员会（亚太经社）第 76 届年

会通过视频会议方式举行，蒙古国对外关系部部长朝格特巴特尔参加会议并致辞。

25日 国家大呼拉尔于2019年11月14日通过的《宪法修正案》正式生效。

28日 中铝国贸集团捐助蒙古国抗疫物资交接仪式在蒙古国卫生部举行，卫生部部长萨仁格日勒接受了这批价值8000万图格里克的物资。蒙古国发生疫情以来，蒙古国中华总商会、蒙古国内蒙古总商会等商协会组织、中资企业、在蒙中国公民纷纷自发组织援助疫区活动，陆续捐助了多批抗疫物资。

6月

1日 全国各地举办活动欢庆母子节。蒙古国现有未成年人120万人，占总人口的35.4%。2019年，全国新生儿总数为7.95万人。

2日 蒙古国选举总委员会确定13个政党、4个政党联盟的485名候选人和121名独立候选人共606人获得参加2020年蒙古国国家大呼拉尔（议会）议员竞选资格。选举总委员会向获得竞选资格的候选人颁发了证书。

2日 蒙古国总统哈·巴特图勒嘎颁布法令：根据最高法院的提议，任命达木丁·钢照日格为最高法院首席大法官。

8日 据塔斯社报道，俄罗斯总统普京于2020年6月8日向国家杜马提交了《俄罗斯和蒙古国友好关系与全面战略伙伴协议》，该协议是蒙俄双方于2019年9月3日在乌兰巴托市共同签署的。

9日 据蒙古国移民局公布，截至2020年6月9日，来自118个国家的19159人因公或因私长期居住在蒙古国。其中务工人员3989人，学生2825人，投资商2096人，移民有1882人，移民的95%来自中国和俄罗斯，与蒙古国公民结婚的有1376人。

10日 额尔登斯蒙古公司与哈萨克斯坦共和国选矿联合中心、德国金属合金加工国际控股公司、Coeus咨询公司签署了四方谅解备忘录，启动了一项煤炭环保创新项目，将引进环保回收技术，用废煤生产出有附加值的产

品并出口至国际市场。

18 日 蒙古国外交领域经验丰富的专家、研究人员和外交官们联合成立的国际研究协会,在国立大学图书馆举行了揭牌仪式。

21 日 蒙古国民用航空公司 7801 次航班起程前往美国西雅图,向美国政府和人民运送抗疫捐赠物资。飞机返航时,将带回约 250 名蒙古国公民。

28 日 蒙古国选举总委员会公布了 2020 年国家大呼拉尔选举结果:全部 76 个议席中,蒙古人民党获得了 62 席,有权独立组建政府;民主党获得 11 席;"你和我们的联盟"和"正确选民联盟"各获 1 席;独立候选人获得 1 席。

30 日 2020 年新当选的蒙古国第八届国家大呼拉尔宣誓就职仪式暨首次全体会议在国家宫举行。按照惯例,当日就职仪式由新当选最年长的 66 岁议员哈·巴德勒汗主持。全体会议通过人民党提名的贡·赞丹沙塔尔任大呼拉尔主席,人民党提名的特·阿尤尔赛汗和民主党提名的萨·奥登图雅任副主席。

30 日 国际反洗钱金融行动特别工作组(FATF)官网 2020 年 6 月 30 日公布,蒙古国已完成 FATF 给出的 6 项任务,因而从《缺乏反洗钱战略的国家名单》(灰名单)中将蒙古国移除。

Abstract

2019 is a year full of "big events" in Mongolia, from the replacement of the Speaker of the Parliament (Chairman of the National Great Hural) with Gombojavyn Zandanshatar at the beginning of the year to the thorough investigation of the corruption case of the former Prime Minister in the middle of the year, and the adoption of the constitutional amendment at the end of the year. These seemingly unrelated events reflect the changes in Mongolia's political environment, resulting changes in Mongolia's economy, society, and diplomacy.

The Reports on Mongolia's Development: 2021 analyzes selected 14 topics closely focusing on the above-mentioned political, economic, social, cultural, and diplomatic events of Mongolia during 2019 – 2020 and their impacts. The book consists of 6 parts. The general report analyzes the overall situation of Mongolia's social and economic development.

Through a series of economic measures of the "new team", Mongolia's economic development showed a good momentum, with a GDP of 13. 64 billion U. S. dollars, reaching a new high in the past five years. The fiscal balance of revenue and expenditure has increased its stimulating effect on economic and social development. In 2019, the agriculture and animal husbandry industry achieved a "big harvest", meanwhile, transportation and tourism have become the new growth. Foreign trade shows the characteristics of diversified trading partners, diversified export commodities, and diversified investment markets. The economic lagging situation in 2019 turned for the better way, with foreign exchange reserves reaching a record high of 4. 2 billion U. S. dollars. The surplus foreign exchange reserves contributed to Mongolia's fight against the epidemic in 2020, and also laid the foundation for the People's Party to successfully complete the "constitutional

amendment" and win the 2020 National Great Hural election.

The most direct manifestation of economic development is social stability and cultural prosperity. The numbers of unemployed in 2019 were 37000 persons which were the lowest in recent five years, 12.6% lower than those of 2018. The population of Mongolia has appeared a new migration trend in recent years. The population flowing into Ulaanbaatar has decreased, meanwhile, the population entering Khangai Areas and Central Regions has increased. The number of immigrants who migrated into the capital in 2019 was 4836 persons fewer than in 2017. Another problem caused by population mobility in Mongolia is the reduction of nomadic populations in the steppe. In 2019, the population of herders dropped to 285000 persons. The population reduction and labor force reduction directly affect the development of traditional industry-animal husbandry. In order to improve the high-quality development of animal husbandry, Mongolia has begun to try to restore the cooperative development model in pastoral areas. However, due to the government's limited support, the Mongolian cooperative model is still in the exploratory stage.

With the amendment of the constitution, Mongolia has also initiated the revision of the *Elections Law*, *Presidential Law*, *Political Party Law*, *Tax Law*, *Investment Law* and other laws to change Mongolia's business environment and attract more domestic and foreign investors. Among them, amending the tax law and improving the tax legal environment is an important measure of the government. On the one hand, it prevents the loss of tax revenue and increases the national budget revenue. On the other hand, it supports the development of small and medium enterprises to play a positive role in the prosperity of small, medium, and micro-businesses.

2019 marks the 70th anniversary of the establishment of diplomatic relations between China and Mongolia. The two countries have continued to build new historical ties by promoting mutual political trust, expanding economic and trade exchanges, and enhancing humanitarian exchanges. The touching events during the COVID – 19 epidemic in 2020 are etched in the hearts of the two peoples.

The epidemic in 2020 has tested the ability of the People's Party. During the National Great Hural election, the People's Party's efficient and powerful antiepidemic measures won praise from the Mongolian people, which resulted in high votes winning the general election, and high votes for the Speaker and Prime Minister for re-election. Mongolia's "new team" has continued its efforts to prepare for the presidential election after the constitutional amendment in 2021.

Contents

I General Report

Abstract: On February 1, 2019, Mongolia formed a "new team", which include the president Batetulaga, the prime minister WuHurelsuh, and the speaker GongZandanshater. Over the past year, with the help of each other, the "three giants" of Mongolia have completed a series of amendments to laws and regulations. During this period, Mongolia has achieved the best economic development since 2016, and its external relations have also been very successful. Mongolia needs to do a good job in domestic and foreign affairs while fighting the epidemic.

Keywords: Mongolia; Domestic and Foreign Affairs; Economic Diversification; Trade Cooperation

II Political Topics

Abstract: This paper summarizes important political activities about the

Mongolia in 2019 – 2020, such as president, government, parliament, and analyzes the facts about the signing, repairing and amendment to laws and regulations and contracts, in order to understand the system of Mongolia, which contains Deliberation System of Representatives in the Great Khural, President, administration, legislation. And the national authorities carried out the principles of responsibility and obligation of adjudication, appointment, communication and the established organizational infrastructure within their respective powers. At the same time, the authorities elect according to law, operate institution and manage state affairs under the principle of mutual supervision.

Keywords: Mongolia; Presidential Administration; The Khural; Political Activities; Establishment According to Law

B.3　The Issue of Amending, Implementing and Maturing Mongolia's Electoral Law—Taking the Every *National Great Hural Election Law* As an Example

[*M*] *De. Tumen Jiri Gala* / 047

Abstract: This paper does not elaborate on a series of previously implemented laws on elections, the parliament and presidential and local election laws issued on December 20, 2019. This paper expounds the partial amendments and implementation of the *Electoral Law* implemented in Mongolia, differences in new laws and regulations for parliamentary elections, reasonable conditions for the maturity of the electoral law. In order to distinguish between certain provisions of the previous *Electoral Law* and the new *National Great Haral Election Law* of 2019, it is necessary to compare certain parts of the laws and regulations related to political parties.

Keywords: Mongolia; Electoral Law; *National Great Hural Election Law*

B.4 The Influence of *Mongolian Constitutional Amendment* on Politics, Economy and Society

[M] Sanjay Mittebu / 069

Abstract: Mongolia has reformed its original socialist system in 1990, introduced democratic principles and transferred its planned economy to a market economy. As a legal basis for implementing these reforms, a new *Constitution* was enacted in 1992. Over the past period, Mongolia has completed the reform of state, social, economic, cultural, cultural and foreign relations institutions in accordance with the *Constitution*, established new state institutions, and gradually implemented the revision of laws. *The constitutional amendment* adopted by the Mongolian Parliament in 2019 is significant because it reinforces the successful experience of the 1992 *Constitution* and 2000 *Constitution*, and corrects relevant clauses that are not in line with reality. In other words, the amendment of the *Constitution* has made a great contribution to improving the parliamentary system and guaranteeing the people's participation in the political power.

Keywords: Mongolia; *Constitutional Amendment*; People Suffrage

III   Economic Topics

B.5 Analysis of Mongolia's Economic Situation in 2019 and

Outlook for 2020   *Han Chengfu / 086*

Abstract: This article mainly analyzes the macroeconomic situation of Mongolia in 2019 – 2020 through seven aspects: the trend of gross domestic product, employment situation, fiscal development trend, financial development trend, price trend, foreign trade development trend, wholesale and retail industry trend, and concludes that the overall macroeconomic situation of the country performed well, with a year-on-year increase of 6.3%. At the same time, it analyzes the trend of Mongolia's main industries in 2019 –2020 from four aspects, including agriculture, animal husbandry, industry, and transportation. Mongolia's grain output fell year-on-year, and the total number of livestock broke the historical record of more than 70 million heads. The total industrial output and transportation sector achieved double-digit growth. On this basis, a brief analysis of the economic data for the first quarter of 2020 shows that it is unknown that the economy will achieve positive economic growth in 2020 since the impact of the new epidemic.

Keywords: Mongolia; Macroeconomic; Industrial Economy; COVID −19

Abstract: Mongolia is located China one belt, one road, the important node that builds together. The advantage is abundant resource , advocate mining industry to develop a country and develop travel and cross border logistics. This paper analyze the establishment, evolution and improvement of Mongolia's modern taxation legal system, exploring the positive balancing role of taxation in social and economic development, and look forward to its promotion and reference significance to Mongolia's geo-economics.

Keywords: Mongolia; Tax System; Legal Environment

Abstract: This paper analyzes and summarizes the current situation of Mongolia's foreign trade, studies its impact on the country's economic development, and finds out the practical difficulties and challenges. The paper studies the impact of trade with China and Russia on the economic development of

蒙古国蓝皮书

Mongolia by evaluating the geographical location and product structure of import and export. This paper also analyzed the foreign investment in Mongolia, clarified the status of China and Russia among foreign investors, analyzed the reasons why there are many Chinese investment companies, summarized the tendency of foreign investment in mineral industry, found out the reasons for the small inflow of foreign investment into the Mongolian economy and put forward the suggestion to solve the problem.

Keywords: Mongolia; Russia; China; Foreign Trade

B.8   Mongolia's Free Economic Zone Policy and Its Practice:

Taking "Alatan Bragg" And "Zamen Ude"

Free Economic Zones as Examples

Hasbartel, Huang tonglaga and [*M*] *Meudu Sea* / 148

Abstract: In 1992, the Mongolian government put forward the idea of establishing free economic zones in the border port areas, and proposed the construction of "Alatan Bragg" for Russia and "Zamen Ude" for China. But so far, its size and contribution to the country's economy have been modest. This thesis describes the relevant national policy processes and development status of these two free economic zones. And put forward corresponding countermeasures and suggestions for future development and construction.

Keywords: China-Mongolia-Russia; Alatan Bragg; Zamen Ude; Free Economic Zone

Abstract: In recent years, China-Mongolia economy and trade have shown a slower growth in total trade volume, Mongolia's trade surplus with China has been expanding, the complementarity of the two countries' trade structures has been increasing, and the overall investment volume in Mongolia has declined and the investment structure There has been a relatively concentrated situation. Especially in the coal trade, Mongolia is highly dependent on China, and China also prefers Mongolia's coal prices and media indicators. Affected by the new crown pneumonia epidemic in 2020, various trade volumes between China and Mongolia have also shrunk. In the first quarter of 2020, the border trade between border residents was in a state of "closed business" and began to gradually recover and normalize in June.

Keywords: China-Mongolia; Foreign Trade; Coal

Ⅳ   Social and Cultural Topics

Abstract: The imbalance of population distribution between urban and rural areas in Mongolia has become the most important problems in the population problem of Mongolia. This phenomenon is closely related to the population flow in Mongolia. Since the 1990s, with the political and economic reform of Mongolia, a large number of people have entered the city. About 67% of the total population has entered the city, and the high degree of urbanization of the population has been realized. However, there are still a series of social problems caused by a large number of people entering the city, such as the shortage of basic

population in pastoral areas, the urban population congestion, the lag of urban public services, and the slow development of animal husbandry. Therefore, how to reasonably control the scale, speed and direction of population flow is not only the main problem of urban construction, but also a problem worthy of study and solution in the development of agricultural and pastoral areas in Mongolia.

Keywords: Mongolia; Population Distribution; Floating Population; Development of Agricultural and Pastoral Areas

B. 11   The Rise and Latest Development Trend of Cooperatives
in Mongolia   *Aijinjiya* / 188

Abstract: Mongolian cooperatives, which originated in 1911, have gone through the stages of enlightenment, rapid development and new revival.

In the course of more than one hundred years of cooperative exploration, Mongolia has formed its own characteristics while highly integrating with the international cooperative alliance in terms of the essence, principles and goals of cooperatives. On the road to the future development of Mongolia need to take seriously the cooperative development of favorable factors and unfavorable factors, and further to explore its own economic and social characteristics and the way of production and operation of the cooperative mode, method, path, improve the sustainable development policies and relevant laws.

Keywords: Mongolia; Cooperative; Sustainable Development

V   Diplomatic Topics

B. 12   Analysis of Mongolia's "Multi-Fulcrum" Diplomacy
in 2019 −2020   *Li Chao* / 201

Abstract: In 2019 − 2020, Mongolia and its important diplomatic partners have strengthened their cooperative relations. On the 70th anniversary of the establishment of diplomatic relations between Mongolia and China as well as the 80th anniversary of the victory of the Mongolian-Russian in khalkin Gol battle, Mongolia consolidated its traditional friendly relations with China and upgraded relations with Russia to comprehensive strategic partnership. For the "third neighbor", Mongolia established a strategic partnership with the United States and issued a joint statement with India to strengthen the strategic partnership. At the same time, Mongolia interacted with Japan at the three levels of the president, prime minister and foreign minister, and Mongolia-Japan relations have been strengthened.

Keywords: Mongolia; Diplomacy; Third Neighbor

B.13 70th Anniversary of the Establishment of Diplomatic Relations:
New Opportunities for Deepening China-Mongolia Cultural
Exchanges *Wang Qiying* / 217

Abstract: "The relationship between the nations lies in the closeness of the people, and the closeness of the people lies in the communication of hearts." Cultural exchanges have become the cornerstone and booster of the development of China-Mongolia relations. In 2019, China and Mongolia ushered in the 70th anniversary of the establishment of diplomatic relations. Taking this as an opportunity, the two countries have carried out a series of cultural exchanges and celebration activities, which have become a testimony to the development of friendly relations between China and Mongolia. The continuous advancement of the "Belt and Road" and the "China-Mongolia-Russia Economic Corridor" has injected new vitality into the development of the bilateral relations. Promoting the stability and long-term development of the bilateral relations in the new historical period is inseparable from the active support and extensive participation of the people of the two countries and all walks of life. Therefore, it is necessary to take the 70th anniversary of the establishment of diplomatic relations between China and

Mongolia as a new starting point to continuously promote the deepening and solidification of cultural exchanges between China and Mongolia, and consolidate the popular support for the development of bilateral relations.

Keywords: Mongolia; China; China-Mongolia relation; Cultural Exchange

皮 书

智库成果出版与传播平台

❖ 皮书定义 ❖

皮书是对中国与世界发展状况和热点问题进行年度监测，以专业的角度、专家的视野和实证研究方法，针对某一领域或区域现状与发展态势展开分析和预测，具备前沿性、原创性、实证性、连续性、时效性等特点的公开出版物，由一系列权威研究报告组成。

❖ 皮书作者 ❖

皮书系列报告作者以国内外一流研究机构、知名高校等重点智库的研究人员为主，多为相关领域一流专家学者，他们的观点代表了当下学界对中国与世界的现实和未来最高水平的解读与分析。截至2021年底，皮书研创机构逾千家，报告作者累计超过10万人。

❖ 皮书荣誉 ❖

皮书作为中国社会科学院基础理论研究与应用对策研究融合发展的代表性成果，不仅是哲学社会科学工作者服务中国特色社会主义现代化建设的重要成果，更是助力中国特色新型智库建设、构建中国特色哲学社会科学"三大体系"的重要平台。皮书系列先后被列入"十二五""十三五""十四五"国家重点出版规划项目；2013~2022年，重点皮书列入中国社会科学院国家哲学社会科学创新工程项目。

皮书网

（网址：www.pishu.cn）

发布皮书研创资讯，传播皮书精彩内容
引领皮书出版潮流，打造皮书服务平台

栏目设置

◆ **关于皮书**

何谓皮书、皮书分类、皮书大事记、
皮书荣誉、皮书出版第一人、皮书编辑部

◆ **最新资讯**

通知公告、新闻动态、媒体聚焦、
网站专题、视频直播、下载专区

◆ **皮书研创**

皮书规范、皮书选题、皮书出版、
皮书研究、研创团队

◆ **皮书评奖评价**

指标体系、皮书评价、皮书评奖

◆ **皮书研究院理事会**

理事会章程、理事单位、个人理事、高级
研究员、理事会秘书处、入会指南

所获荣誉

◆ 2008 年、2011 年、2014 年，皮书网均
在全国新闻出版业网站荣誉评选中获得
"最具商业价值网站"称号；

◆ 2012 年，获得"出版业网站百强"称号。

网库合一

2014 年，皮书网与皮书数据库端口合
一，实现资源共享，搭建智库成果融合创
新平台。

皮书网

"皮书说"
微信公众号

皮书微博

权威报告·连续出版·独家资源

皮书数据库
ANNUAL REPORT(YEARBOOK)
DATABASE

分析解读当下中国发展变迁的高端智库平台

所获荣誉

- 2020年，入选全国新闻出版深度融合发展创新案例
- 2019年，入选国家新闻出版署数字出版精品遴选推荐计划
- 2016年，入选"十三五"国家重点电子出版物出版规划骨干工程
- 2013年，荣获"中国出版政府奖·网络出版物奖"提名奖
- 连续多年荣获中国数字出版博览会"数字出版·优秀品牌"奖

皮书数据库

"社科数托邦"
微信公众号

成为会员

　　登录网址www.pishu.com.cn访问皮书数据库网站或下载皮书数据库APP，通过手机号码验证或邮箱验证即可成为皮书数据库会员。

会员福利

- 已注册用户购书后可免费获赠100元皮书数据库充值卡。刮开充值卡涂层获取充值密码，登录并进入"会员中心"—"在线充值"—"充值卡充值"，充值成功即可购买和查看数据库内容。
- 会员福利最终解释权归社会科学文献出版社所有。

数据库服务热线：400-008-6695
数据库服务QQ：2475522410
数据库服务邮箱：database@ssap.cn
图书销售热线：010-59367070/7028
图书服务QQ：1265056568
图书服务邮箱：duzhe@ssap.cn

社会科学文献出版社　皮书系列
SOCIAL SCIENCES ACADEMIC PRESS (CHINA)

卡号：467368293861
密码：

基本子库 SUB DATABASE

中国社会发展数据库（下设 12 个专题子库）

紧扣人口、政治、外交、法律、教育、医疗卫生、资源环境等 12 个社会发展领域的前沿和热点，全面整合专业著作、智库报告、学术资讯、调研数据等类型资源，帮助用户追踪中国社会发展动态、研究社会发展战略与政策、了解社会热点问题、分析社会发展趋势。

中国经济发展数据库（下设 12 专题子库）

内容涵盖宏观经济、产业经济、工业经济、农业经济、财政金融、房地产经济、城市经济、商业贸易等 12 个重点经济领域，为把握经济运行态势、洞察经济发展规律、研判经济发展趋势、进行经济调控决策提供参考和依据。

中国行业发展数据库（下设 17 个专题子库）

以中国国民经济行业分类为依据，覆盖金融业、旅游业、交通运输业、能源矿产业、制造业等 100 多个行业，跟踪分析国民经济相关行业市场运行状况和政策导向，汇集行业发展前沿资讯，为投资、从业及各种经济决策提供理论支撑和实践指导。

中国区域发展数据库（下设 4 个专题子库）

对中国特定区域内的经济、社会、文化等领域现状与发展情况进行深度分析和预测，涉及省级行政区、城市群、城市、农村等不同维度，研究层级至县及县以下行政区，为学者研究地方经济社会宏观态势、经验模式、发展案例提供支撑，为地方政府决策提供参考。

中国文化传媒数据库（下设 18 个专题子库）

内容覆盖文化产业、新闻传播、电影娱乐、文学艺术、群众文化、图书情报等 18 个重点研究领域，聚焦文化传媒领域发展前沿、热点话题、行业实践，服务用户的教学科研、文化投资、企业规划等需要。

世界经济与国际关系数据库（下设 6 个专题子库）

整合世界经济、国际政治、世界文化与科技、全球性问题、国际组织与国际法、区域研究 6 大领域研究成果，对世界经济形势、国际形势进行连续性深度分析，对年度热点问题进行专题解读，为研判全球发展趋势提供事实和数据支持。

法律声明

"皮书系列"（含蓝皮书、绿皮书、黄皮书）之品牌由社会科学文献出版社最早使用并持续至今，现已被中国图书行业所熟知。"皮书系列"的相关商标已在国家商标管理部门商标局注册，包括但不限于LOGO（ ）、皮书、Pishu、经济蓝皮书、社会蓝皮书等。"皮书系列"图书的注册商标专用权及封面设计、版式设计的著作权均为社会科学文献出版社所有。未经社会科学文献出版社书面授权许可，任何使用与"皮书系列"图书注册商标、封面设计、版式设计相同或者近似的文字、图形或其组合的行为均系侵权行为。

经作者授权，本书的专有出版权及信息网络传播权等为社会科学文献出版社享有。未经社会科学文献出版社书面授权许可，任何就本书内容的复制、发行或以数字形式进行网络传播的行为均系侵权行为。

社会科学文献出版社将通过法律途径追究上述侵权行为的法律责任，维护自身合法权益。

欢迎社会各界人士对侵犯社会科学文献出版社上述权利的侵权行为进行举报。电话：010-59367121，电子邮箱：fawubu@ssap.cn。

社会科学文献出版社